■次の2枚の写真であらわされている府県を，ア〜ウから選ぼう。（答えは，下）

⑤

ア 福岡県
イ 佐賀県
ウ 大分県

【ヒント】左は，有田焼の窯元。右は，弥生時代の集落跡が発掘された吉野ヶ里遺跡。

⑥

ア 京都府
イ 大阪府
ウ 奈良県

【ヒント】左は，応仁の乱の勃発地の碑。右は，JR駅前に立つろうそくの形をしたタワー。

⑦

，武田信玄か金無川に築いた施設（信玄堤と聖牛）。右は，北側から見た富士山。

⑧

ア 青森県
イ 山形県
ウ 宮城県

【ヒント】左は，古代に築かれた多賀城の跡地。右は，三陸海岸のかきの養殖用の生けす。

【答え】 ①ウ ②ア ③イ ④ウ ⑤イ ⑥ア ⑦ア ⑧ウ

中社A

考える力。
それは「明日」に立ち向かう力。

あらゆるものが進化し、世界中で昨日まで予想もしなかったことが起こる今。
たとえ便利なインターネットを使っても、「明日」は検索できない。

チャート式は、君の「考える力」をのばしたい。
どんな明日がきても、この本で身につけた「考えぬく力」で、
身のまわりのどんな問題も君らしく解いて、夢に向かって前進してほしい。

チャート式が大切にする5つの言葉とともに、
いっしょに「新しい冒険」をはじめよう。

1 地図を広げて、ゴールを定めよう。

1年後、どんな目標を達成したいだろう？
10年後、どんな大人になっていたいだろう？
ゴールが決まると、たどり着くまでに必要な力や道のりが見えてくるはず。
大きな地図を広げて、チャート式と出発しよう。
これからはじまる冒険の先には、たくさんのチャンスが待っている。

2 好奇心の船に乗ろう。「知りたい」は強い。

君を本当に強くするのは、覚えた公式や単語の数よりも、
「知りたい」「わかりたい」というその姿勢のはず。
最初から、100点を目指さなくていい。
まわりみたいに、上手に解けなくていい。
その前向きな心が、君をどんどん成長させてくれる。

3 味方がいると、見方が変わる。

どんなに強いライバルが現れても、
信頼できる仲間がいれば、自然と自信がわいてくる。
勉強もきっと同じ。
この本で学んだ時間が増えるほど、
どんなに難しい問題だって、見方が変わってくるはず。
チャート式は、挑戦する君の味方になる。

4 越えた波の数だけ、強くなれる。

昨日解けた問題も、今日は解けないかもしれない。
今日できないことも、明日にはできるようになるかもしれない。
失敗をこわがらずに挑戦して、くり返し考え、くり返し見直してほしい。
たとえゴールまで時間がかかっても、
人一倍考えることが「本当の力」になるから。
越えた波の数だけ、君は強くなれる。

5 一歩ずつでいい。
でも、毎日進み続けよう。

がんばりすぎたと思ったら、立ち止まって深呼吸しよう。
わからないと思ったら、進んできた道をふり返ってみよう。
大切なのは、どんな課題にぶつかってもあきらめずに、
コツコツ、少しずつ、前に進むこと。

チャート式はどんなときも
ゴールに向かって走る君の背中を押し続ける

本書の特色と使い方

ぼく，数犬チャ太郎。
いっしょに勉強しよう！

デジタルコンテンツを活用しよう！

もくじや章とびらに載せているQRコード*をタブレットPCや
スマートフォンなどで読み取ることで，一問一答のコンテンツ
や発行後に更新した情報などにアクセスすることができます。

通信料はお客様のご負担となります。Wi-Fi環境での使用をおすすめいたします。

PCからは https://cds.chart.co.jp/books/lg13jwjj7s

内容は予告なしに変更することがあります。
*QRコードは（株）デンソーウェーブの登録商標です。

各章の流れ

1 要点のまとめ ※4・6・7章

●章で学習する内容をコンパクトにまとめています。重要語句は赤字にしています。

>> p.112

簡単にさがせる

くわしく学習する **2** のページを示しているので，参照したいページが一目でわかります。

2 解説

●本文では，学習内容をわかりやすい文章でていねいに解説しています。

●側注では，本文をより深く理解するための補足的な内容を扱っています。興味・必要に応じて活用しましょう。

地図で確認

解説のはじめに 🔍地図で確認 で学習する地域や内容を地図で確認できるようにしています。写真やグラフも入っているので，身近に感じられることでしょう。次のページの解説と照らし合わせながら学習しましょう。

重要語句が一目でわかる

本文中の重要語句は太字にしています。
特に重要な語句は赤字で示しています。

側注で理解が深まる

本文に関連する補足や図や表，写真を載せています。
🐶くわしく：本文の内容をより深く説明しています。
🐶注目！：本文内容の背景や事実の理由をわかりやすく説明しています。
参考：本文内容との関連で発展的な内容を載せています。

図解で確認

地図や表などでまとめたビジュアルページです。視覚的に理解できるように構成しています。

コラム

本文に関連したミニコラムを載せています。地理に関する興味深い内容です。

3 つまりこういうこと

●本文の最後に学習したまとめを載せています。よくわからない内容があったら，本文にもどって確認しましょう。

4 定期試験対策問題

●その章でおさえておきたい内容を出題しています。

≫p.11

もどって復習できる

問題ごとに **2** のページを示しているので，わからなかったときはもどって，しっかり復習しましょう。

入試対策編

入試対策問題

●入試で出題された，思考力・判断力・表現力が試される問題を取り上げています。

解き方のポイントがわかる

解き方のヒント で，入試の傾向や着目するところ，知識の活用のしかた，考え方の道すじなどをアドバイスしています。実力を試したいときは，ここを見ないで挑戦してみましょう。

綴じ込み付録 地図で楽しく日本を知る／世界を知る

●大判の日本地図・世界地図ポスターで参考書とともに学習できます。
●世界遺産など多くの場所の写真を載せているので，見るだけで楽しく学習できます。
●地理だけでなく，歴史学習にも活用できるポスターです。

チャート式シリーズ
中学地理
もくじ

学習コンテンツ ➡

入試対策編 …………… **227**

入試対策問題 ………………… 228

解　答 …………… **244**

コラム

小学社会（地理）で学習した
重要キーワード

小学校社会で学んだ地理の重要語句をまとめたよ

国土	地球儀 地図 緯度・経度 国旗 領土 火山 山地 山脈 平野 平地 盆地 台地 堤防 治水 河川敷 高原野菜 促成栽培 抑制栽培 気候 降水量 梅雨 季節風 気温 台風 文化 輪作 先住民族 開拓 特産品

◎東京国際（羽田）空港から見た富士山

食料生産	農作物 産地 水田 土地利用図 専業農家 主食 生産性 農業協同組合（JA） 品種改良 転作 生産調整 水産業 大陸だな 暖流 寒流 冷害 プランクトン 遠洋漁業 沖合漁業 沿岸漁業 水あげ 養殖 栽培漁業 水産加工 200海里水域 せり 食料自給率 畜産物 酪農 商品ロス トレーサビリティ 検疫所 地産地消

◎農地のなかの太陽光発電（滋賀県）

工業生産	工業 大工場・中小工場 工業地域・工業地帯 組み立てライン 関連工場 現地生産（海外生産） 運輸 加工貿易 貿易摩擦 産地ブランド 中小工場 産業の空洞化 太平洋ベルト 持続可能な社会 ニーズ 天然資源 ユニバーサルデザイン ジャスト・イン・タイム

◎四日市コンビナートのコンテナ埠頭（三重県）

産業と情報	情報 メディア（マスメディア） ニュース番組 個人情報 情報の流出 報道被害 人工知能（AI） 電子マネー POSシステム カーナビゲーション 情報通信技術（ICT） メディアリテラシー SNS オンライン ソーシャルメディア

◎東京スカイツリーから見た首都東京

自然環境と国民生活	地球温暖化 世界遺産 プレート 緊急地震速報 ハザードマップ 自然災害 減災 リサイクル 天然林 人工林 林業 BOD 高度経済成長公共 事業 公害 法律 条例 住民運動

◎災害避難所の案内（神戸市）

第**1**章

世界の姿

世界の姿

地図で確認 世界は6つの州に分かれ，200近い国・地域がある。

▼ピサの斜塔（イタリア）

▼モスク（イラン）

▼自由の女神（アメリカ）

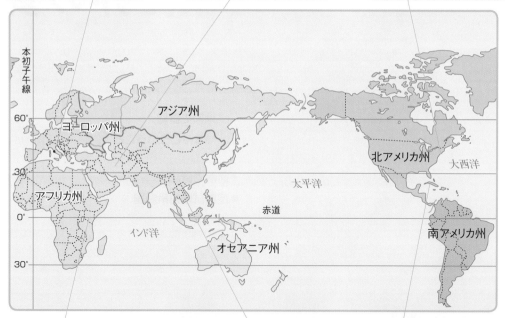

本初子午線

60°
ヨーロッパ州
アジア州
30°
北アメリカ州
大西洋
アフリカ州
太平洋
0°
赤道
インド洋
南アメリカ州
30°
オセアニア州

▲モンバサの商店（ケニア）

▲メコン川の下流（ベトナム）

▲ハバナの革命広場（キューバ）

① 地球の姿

(1) 六大陸と三大洋

▶ 陸地と海洋

陸地と海洋に分かれる。面積では，**陸地が3割**，**海洋が7割**。そのため，地球は「**水の惑星**」とよばれる。

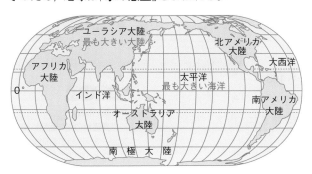

▶ 世界の大陸

陸地は，大陸と島からなる。大陸には，**ユーラシア大陸**，**アフリカ大陸**，**北アメリカ大陸**，**南アメリカ大陸**，**オーストラリア大陸**，**南極大陸**の六大陸がある。

▶ 世界の海洋

① **三大洋**…面積の広い**太平洋**，**大西洋**，**インド洋**を**三大洋**（三海洋）という。

② **付属海**…三大洋に付属する日本海，地中海，カリブ海などの付属海とよばれる小さな海がある。

(2) 世界の地域区分

▶ 世界の6つの州

世界の国と地域は，**アジア州**，**ヨーロッパ州**，**アフリカ州**，**北アメリカ州**，**南アメリカ州**，**オセアニア州**の6つの州に分けられる。

▶ 州のなかの区分

アジア州などは，さらに**東アジア**，**東南アジア**，**南アジア**，**西アジア**，**中央アジア**に分けられる。日本は，東アジアに属している。

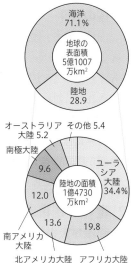

◆ 海洋と陸地の割合

海洋 71.1%
地球の表面積 5億1007万km²
陸地 28.9

オーストラリア大陸 5.2　その他 5.4
南極大陸 9.6
南アメリカ大陸 12.0
北アメリカ大陸 13.6
アフリカ大陸 19.8
ユーラシア大陸 34.4%
陸地の面積 1億4730万km²
（「理科年表」ほか）

南極大陸

山がちな大陸で，大部分が氷におおわれている。**南極条約**によって，どの国も領有権をもてないことが決められている。科学的調査を目的とした基地はつくられているが，軍事目的の使用は認められていない。

◆ アジア州の地域区分

中央アジア　東アジア　西アジア　南アジア　東南アジア

② 世界の国々

(1) 国の成立

▶国の条件

　国は，**領土，国民，主権（政府）**の３つの要素で成り立っている。ある地域に住む人々が政府をつくり，それが他の国々に承認されて，初めて**国（独立国）**となる。

▶世界の国の数

　世界には200近い国があり，このうち**193か国**が**国際連合**に加盟している（2020年）。21世紀に新たに加盟した国は，スイス，東ティモール，モンテネグロ，南スーダン。

(2) 世界のさまざまな国

▶面積が大きな国と小さな国

① **大きな国**…面積が世界最大の国は，**ロシア連邦**（約1710万km²）。世界の陸地面積の８分の１近くを占める。２位はカナダ，３位はアメリカ合衆国である。

② **小さな国**…面積が世界最小の国は，イタリアのローマ市内にある**バチカン市国**（0.44km²）。

▶人口の多い国と少ない国

① **多い国**…人口が最も多い国は，**中国**（約14億人）。２位は，**インド**（約13億人）。ただし，2020年代半ばに，インドが中国をぬくと予測されている。

② **少ない国**…人口が最も少ない国は，バチカン市国。居住者は約800人（国籍保有者は約600人）。

▶内陸国と海洋国（島国）

① **内陸国**…海に面していない国を**内陸国**という。ネパール，モンゴル，スイス，ハンガリー，エチオピア，ウガンダ，ボリビアなど。

② **海洋国**…周りを海に囲まれている国を**海洋国（島国）**という。日本，インドネシア，イギリス，マダガスカル，ジャマイカ，ニュージーランドなど。

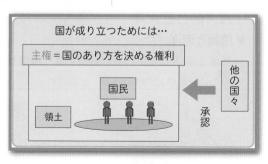

国が成り立つためには…

主権＝国のあり方を決める権利

国民

領土

他の国々

承認

📖 くわしく

バチカン市国

　世界最小の国。面積は東京ディズニーランドとほぼ同じ。カトリックの総本山の**サン・ピエトロ大聖堂**がある。**ローマ教皇**が治めており，**カトリック教会の最高機関**という側面をもつ独立国家だが，国際連合には加盟していない。

バチカン宮殿
システィナ礼拝堂　郵便局
サン・ピエトロ寺院
サン・ピエトロ広場

 注目！

インドが中国の人口を抜く理由

　インドは乳幼児死亡率の低下により，人口増加率が高い。一方，中国は**一人っ子政策**（47ページ）の影響で，人口の伸びがゆるやかになっている。

(3) 国名と国旗

▶ 国名の由来

① **位置・地形**…赤道直下の**エクアドル**（南アメリカ州）は，スペイン語で「**赤道**」という意味。**オランダ**は，正式名称がネーデルランド。「**低い土地**」という意味である。

② **人名・家名**…**アメリカ合衆国**は，探検家のアメリゴ・ベスプッチにちなむ。**コロンビア**も，探検家のコロンブスに由来。**サウジアラビア**は，サウジ家のアラビアの国の意味。

▶ 世界の国旗

（参考）
さまざまな国名の由来
　ルーマニアは，「ローマ人の土地」という意味。**ベラルーシ**は，「白いロシア」という意味。**ケニア**は，ケニア山に由来。**カメルーン**は，ポルトガル語で「えび」を表す。**スリランカ**は，「光輝く島」という意味。**ベネズエラ**は「小さなベネチア」という意味。

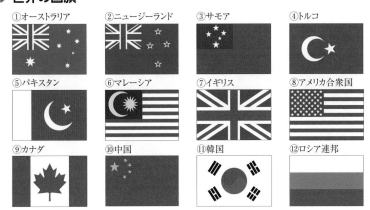

①オーストラリア　②ニュージーランド　③サモア　④トルコ
⑤パキスタン　⑥マレーシア　⑦イギリス　⑧アメリカ合衆国
⑨カナダ　⑩中国　⑪韓国　⑫ロシア連邦

国旗には，国の歴史や文化，人々の願いなどがこめられている。南半球に多いオセアニア州の国の国旗（①～③）には，南十字星が多く描かれている。**イスラム教徒**が多い国の国旗（④～⑥）には，**三日月と星**が多く描かれている。

(4) さまざまな国境

▶ 地形を利用した国境

ピレネー山脈（フランスとスペイン），**メコン川**（タイとラオスなど），**五大湖**（アメリカ合衆国とカナダ），**リオグランデ川**（アメリカ合衆国とメキシコ），**アンデス山脈**（チリとアルゼンチンなど）。

▶ 人工的に設けられた国境

緯線と経線を利用した国境線。北緯49度線（アメリカ合衆国とカナダ）。**エジプトとリビア，スーダンの国境線**は，旧植民地時代の境界線がそのまま残ったもの（66ページ）。

（参考）
軍事境界線
　韓国と北朝鮮の境は，**朝鮮戦争**の停戦時（1953年）に，**北緯38度**の停戦ラインを**軍事境界線**とすることで，暫定的に定められた。したがって，正確には国境線ではなく，境界線である。

🔺軍事境界線

(1) 緯度と経度

▶地球儀とは

地球の一周は**約4万km**。その地球を縮小した模型が地球儀。大陸や海洋の形，分布などを正しく読み取ることができる。

▶緯度と経度

地球上の位置は，緯度と経度によって表すことができる。

① **緯度**…**赤道**を**0度**として，南北をそれぞれ90度に分けたもの。北を**北緯**，南を**南緯**として示す。同じ緯度を結んだ線を**緯線**という。

② **経度**…ロンドンを通る**本初子午線**を**0度**として，東西をそれぞれ180度に分けたもの。東を**東経**，西を**西経**として示す。同じ経度を結んだ線を**経線**という。

(2) 傾く地球

▶自転と公転

地球の**地軸**は，太陽に対して約23.4度傾いている。その状態で，1日に1回転している。これを**自転**という。また，1年をかけて太陽の周りを1周している。これを**公転**という。

▶夏至と冬至

① **四季**…日本で春夏秋冬がはっきりしているのは，地軸が傾いていて，時期によって太陽の日射量が変わるから。

② **夏至と冬至**…北半球の日本は，**夏至**（6月下旬）に昼が最も長くなり，**冬至**（12月下旬）に夜が最も長くなる。

▶白夜と極夜

高緯度地方の夏は，一日じゅう太陽が沈まない（**白夜**）。逆に，高緯度地方の冬は，一日じゅう太陽がのぼらない（**極夜**）。

地球は，完全な球体ではないよ。両極方向より赤道方向が少し長い**楕円形**になっているんだ。

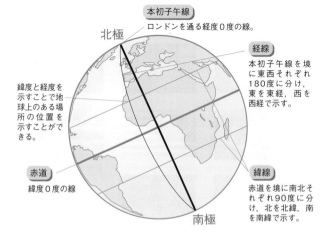

本初子午線
ロンドンを通る経度0度の線。

経線
本初子午線を境に東西それぞれ180度に分け，東を東経，西を西経で示す。

赤道
緯度0度の線

緯線
赤道を境に南北それぞれ90度に分け，北を北緯，南を南緯で示す。

緯度と経度を示すことで地球上のある場所の位置を示すことができる。

北極

南極

📖 **くわしく**

本初子午線

経度の基準となる経線。イギリスのロンドン郊外の旧グリニッジ天文台を通る。昔の日本人は，方位を十二支で表し，北の方位を「子」といい，南を「午」といった。その南北を結ぶ線なので，**子午線**という。

参考
対蹠点

ある地点の地球上の正反対（裏方）にあたる地点を**対蹠点**という。東京の位置は北緯約36度，東経約140度なので，対蹠点は南緯約36度，西経約40度となる。南アメリカのアルゼンチンの沖合（太平洋上）にあたる。

④ さまざまな世界地図

▶ さまざまな地図

地図は，方位，面積，角度のすべてを正確に表すことができない。目的に応じて，それぞれを正しく表す地図が使われる。

▶ 面積の正しい地図

面積が正しい地図。ただし，赤道から離れる
ほど，陸地の形がゆがんで表される。

◑ 面積の正しい地図

▶ 距離と方位の正しい地図

中心からのすべての地点への**距離**と**方位**が正しい地図。
正距方位図法によって描かれる。東京を中心にした右の地
図の場合，サンフランシスコは東京の北東に位置すること
がわかる。また，ロンドンまでの距離は約10000kmである
ことがわかる。

▶ 角度の正しい地図

緯線と経線が直角に交わり，ある地点からの角度が正し
い。メルカトル図法によって描かれた地図。**航海図**などに使
われる。

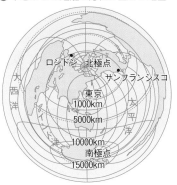
◑ 中心からの距離と方位が正しい地図

テストに出る！ **つまりこういうこと**

- ● **大陸と海洋**…大陸：海洋＝3：7。六大陸➡**ユーラシア大陸，アフリカ大陸，北アメリカ大陸，南アメリカ大陸，オーストラリア大陸，南極大陸**の六大陸。三大洋➡**太平洋，大西洋，インド洋**。
- ● **世界の州**…**アジア州，ヨーロッパ州，アフリカ州，北アメリカ州，南アメリカ州，オセアニア州**。日本はアジア州のなかの東アジア。
- ● **世界の国々**…国の成立要件➡**領土，国民，主権（政府）**の3つ。国際連合の加盟国は193か国（2020年）。面積最大はロシア連邦，最小はバチカン市国。人口最大は中国。
- ● **国境**…自然国境➡山脈，川，湖など。人工国境➡経緯線を使った直線の国境。植民地時代の境界が残るアフリカ州に多い
- ● **緯度と経度**…**緯度**➡赤道を0度として，南北それぞれ90度に分け，緯線で示す。**経度**➡ロンドンを通る**本初子午線**を0度として，東西それぞれ180度に分け，経線で示す。
- ● **世界地図**…面積，距離と方位，角度などが正しい地図があり，目的に応じて使用。

世界地図の使い方

● 地球儀の距離と方位のはかり方

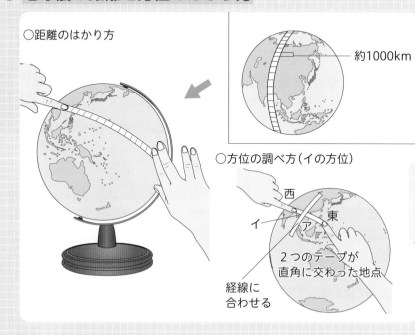

○距離のはかり方

約1000km

○方位の調べ方（イの方位）

西
東
イ
ア

2つのテープが
直角に交わった地点

経線に
合わせる

地球儀は地球を縮小
した模型だ。だから,
形,距離,面積,方位,
角度などを読み取る
ことができるよ。

● 形に特徴のある国 (縮尺は同じではない)

ノルウェー
横に長いね

イタリア
靴の形に
似ている

エジプト
四角いよ

インド
逆三角形だ

ベトナム
縦に長いね

タイ
象の顔に
似ている

ウルグアイ
丸いよ

チリ
縦に細長い

定期試験対策問題① 解答➡p.244

1 地球の姿 ≫p.11

右の地図を見て，次の問いに答えなさい。

(1) 地図中のXは，世界最大の海洋である。この海洋名を書きなさい。
〔　　　　　　　〕

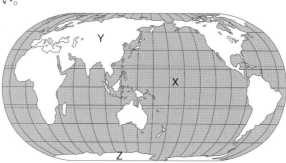

(2) 地図中のYの大陸について，次の問いに答えなさい。

① この大陸は，世界最大の大陸である。この大陸名を書きなさい。
〔　　　　大陸〕

② この大陸には，2つの州がふくまれる。何州と何州か，書きなさい。
〔　　　　州〕〔　　　　州〕

(3) 地図中のZの大陸についての正しい説明を次のア～エから2つ選びなさい。
〔　　　〕〔　　　〕

ア 6大陸のなかで最も面積が小さい。　　イ オセアニア州にふくまれる。

ウ どの国にも領有権がない。　　エ 大部分が氷におおわれている。

2 世界の国々 ≫p.12～13

世界の国々について，次の問いに答えなさい。

(1) 次の国名を書きなさい。

① 世界で最も面積が広く，11の標準時が設定されている国。〔　　　　　〕

② 中国とならび，人口が10億人をこえている，南アジアの国。〔　　　　　〕

(2) 次の州にふくまれる国を，あとのア～クから2つずつ選びなさい。

① ヨーロッパ州 〔　　〕〔　　〕　　② 南アメリカ州 〔　　〕〔　　〕

ア ペルー　　　イ スリランカ　　ウ ノルウェー　　エ アルゼンチン

オ ウガンダ　　カ カナダ　　　キ モンゴル　　　ク ポーランド

(3) 国を成り立たせる3つの条件は，領土，国民とあと1つは何か。答えなさい。
〔　　　　　　〕

(4) 次の川・山脈・湖の名称を書きなさい。

① アメリカ合衆国とメキシコの国境を流れる川 〔　　　　　〕

② フランスとスペインの国境に連なる山脈 〔　　　　　〕

③ カナダとアメリカ合衆国の国境になっている湖 〔　　　　　〕

3　世界地図 >>p.14〜15

右の地図を見て，次の問いに答えなさい。

(1)　図1は，正距方位図法で描かれた地図である。図中のロンドンには，経度0の経線が通っている。この経線を何というか。漢字で書きなさい。

〔　　　　　　　〕

(2)　図1中の東京から見て，ロンドンまでの距離とほぼ等しい距離に位置する都市はどこか。次のア〜エから1つ選びなさい。　〔　　　　　〕

　　ア　シンガポール　　イ　モスクワ
　　ウ　サンパウロ　　　エ　モントリオール

(3)　図1中の東京から見てロサンゼルスは，どの方位にあるか。8方位で書きなさい。

〔　　　　　　　〕

(4)　図1の破線は，東京とロサンゼルスの間を最短距離で結ぶ航空路を示したものである。この航空路を図2の略図にうつしかえると，どのようになるか。図2中のア〜ウから適切なものを1つ選びなさい。

〔　　　　　〕

図1

図2
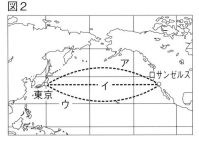

4　地球儀 >>p.14〜15

応用　地球儀をつくるため，図1のような部品1〜8の地図を準備した。地球儀は球体にこれらの部品を貼り合わせることで完成する。貼る位置は，地球儀を北極点の真上から見て図2の通りである。図3のⅠ，Ⅱはそれぞれ何番と何番の部品を表したものか。Ⅰ，Ⅱと部品番号の正しい組み合わせを次のア〜エから1つ選びなさい。〔千葉・改〕

〔　　　　〕

ア　Ⅰ：部品6　Ⅱ：部品3
イ　Ⅰ：部品6　Ⅱ：部品4
ウ　Ⅰ：部品7　Ⅱ：部品3
エ　Ⅰ：部品7　Ⅱ：部品4

図1
部品1　部品2　……　部品8
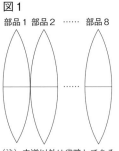
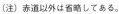

(注)　赤道以外は省略してある。

図2
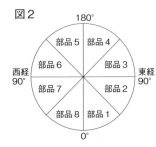

図3
Ⅰ　　　　Ⅱ

第2章

日本の姿

日本の姿

地図で確認 日本はユーラシア大陸の東に位置する。広大な排他的経済水域をもつ。

▽ 竹島（島根県隠岐の島町）

▽ 択捉島（北端の島）

ロシア連邦

中国

日本の北端
北緯45°33′

朝鮮民主主義人民共和国

択捉島

北方領土

大韓民国

竹島

40°

排他的経済水域
沿岸から200海里（約370km）
までの水域で、沿岸の国が水産
資源や海底資源を利用する権利
をもつ範囲である。

歯舞群島、色丹島、国後島、
択捉島は、1945年以来、ロ
シア連邦が不法に占拠してい
る。しかし、北方領土は日本
固有の領土であるので、ロシ
ア連邦に対して領土の返還を
求めている。

明石市

30°

与那国島

南鳥島

日本の西端
東経122°56′

日本の東端
東経153°59′

東経 135°

日本標準時子午線

135°

沖ノ鳥島

フィリピン

日本の南端
北緯20°25′

135°

△ 与那国島（西端の島）

△ 沖ノ鳥島（南端の島）

△ 天文科学館（兵庫県明石市）

① 日本の位置

🔻世界から見た日本

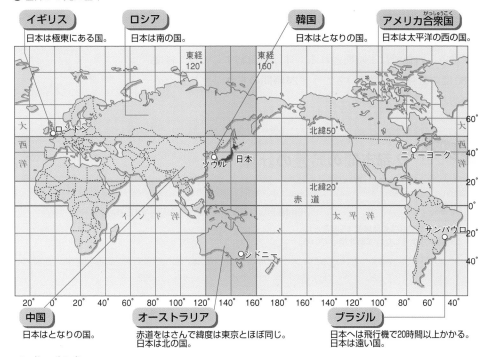

イギリス	ロシア	韓国	アメリカ合衆国
日本は極東にある国。	日本は南の国。	日本はとなりの国。	日本は太平洋の西の国。

中国	オーストラリア	ブラジル
日本はとなりの国。	赤道をはさんで緯度は東京とほぼ同じ。日本は北の国。	日本へは飛行機で20時間以上かかる。日本は遠い国。

(1) 緯度・経度による位置と時差

▶日本の緯度・経度

地球上の位置は，緯度と経度によって表すことができる。日本は，およそ**東経122度～154度，北緯20度～46度**の範囲に位置している。

▶標準時

世界の国々は，時刻の基準となる経線をそれぞれ決めて，自国の**標準時**としている。日本は，**兵庫県明石市**を通る**東経135度**を標準時に定めている。

▶時差

地球は，24時間で1回転（360度）している。したがって，「360度÷24時間＝15度」から，**経度15度ごとに1時間の時刻の差が生じる。この経度による時刻の差のことを時差**という。

参考

北半球と南半球の時刻

北半球にある日本は，**太陽が真南にきたときを12時（正午）**としている。オーストラリアなど南半球の国々では，太陽が真北にきたときを12時としている。

海外に旅行するときには，時差ぼけに注意しよう！英語ではjet lagというよ。

▶日付の調整

① **日付変更線**…経度180度に沿って引かれた線を**日付変更線**という。日付変更線を，**西から東**へこえるときには，日付を**1日遅らせる**。逆に**東から西**へこえるときには，日付を**1日進める**。

② **調整の理由**…本初子午線から東側では，経度15度ごとに1時間進み，西側では1時間遅れる。日付を調整するのは，経度180度の日付変更線で，ちょうど**24時間のずれ**が生じるためである。

参考

サマータイム（夏時間）

ヨーロッパの高緯度地域などでは，昼の時間が長くなる夏に，標準時を1時間進める**サマータイム**を採用している国が多い。

2都市間の時差の計算

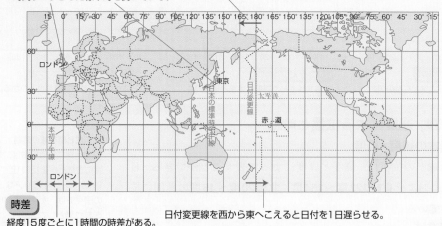

標準時

世界の各地では多くは経度15度ごとに
1時間ずつずらした標準時を使っている。

日付変更線を東から西へこえると日付を1日進める。

時差

経度15度ごとに1時間の時差がある。

日付変更線を西から東へこえると日付を1日遅らせる。

〔例〕東京が1月1日午前0時のとき，ニューヨークの日時は？ （サマータイムを除く）

● 東京は東経135度，ニューヨークは西経75度を標準時に定めている。2都市間の**経度の差**は，135度＋75度＝210度である。

● 経度差15度で，1時間の時差が生じる。「210度÷15度＝14時間」の計算から，2都市には14時間の時差があることがわかる。

● 東京のほうが時刻が先に進んでいるので，東京の1月1日午前0時から，時刻を14時間もどす。したがって，ニューヨークの日時は，**12月31日午前10時**となる。

(2) 世界のなかの日本の位置

▶各州からの位置

ユーラシア大陸の東の端に位置するため，ヨーロッパ州からは東アジア諸国とともに「極東」(Far east)とよばれる。北アメリカ州からは，太平洋をはさんだ西の国となる。

| ユーラシア大陸から見た日本 | ヨーロッパから見た日本 | アメリカから見た日本 |

▶同じ緯度と経度の国

同じ緯度には，韓国，イラン，エジプト，アメリカ合衆国などがある。同じ経度には，ロシア連邦，インドネシア，オーストラリアなどがある。

日本とほぼ同じ面積の国は，ドイツ（約36万km²），ジンバブエ（約39万km²）などだよ。

---

② 日本の国土の広がり

(1) 日本の国土

▶日本列島

日本の国土面積は約38万km²で，世界で約60番目の広さ。**北海道，本州，四国，九州**の大きな4つの島と，周辺の6000余りの島々からなる。

▶海洋国

日本は，イギリスやニュージーランドなどと同じく，周りを海に囲まれた**海洋国（島国）**である。

(2) 日本の領域

▶日本の範囲

日本の北端は**択捉島**（北海道），南端は**沖ノ鳥島**（東京都），東端は**南鳥島**（東京都），西端は**与那国島**（沖縄県）。なお，択捉島はロシア連邦に不法占拠されている。

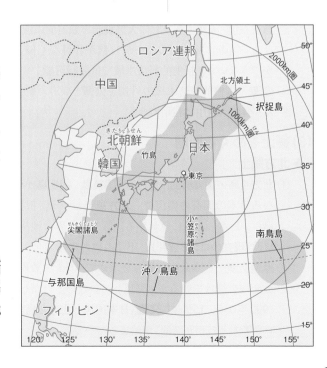

▶日本の領域

① **領域**…陸地の**領土**と**領海**，その上空の**領空**からなる。領海は，国連海洋法条約によって，沿岸から**12海里**（約22km）の海域と定められている。

② **排他的経済水域**…沿岸から**200海里**（約370km）内を**排他的経済水域（200海里経済水域）**という。日本の排他的経済水域は，領土面積の約10倍。

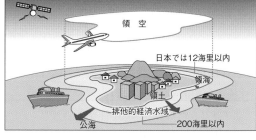
▼領土・領海・領空の範囲

領空

日本では12海里以内

領海

領土

排他的経済水域

公海　　　　　　　　200海里以内

▼おもな国の領土と排他的経済水域面積の比較

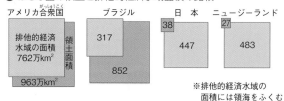

アメリカ合衆国　　ブラジル　　　日　本　ニュージーランド

排他的経済水域の面積762万km²　　317　　38　　27

領土面積　　852　　447　　483

963万km²

※排他的経済水域の面積には領海をふくむ

③ **沿岸国の権利**…排他的経済水域では，魚介類などの**水産資源**や石油・天然ガスなどの**天然資源**を独占的に漁獲・採掘できる。領海には外国の船や飛行機が許可なく侵入することができないが，排他的経済水域では**航行可能**。

④ **公海**…排他的経済水域の外側を**公海**という。航行はもちろん，資源も自由に利用できる。

注目！

沖ノ鳥島の護岸工事の理由

沖ノ鳥島は，東小島と北小島からなる無人島である。かつては満潮時に上部がつき出るだけの小さな島だった。日本政府は水没しないよう，約300億円をかけて**護岸工事**を行った。これによって，沖ノ鳥島の領土が保たれ，周囲約40万km²の海域が**日本の排他的経済水域**として維持されることになったのである。

(3) 領土をめぐる問題

▶北方領土

① **北方4島**…**歯舞群島**，**色丹島**，**国後島**，**択捉島**からなる日本の固有の領土で，**北方領土**という。択捉島は，日本の北端に位置する。第二次世界大戦後，**ソ連（現在のロシア連邦）**に不法占拠された。

② **返還交渉**…日本政府は返還を求めて，ロシア政府と交渉を続けているが，実現していない。ただし，1992年から，**ビザなし交流**（日本国民と北方4島のロシア人との相互訪問）が始まっている。

▼北方領土

千島列島

シムシル島

太平洋

ウルップ島

日本固有の領土であり，1945年以来，ロシア連邦に返還を求めている区域

国後島

択捉島

色丹島

歯舞群島

1956年の日ソ共同宣言により，日本にひきわたすことが決まったが，いまだ実現されない区域

▶竹島と尖閣諸島

① **竹島**…日本海にうかぶ無人島。1905年，日本政府は国際法にもとづき，**島根**に編入した。しかし，1952年以降，**韓国**が不法に占拠している。

② **尖閣諸島**…東シナ海にうかぶ無人の諸島。1895年に沖縄県に編入し，戦後，**アメリカ合衆国**の施政下におかれた。1972年の沖縄返還により，日本の領土として復帰。しかし，周辺の大陸棚に**石油**の埋蔵が確認されたため，1970年代から**中国**と**台湾**が領有権を主張し始めた。

参考

海上保安庁

海上の治安にあたる役所。他国の船が領海に不法侵入したり，排他的経済水域で漁業を行ったりした場合には，巡視艇が注意勧告・拿捕などをして取りしまる。

◯ 海上保安庁の巡視艇

③ 都道府県と地域区分

(1) 日本の都道府県

▶都道府県

地方の政治上の区分 (行政区分) から，**47の都道府県**に分けられている。明治時代の1871年に**廃藩置県**が行われたときに初めて設定され，その後，何度か改編された。1972年に沖縄が返還されて以来，**1都1道2府43県**で定着している。

廃藩置県によって，江戸時代の藩が廃止され，県がおかれたんだね。

▶都道府県の県庁所在地

① 都道府県庁所在地（県庁所在地）…都道府県の政治を行う役所がおかれている都市。県庁所在地は，**城下町**が多いが，**港町**や**門前町**として発展した都市もある。

🔺 港町の長崎市

② 県名と県庁所在地名…福岡県福岡市のように，県と県庁所在地の名が同じ県が多いが，異なる県もある。

(2) 地域区分

▶7地方区分

都道府県は，九州，中国・四国，近畿，中部，関東，東北，北海道の7地方に区分されることが多い。また，中部地方は**北陸**，**中央高地**，**東海**に，中国・四国地方は，**山陰**，**瀬戸内**，**南四国**に分けることもある。

▶その他の区分

新潟県糸魚川市と静岡県静岡市を結ぶフォッサマグナを境にして，**東日本**と**西日本**に二分することもある。また，**日本列島を太平洋側**と**日本海側**に二分することもある。

くわしく

港町・門前町の県庁所在地
①港町…**青森市**（青森県），**横浜市**（神奈川県），**新潟市**（新潟県），**大津市**（滋賀県），**神戸市**（兵庫県），**長崎市**（長崎県）
②門前町…**長野市**（長野県）

注目！

県と県庁所在地の異なる名・表記
・北海道（**札幌市**）
・東北地方…岩手県（**盛岡市**），宮城県（**仙台市**）
・関東地方…茨城県（**水戸市**），栃木県（**宇都宮市**），群馬県（**前橋市**），埼玉県（**さいたま市**），神奈川県（**横浜市**）
・中部地方…山梨県（**甲府市**），石川県（**金沢市**），愛知県（**名古屋市**）
・近畿地方…滋賀県（**大津市**），三重県（**津市**），兵庫県（**神戸市**）
・中国・四国地方…島根県（**松江市**），香川県（**高松市**），愛媛県（**松山市**）
・九州地方…沖縄県（**那覇市**）

テストに出る！ ▸ つまりこういうこと

- **位置と標準時**…日本の位置➡**東経122度〜154度，北緯20度〜46度**。標準時の経線➡兵庫県明石市を通る**東経135度**。世界（ロンドン）の標準時とは，9時間の時差がある。

- **時差の計算**…経度15度ごとに1時間の時差。時差の計算➡「**2地点間の経度の差÷15度**」

- **日本の国土**…面積は約38万km²。**北海道，本州，四国，九州**と周辺の島々からなる。北端は，択捉島，南端は沖ノ鳥島，東端は南鳥島，西端は与那国島。

- **日本の領域**…領域➡**領土，領海，領空**。沿岸から200海里内の**排他的経済水域**にある水産・鉱産資源は沿岸国のもの。日本の排他的経済水域は，領土面積の約10倍。

- **領土をめぐる問題**…**北方領土**➡北海道の東方沖の島々。ロシア連邦が不法占拠。**竹島**➡日本海の島。韓国が不法占拠。**尖閣諸島**➡東シナ海の諸島。中国と台湾が領有権を主張。

- **都道府県**…**1都1道2府43県**。旧城下町などに，都道府県庁所在地がある。

- **7地方区分**…九州，中国・四国，近畿，中部，関東，東北，北海道。

定期試験対策問題② 解答➡p.244

1 日本の位置 ≫p.21〜22

次の問いに答えなさい。

(1) 次の各文中の〔　　〕にあてはまる地名と語句を書きなさい。

① 日本は，兵庫県〔　　〕市を通る東経135度を標準時に定めている。

② 地球は，24時間で1回転している。これを〔　　〕という。

(2) アフリカ州のエジプトについて，次の問いに答えなさい。

① 日本とエジプトの時差を求めなさい。なお，標準時の基準となる子午線は，エジプトは東経30度である。また，サマータイムは考えないこととする。

〔　　　　時間〕

② エジプトは，日本と同緯度に位置する。このほか，日本と同緯度に位置する国を，次のア〜カから2つ選びなさい。

〔　　　〕〔　　　〕

ア スウェーデン　　**イ** ウガンダ　　　**ウ** イラン
エ インドネシア　　**オ** アメリカ合衆国　**カ** アルゼンチン

2 日本の国土 ≫p.21〜24

右の地図を見て，次の問いに答えなさい。

(1) 地図中のXの島は，日本の東端の島である。また，Yの島は，日本の西端の島である。それぞれの島の名称を書きなさい。

X〔　　　　〕
Y〔　　　　〕

(2) 地図中のZの緯度を書きなさい。

〔 北緯　　　度〕

(3) 地図中のa・bの国名を書きなさい。

a〔　　　　〕
b〔　　　　〕

応用 (4) 地図中の◯の水域について，この水域では，沿岸国のどのような権利が認められているか。簡潔に書きなさい。

〔

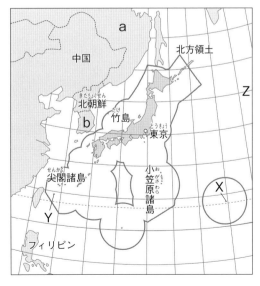

3　日本の領域と領土をめぐる問題 >>p.24〜25

日本の島々について，次の問いに答えなさい。

(1)　明治時代に島根県に編入されたが，現在は韓国が不法に占拠している日本の領土を，次のア〜エから1つ選びなさい。　〔　　　〕

ア　択捉島　　イ　竹島　　ウ　尖閣諸島　　エ　小笠原諸島

応用 (2)　右の写真は，北小島と東小島からなる沖ノ鳥島を写したものである。波の侵食で島が消失しないように，日本政府はコンクリートの護岸と金属のふたで島を保護している。この島が消失すると，日本にどのような問題が発生するのか。「広大な」「失う」という2つの言葉を使って説明しなさい。

〔　　〕

4　都道府県と地域区分 >>p.25〜26

日本の地域区分について，次の問いに答えなさい。

(1)　地図中の　　　@〜@の県名と県庁所在地名をそれぞれ書きなさい。

@〔　　　　　県〕
〔　　　　　市〕
⑥〔　　　　　県〕
〔　　　　　市〕
ⓒ〔　　　　　県〕
〔　　　　　市〕
@〔　　　　　県〕
〔　　　　　市〕

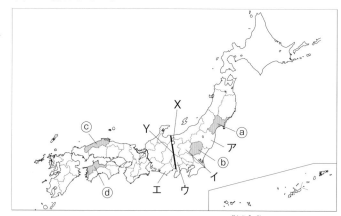

(2)　地図中のXの都市は，長野県の県庁所在地の長野市である。長野市は善光寺を中心に発展した町である。このような町を何というか。次のア〜エから1つ選びなさい。

〔　　　〕

ア　城下町　　イ　港町　　ウ　宿場町　　エ　門前町

(3)　地図中のYは，糸魚川市と静岡市を結び，日本列島を地形上の性質から東西に分ける地帯である。「大きな裂け目」という意味のこの地帯を何というか。**カタカナ**で書きなさい。

〔　　　　　　　〕

(4)　中部地方の県で「甲信越地方」の1つだが，関東地方とつながりが深く，首都圏にもふくまれる県を，地図中のア〜エから1つ選びなさい。

〔　　　〕

第3章

世界各地の人々の生活と環境

世界各地の人々の生活と環境

📍 地図で確認 世界は5つの気候帯に分類され，人々はそれぞれの環境に合った生活をしている。

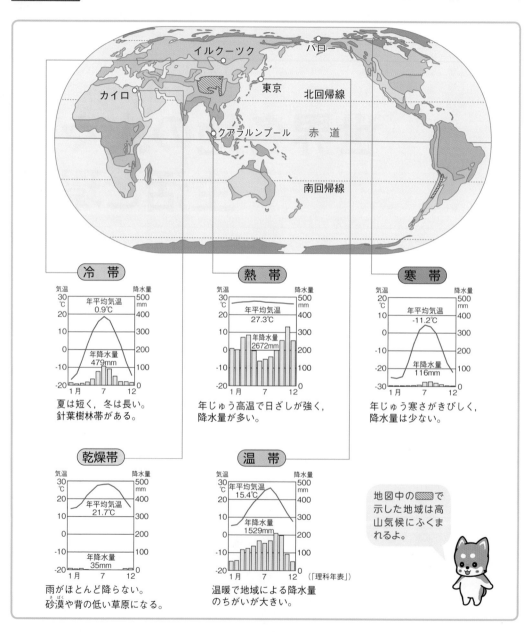

冷 帯

気温　　　　　　　降水量
年平均気温
0.9℃
年降水量
479mm

夏は短く，冬は長い。
針葉樹林帯がある。

熱 帯

気温　　　　　　　降水量
年平均気温
27.3℃
年降水量
2672mm

年じゅう高温で日ざしが強く，
降水量が多い。

寒 帯

気温　　　　　　　降水量
年平均気温
-11.2℃
年降水量
116mm

年じゅう寒さがきびしく，
降水量は少ない。

乾燥帯

気温　　　　　　　降水量
年平均気温
21.7℃
年降水量
35mm

雨がほとんど降らない。
砂漠や背の低い草原になる。

温 帯

気温　　　　　　　降水量
年平均気温
15.4℃
年降水量
1529mm

（「理科年表」）

温暖で地域による降水量
のちがいが大きい。

地図中の▨で
示した地域は高
山気候にふくま
れるよ。

① 世界の気候

(1) 世界の気候帯

▶ 5つの気候帯

世界は気温と降水量のちがいによって，赤道付近から高緯度にかけて，**熱帯**，**乾燥帯**，**温帯**，**冷帯（亜寒帯）**，**寒帯**の5つの気候帯に分類される。また，高地の気候を**高山気候**という。

▶ 植物の分布をもとにした分類

森林の育つ気候帯は，熱帯，温帯，冷帯の3つ。森林の育たない気候帯は，乾燥帯と寒帯の2つ。

(2) 5つの気候帯

▶ 熱帯

赤道付近に分布。1年を通して気温が高い。

① **熱帯雨林気候**…降水量が多い。常緑広葉樹の密林が広がり，**スコール**がしばしば降る。東南アジア，アフリカのギニア湾沿岸，南アメリカのアマゾン川流域など。

② **サバナ気候**…雨の降る**雨季**と降らない**乾季**がある。丈の高い草原に低い木がまばらに生える。インド南部，アフリカ東部，ブラジル高原など。

▼大陸別の気候帯の面積の割合

（単位％）

	熱帯	乾燥帯	温帯	冷帯	寒帯
ユーラシア大陸	7.4	26.1	17.5	39.2	9.8
アフリカ大陸	38.6		46.7		14.7
北アメリカ大陸	14.4	13.5	5.2 / 43.4		23.5
南アメリカ大陸	63.4		14.0	1.6	21.0
オーストラリア大陸	16.9	57.2			25.9

（データブック オブ・ザ・ワールド2020年版）

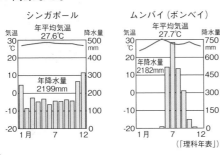

シンガポール	ムンバイ（ボンベイ）
年平均気温 27.6℃ 年降水量 2199mm	年平均気温 27.7℃ 年降水量 2182mm

（「理科年表」）

▶ 乾燥帯

熱帯より高緯度の地域，**回帰線**のあたりに分布。1年を通して降水量が少ない。

スコールとは，とつぜん吹く強風のことだ。激しい雨や雷をともなうこともあるよ。

サバナ

熱帯地域の草原のことで，**サバンナ**ともいう。アフリカのサバンナには，ゾウやキリン，ライオンなど，さまざまな野生動物が生息しており，それを見学するサファリツアーが人気になっている（65ページ）。

回帰線

太陽が真上にくる最北端の線（**北回帰線**）と最南端の線（**南回帰線**）がある。北回帰線は北緯23.4度，南回帰線は南緯23.4度。

① **砂漠気候**…ほどんど雨が降らない。植物が育たず，岩石や砂の**砂漠**が広がる。西アジア，中央アジア，北アフリカ，オーストラリア内陸部など

② **ステップ気候**…砂漠気候の周辺に広がり，雨季には，わずかに雨が降る。丈の低い**ステップ**とよばれる**草原**が広がる。中央アジア，北アメリカの中央平原など。

△ サハラ砂漠 (エジプト)

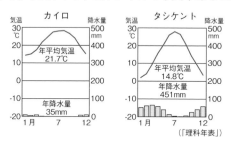

（「理科年表」）

▶ **温帯**

中緯度地方に分布。温暖で，春夏秋冬の季節の変化がはっきりしている。

① **温暖湿潤気候**…**季節風 (モンスーン)** の影響を受け，夏は高温多湿，冬は低温で乾燥する。日本，中国東部，北アメリカ東部など。

② **西岸海洋性気候**…沖合を流れる**暖流**と**偏西風**の影響を受け，**高緯度のわりに温暖**。1年を通して雨が降るが，温暖湿潤気候ほど多くない。沖合に**北大西洋海流**が流れるヨーロッパの大西洋沿岸，ニュージーランドなど。

③ **地中海性気候**…夏は高温で乾燥，**冬は温和で雨が降る**。地中海沿岸，南アフリカ共和国の南部，アメリカ合衆国カリフォルニア州など。

季節風と偏西風

季節風 (モンスーン) は，季節によって吹く向きが変わる風。夏は海から大陸へ，冬は大陸から海へ吹く。**偏西風**は1年じゅう西から東に向かって吹く風。大陸の西岸の気候に強い影響をあたえる。

△ 温暖湿潤気候 (プサン)

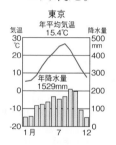
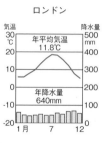
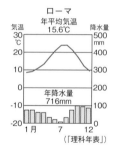

（「理科年表」）

△ 西岸海洋性気候 (パリ郊外)

▶ 冷帯 (亜寒帯)

　高緯度地方に分布。冬の寒さはきびしいが, 夏は気温が上がる。マツやモミなどの**タイガ**とよばれる針葉樹林帯が広がる。ユーラシア大陸北部 (スカンディナビア半島〜シベリア), 北アメリカ北部(アラスカ半島〜カナダ), 北海道など。

▶ 寒帯

　北極・南極の周辺に分布。1年を通して低温。大半が雪と氷におおわれる。

① **氷雪気候**…1年じゅう**雪と氷**におおわれ, 植物は育たない。夏でも, 平均気温は氷点下になる。グリーンランド, 南極大陸など, 極地の周辺。

② **ツンドラ気候**…短い夏があり, 氷がとけて, わずかに**こけ類**が生える。北極海の沿岸など。

▶ 高山気候

　標高が高くなるにつれ, 気温が低くなる気候。**100m上がるごとに, 気温はおよそ0.6℃ずつ下がる**。アンデス山脈の高地やチベット高原など。赤道に近い地域でも, 気温が低いため, 森林は形成されない。

② それぞれの気候帯のくらし

(1) 暑い地域に暮らす人々

▶ 自然のようす

　季節による気温の変化がなく, 1年を通して高温。高木の熱帯雨林が密集し, 海岸や河口付近には**マングローブ**が広がる。太平洋の島々の周りには, **さんご礁**が見られる。

▶ 生活のようす

① **衣服**…衣服は, Tシャツや生地のうすいシャツ, **サロン** (インドネシア) や**サリー** (インド) など, 1枚の大きな布を身体に巻く人も多い。

② **食事**…インドでは, 小麦が原料のナンと米が主食。アフリカやサモアなど太平洋の島々では, **タロいもやキャッサバ**を自給自足している。**バナナやマンゴー**などの果物も豊富。

▲タイガ (アラスカ)

ツンドラ
　凍結した大平原のこと。地下が**永久凍土**になっている。そのため, 高い木が生えず, 低木やこけ類だけが生える。

ツンドラは, アルプスの高原(スイス) などでも見られるよ。

マングローブ
　海岸や河口付近に密集して育つ**熱帯の低木群**のことをいう。ヒルギ科の樹木が多いが, 特定の植物を指すわけではない。海底や川底に根をはり, さまざまな水中生物のすみかになっている。日本の南西諸島にも見られる(121ページ)。

さんご礁
　移動できない**さんご虫**という海中生物が集まっているところ。または, その死がいの**石灰質**が固まってできた**岩礁**。

③ **住居**…木や竹を組んだ住居が多い。地面から柱をのばし，高いところに床を張った**高床の住居**も見られる。ただし，バンコク（タイ）やジャカルタ（インドネシア）などの大都市では，コンクリートの建造物が増えている。

(2)乾燥した地域に暮らす人々

▶自然のようす

雨が少なく，砂漠や丈の低い草原が広がる。砂漠のなかには，水がわき出る**オアシス**がある。植物が育つため，作物栽培が行われ，集落や町が形成されているところもある。

▶生活のようす

① **衣服**…強い日差しや砂ほこりを防ぐため，薄手だが全身をおおう衣服を着ている。イスラムの女性は，**チャドル**という服や**ヒジャブ**とよばれる布で，肌や頭を隠す。

② **食事**…サハラ砂漠の南縁の**サヘル**（69ページ）では，ひえやもろこしなどの穀物を栽培。遊牧で飼育された羊の肉や乳製品，ナツメヤシも食べる。

③ **住居**…樹木がないため，石づくりの家や土をこねて乾かした**日干しレンガ**を積んだ住居が多い。モンゴルでは，**ゲル**（中国ではパオ）とよばれるテントに住む人も多い。

(3)温暖な地域に暮らす人々

▶自然のようす

温暖で適度に雨が降るため，多くの人が暮らしている。とくに東アジアや北アメリカの東岸は，人口が密集している。

▶生活のようす

① **衣服**…季節に合わせた衣服を着用。ヨーロッパでは，夏に帽子やサングラスを着用する人が多い。

② **食事**…温暖湿潤気候の東アジアは，**米**が主食。西岸海洋性気候や地中海性気候のヨーロッパなどは，小麦が原料の**パン**や**パスタ**が主食。

③ **住居**…ヨーロッパの古い都市は，伝統的な統一された**石づくりの家**が多い。熱を通しにくいため，夏でも過ごしやすい。

熱帯に高床の住居が多い理由

　最大の理由は，**風通しをよくして湿気を防ぐ**ため。豪雨による洪水が多いので，水害からのがれることも大きな理由である。また，ねずみや蛇など有害な動物の侵入を防ぐといった目的もある。

オアシス

　砂漠のなかで，水がわき出たり，井戸を掘って水を得ているところ。草木も育つため，**ナツメヤシ**（デーツ）などを栽培しているところもある。

▲オアシスの町（イエメン）

フォーマルな場面ではスーツ，カジュアルな場面ではTシャツとジーンズを着る人が多いよ。

▲伝統的なシエナの町並み（イタリア）

(4) 寒暖の差が大きい地域に暮らす人々

▶自然のようす

　寒暖の差が大きい**冷帯(亜寒帯)**の地域では，冬は雪が多く，寒さがきびしい。夏は短いが，過ごしやすい。緯度の低い地域では，麦類の栽培や酪農が行われている。

▶生活のようす

① **衣服**…毛皮の厚いコートを着て，頭全体をおおう帽子をかぶる。重ね着をする人も多い。

② **食事**…シベリアの人々は，**ライ麦**でつくったパンやじゃがいもを食べる。漬け物や冷凍肉などの保存食も多い。

③ **住居**…**タイガ**が広がるシベリアでは，**丸太の家**が多い。外気が入らないように，窓は小さく二重になっている。都市部では，**高床の建物**が多く見られる。

(5) 寒さのきびしい地域に暮らす人々

▶自然のようす

　北極や南極に近い**寒帯**の地域では，1年の大半が雪と氷におおわれている。夏はうす明るい**白夜**，冬はうす暗い**極夜**が続き，生活環境はきわめてきびしい。

▶生活のようす

① **衣服**…あざらしや**カリブー**(となかい)の毛皮でつくった服やブーツを着用。防寒・防水性に優れている。

② **食事**…カナダ北部に住む**イヌイット**は，あざらしやカリブーの生肉，魚を食べる。肉は，氷の冷蔵室で保存。

③ **住居**…氷を積み上げた**イグルー**という家や，あざらしの皮やくじらの骨などでつくったテントに住む。ただし，こうした生活は，急速に変化しつつある。

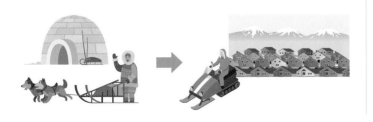

冷帯に高床の建物が多い理由

　地下が**永久凍土**になっている。熱が伝わると凍土がとけて，家が傾くおそれがある。そのため，室内の熱が伝わらないよう床を高くしている。また，地下には深く支柱を打ちこんでいる。永久凍土の冷帯では，**地球温暖化の影響**も心配されている。

●高床の住居(シベリア)

参考

急速な生活の変化

　狩猟生活を行う民族は減っており，**イヌイットも定住化**が進んでいる。移動手段も，犬ぞりから**スノーモービル**に変わり，住居も暖房を備えた住宅へと変わった。スーパーマーケットの進出もあり，生肉を食べる人も減っている。定住化にともない，**観光業**，**サービス業**，**開発関連の産業など**に携わる人が増えている。

(6) 標高の高い地域に暮らす人々

▶自然のようす

　標高4000mの高地では，昼は気温が20℃前後まで上がるが，夜は0℃前後になる。**アンデス山脈**や**チベット高原**などの高山気候の地域では，それぞれの標高の自然環境に合った生活を営んでいる。

▶生活のようす

① **衣服**…アンデス山脈の高地では，寒さに強く，着脱がしやすい**ポンチョ**という衣服，つばの広い帽子を着用。ポンチョやセーターは，家畜の**アルパカ**の毛が使われる。

② **食事**…主食はじゃがいもで，100をこえる種類がある。蒸して食べることが多い。中腹では，**とうもろこし**も栽培され，山ろくから中腹にかけて，かんきつ類を中心に**果実**も栽培されている。

③ **住居**…石を積んだ家や**日干しレンガ**の家が多い。荷物の運搬には，家畜のリャマが使われてきたが，近年は道路網の整備にともない，トラックに変わっている。

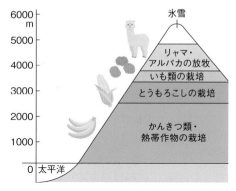

◥アンデス山脈の土地利用（ペルー）

氷雪
リャマ・アルパカの放牧
いも類の栽培
とうもろこしの栽培
かんきつ類・熱帯作物の栽培
太平洋

---

③ 言語・宗教と人々のくらし

(1) 世界の言語と民族

▶世界の言語

① **公用語**…国が政府機関や役所などで使うことを決めている言語を**公用語**という。複数の公用語や**準公用語**を設けている国も多い。

② **母語**…家族や近親者から学び，人が自然に身につけていく言語を**母語**という。家庭内では母語を話し，学校や職場では公用語を話すという人も多い。

③ **広く使われている言語**…英語，フランス語，スペイン語，アラビア語などは，多くの国で用いられている。国際機関では，英語が共通語になっている。

📖 **くわしく**

チベット高原のくらし

　チベット高原（中国）には，仏教徒の**チベット民族**が多く住んでいる。平均標高4000mの高地でヤクや羊の放牧が行われ，遊牧民も多く暮らす。しかし，青蔵鉄道の開通（2006年）以降，**漢民族**の移住者や観光客が増えており，チベットの人々の生活も変わりつつある。

参考

多民族国家インドの公用語

　インドの公用語は，ヒンディー語である。しかし，多くの民族が暮らしているため，紙幣にはベンガル語，タミル語など，**17の言語**の文字が印刷されている。また，イギリス植民地時代の名残から，**英語が準公用語**として使われている。

◆世界の公用語・共通言語

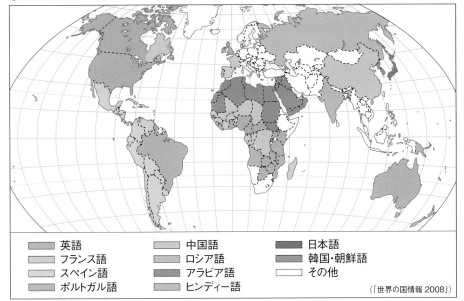

凡例
- 英語
- フランス語
- スペイン語
- ポルトガル語
- 中国語
- ロシア語
- アラビア語
- ヒンディー語
- 日本語
- 韓国・朝鮮語
- その他

（「世界の国情報 2008」）

▶世界の民族

① **民族**…言語や宗教，生活習慣など同じ文化を共有し，集団に帰属しているという意識が強い人々のこと，またはその集まりを**民族**という。

② **先住民族**…ある地域に古くから暮らす民族のこと。カナダの**イヌイット**，オーストラリアの**アボリジニ**など。

③ **民族と国家**…1つの民族だけで成り立っている国はほとんどない。日本にも，先住民族の**アイヌ**の人々や外国から移住した人々が多く暮らしている。

▶民族と言語

多民族国家のマレーシアは，**マレー系**が多数を占めているが，**中国系（華人）**，**インド系**の住民も多い。そのため，マレーシア政府は，マレー語を国語としながら，マレー語・中国語・タミル語（インド系）・英語を公用語にしている。

参考
中国語と漢字文化圏

中国語は，世界の人口の約5分の1が母語して使っている。北京語のほか，広東語，蘇州語，福建語など，方言の種類も多い。ただし，表記文字の**漢字**は，ほぼ共通している。漢字は，中国から朝鮮半島や日本にも伝わった。そのため，東アジアのこれらの地域は**漢字文化圏**とよばれる。

- インド系 6.2
- マレー系 62.0%
- その他 11.2
- 中国系 20.6

人口 約3238万人（2018年）

（マレーシア統計局）
🔺マレーシアの民族構成

🔺ホンコンの路上（中国の特別行政区）

37

(2) 世界の宗教と民族

▶ 世界の三大宗教

① **三大宗教**…地域や民族をこえて広く信仰されている宗教を、世界宗教という。このうち、信者が多い**キリスト教**、**イスラム教**、**仏教**は**三大宗教**とよばれる。

② **民族宗教**…特定の民族や地域で信仰されている宗教を、**民族宗教**という。インド、ネパールと東南アジアに信者が多い**ヒンドゥー教**、イスラエルと欧米諸国に信者が多い**ユダヤ教**などが代表。

▶ キリスト教

① **開祖・教典**…イエス・キリストが開いた。教典は、**聖書（新約聖書）**。大きく**カトリック**、**プロテスタント**、**正教会**の3つの宗派に分かれる。

② **信者の分布**…ヨーロッパ、アフリカ中・南部、南北アメリカ、オセアニアで広く信仰されている。

③ **信仰の特徴**…神への愛、人どうしの友愛、許しの心などを大切にする。熱心な信者は、休日の日曜日には**教会**に行き、食事の前に祈りをささげる。**クリスマス**や**イースター（復活祭）**などの行事がある。

▶ イスラム教

① **開祖・教典**…7世紀初めに、ムハンマドがアラビア半島で開いた。教典は、唯一神の**アッラー**の教えが書かれた**コーラン（クルアーン）**。

▲ ドーハのモスク（カタール）

② **信者の分布**…西アジア、北アフリカ、中央アジアで広く信仰されている。東南アジアのマレーシアやインドネシアにも信者が多い。

③ **信仰の特徴**…ムスリム（イスラム教徒）は1日5回、聖地メッカに向かって、祈りをささげる。金曜日には、礼拝堂の**モスク**に集まって祈る。**断食（ラマダーン）**や**喜捨（寄付）**などのきまりごとがある。

◀ 宗教別の人口割合

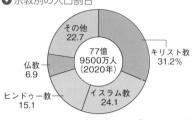

その他
22.7

仏教
6.9

ヒンドゥー教
15.1

77億
9500万人
(2020年)

キリスト教
31.2%

イスラム教
24.1

（2020/21「世界国勢図会」）

（語句）
ヒンドゥー教
　ヒンドゥー教は**多神教**で、神の使いとして牛をあがめる。そのため、信者は牛肉を食べない。また、動物の殺生をきらうため、ベジタリアンも多い。

（参考）
西暦
　西暦は、イエスが生まれたとされる年を紀元1年にしている。紀元前の**BC**は、Before Christの略。紀元後の**AD**は、Anno Domini（主キリストの年）の略である。

（参考）
ハラル（ハラール）
　神に許された行為のこと。イスラム教徒は、**飲酒や豚肉を食べることはタブー**として禁じられている。こうした成分がふくまれておらず、決められた方法で調理された食材・料理には、**ハラル**の認証を受けたマークがつけられている。

▲ ハラルマーク

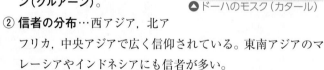

▶仏教

① **開祖・教典**…紀元前6世紀ごろ，ブッダ(釈迦)がインドで開いた。教典は**経**(お経)で，種類が多い。**大乗仏教**と**上座部仏教**に大きく分かれる。

② **信者の分布**…スリランカ，東南アジア，東アジアで広く信仰されている。なお，発祥地のインドには信者が少ない。

③ **信仰の特徴**…苦悩からのがれ，安らかな心になることをめざす。上座部仏教の**タイ**では，男性は若いうちに，一度は仏門に入ること(出家)が慣習になっている。

(語句)

大乗仏教と上座部仏教

　大乗仏教は，すべての人が救われることを重んじる。チベットや日本をふくむ東アジアに信者が多い。一方，**上座部仏教**は，個人が悟りを開くことを重んじる。タイやミャンマー，ラオスなど，東南アジアに信者が多い。

(3)日本の年中行事と文化

▶日本人の宗教

伝統的な**神道**や**仏教**が信仰されている。ただし，特定の宗教を信じる人は，半数以下といわれる。

▶年中行事・宗教行事

正月の初詣，お盆，クリスマスなど，宗教と結びついた行事が行われている。また，お葬式や結婚式などを，仏教やキリスト教の形式で行う人も多い。

●日本の年中行事

月	行事	月	行事
1月	初詣	7月	七夕
2月	節分	8月	うら盆
3月	ひな祭り	9月	彼岸
4月	花祭り	11月	七五三
5月	端午の節句	12月	クリスマス

テストに出る！ つまりこういうこと

● **熱帯**…1年を通して高温。高温多雨の**熱帯雨林気候**と雨季・乾季のある**サバナ気候**➡熱帯雨林，マングローブ，さんご礁が見られる。高床の住居。

● **乾燥帯**…1年を通して少雨。ほとんど雨が降らない**砂漠気候**と雨季がある**ステップ気候**➡砂漠とわき水が出るオアシス。羊やらくだの遊牧。日干しレンガの家やゲルというテント。

● **温帯**…温暖で四季の変化がある。**季節風(モンスーン)**の影響を受ける**温暖湿潤気候**，暖流と偏西風の影響を受ける**西岸海洋性気候**，夏は乾燥し冬に雨が降る**地中海性気候**。

● **冷帯(亜寒帯)**…冬は寒さがきびしいが，夏は気温が上がる。針葉樹林帯の**タイガ**が広がる。

● **寒帯**…1年を通して低温。雪と氷におおわれる**氷雪気候**，短い夏がある**ツンドラ気候**。

● **高山気候**…低緯度でも低温。標高に応じて，じゃがいも，とうもろこしを栽培。

● **世界の言語**…国が使うことを決めた言語は公用語。**英語**が国際社会の共通語。

● **世界の宗教**…**キリスト教**➡開祖は**イエス・キリスト**。教典は聖書。神や人どうしの愛を重視。**イスラム教**➡開祖は**ムハンマド**。教典はコーラン。1日5回，聖地メッカに向けて祈る。**仏教**➡開祖は**ブッダ(釈迦)**。教典は経。大乗仏教と上座部仏教に大別。

世界三大宗教を比べる

● 世界の宗教分布

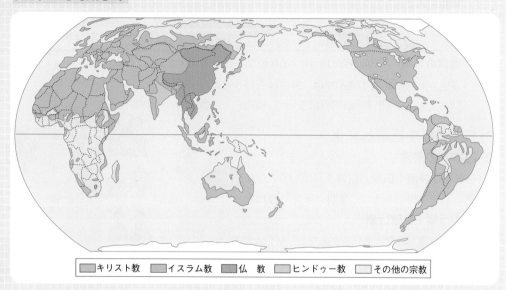

■ キリスト教　■ イスラム教　■ 仏教　■ ヒンドゥー教　□ その他の宗教

● 三大宗教の比較

	キリスト教	イスラム教	仏教
創始者・開祖	イエス・キリスト	ムハンマド（マホメット）	ブッダ（釈迦）
成立年代	1世紀ごろ	7世紀ごろ	紀元前6世紀ごろ
信仰の対象	神（父なる神, 子なるイエス, 聖霊）	アッラー	仏（如来・菩薩など）
おもな教典	『聖書（新約聖書）』	『コーラン（クルアーン）』	経（お経）
信者数（2016年）	約24億5000万人	約17億5000万人	約5億2000万人

- 唯一神を信仰している宗教 ➡ キリスト教, イスラム教
- 個人の悟りを重んじる宗教 ➡ 仏教
- 豚肉や飲酒をタブーにしている宗教 ➡ イスラム教
- 牛を神の使いとしてあがめている宗教 ➡ ヒンドゥー教
- エルサレムを重要な聖地にしている宗教 ➡ キリスト教, イスラム教, ユダヤ教

定期試験対策問題③ 解答→p.244

1 世界の気候 >>p.31〜36

次の文章を読んで，あとの問いに答えなさい。

> 世界は気温と降水量のちがいによって，5つの気候帯に分類される。森林の育たない気候帯は，乾燥帯と寒帯の2つである。さらに乾燥帯は砂漠気候と（ a ）気候に分けられ，寒帯は氷雪気候と（ b ）気候に分けられる。森林の育つ気候帯は，熱帯，温帯，冷帯の3つである。熱帯は熱帯雨林気候と（ c ）気候に分けられ，温帯は d温暖湿潤気候，e西岸海洋性気候，f地中海性気候に分けられる。また，高地の気候を g高山気候という。

(1) 文章中の（ ）a〜cにあてはまる語句を，次のア〜エから1つずつ選びなさい。

a〔　　〕 b〔　　〕 c〔　　〕

ア ツンドラ　イ タイガ　ウ ステップ　エ サバナ

(2) 下線部d〜fの気候区の特徴を説明した文を，次のア〜エから1つずつ選びなさい。

d〔　　〕 e〔　　〕 f〔　　〕

ア 夏は高温で乾燥するが，冬は温和で雨が降る。

イ モンスーンの影響を受け，夏は高温多湿，冬は低温で乾燥する。

ウ 赤道周辺に分布し，季節と昼夜による気温の差が大きい。

エ 沖合を流れる暖流と偏西風の影響を受け，高緯度のわりに温暖である。

(3) 下線部gについて，南アメリカ大陸の西部を南北に連なり，高山気候が見られる山脈の名称を書きなさい。

〔　　　　　山脈〕

2 乾燥帯のくらし >>p.34

右の写真を見て，次の問いに答えなさい。

(1) 写真は，アラビア半島の南東部，砂漠のなかで水がわき出ている町のようすである。このようなところを何というか。**カタカナ**で書きなさい。

〔　　　　　〕

(2) 写真のような地域で，おもに栽培されている作物を，次のア〜エから1つ選びなさい。

〔　　　　　〕

ア キャッサバ　イ じゃがいも
ウ ライ麦　　　エ ナツメヤシ

3 世界の気候と民族 >>p.31〜39

右の地図を見て，次の問いに答えなさい。

(1) 右下のア〜ウは，地図中ⓐ〜ⓒの気候と降水量を示した雨温図である。ⓐの雨温図をア〜ウから1つ選びなさい。 〔　　〕

(2) 地図中のあの国について，次の問いに答えなさい。

① この国の大部分を占めている自然のようすを説明しものを，次のア〜エから1つ選びなさい。 〔　　〕

ア 多種な広葉樹が密集する森林
イ 植物がほとんど育たない砂漠（さばく）
ウ 雪や氷におおわれた平原
エ タイガとよばれる針葉樹林帯

② この国に多く住んでいる民族を，次のア〜エから1つ選びなさい。 〔　　〕

ア ゲルマン民族　イ 漢民族　ウ スラブ民族　エ アラビア民族

(3) 地図中のいの国で，最も多くの信者がいる宗教を，次のア〜エから1つ選びなさい。 〔　　〕

ア ヒンドゥー教　イ 仏教　ウ キリスト教　エ ユダヤ教

赤道

4 世界の宗教 >>p.38〜39

応用 企業（きぎょう）が外国で活動するときに求められることをまとめた次の文中の〔　〕にあてはまる内容を，あとの資料から読み取れることをもとにして書きなさい。〔島根・改〕

企業が外国で活動するときは，その国や地域の〔　　　　　　　　　　　　　　　　　〕。

このマークは，マレーシアにあるアメリカの大手ファストフード店にかかげられているハラルマークである。ハラルマークとは，イスラム教のきまりに従った食材を使っていることを示すものである。マレーシアでは，イスラム教を信仰（しんこう）する人が多い。

コンテンツ

第4章

世界の諸地域

1 アジア州の自然と社会 >> p.46

☐ 沿岸部の気候は，季節風の影響を受ける。

☐ タイは仏教。マレーシア，インドネシアはイスラム教。フィリピンはキリスト教。西アジアは，イスラム教。

☐ 中国は，2010年代半ばまで，人口を抑制するため，「一人っ子政策」を実施。人口のかたよりと高齢化が問題。

☐ 中国は，北部で畑作，中・南部で米作。東南アジアは，米作とプランテーション農業。西アジアは，遊牧。

☐ 中国は経済特区を設置し，外国企業を受け入れ，「世界の工場」に成長。「世界の市場」としても期待。

☐ アジアNIESに続き，ASEAN（東南アジア諸国連合）のマレーシア，タイ，インドネシアも工業が成長。

☐ インドは，ICT（情報通信技術）産業の成長がめざましい。西アジアは，石油，天然ガスを産出。

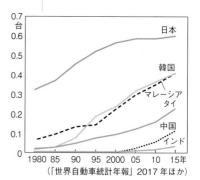

🔺アジアのおもな国の一人当たりの自動車保有台

工業の成長にともない，自動車の保有台数も増えている。中国は内陸部の経済が発展すると，さらに伸びると推測される。

2 ヨーロッパ州の自然と社会 >> p.54

☐ 北部はフィヨルド，南部はアルプス山脈。

☐ 西岸は，暖流の北大西洋海流と偏西風の影響。地中海沿岸は，夏に乾燥，冬に降雨。

☐ EU（ヨーロッパ連合）は，経済的・政治的な連携を強化。共通通貨ユーロを導入。域内の経済格差や移民の増加，イギリスの離脱による影響力の低下が課題。

☐ 北部は，酪農・園芸農業。中部は，混合農業。南部は，夏に果実，冬に小麦の地中海式農業。

☐ 臨海部に工業地帯が形成。大都市近郊でハイテク産業が成長，航空機の製造では国際分業が進む。

☐ ロシア連邦は，国土面積が世界一。資源も豊富。工業の発展により，BRICSの1つに成長。

☐ 酸性雨や地球温暖化の対策を進める。再生可能エネルギー，パークアンドライド，3Rの取り組み，環境税の導入。

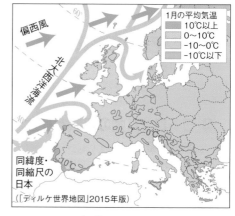

🔺1月の平均気温

イギリスやフランスは，日本より高緯度に位置しているが，暖流の北大西洋海流と偏西風が寒さをやわらげている。

3 アフリカ州の自然と社会 >>p.64

- ☐ 北部は**サハラ砂漠**（さばく）が広がり，世界一の長流**ナイル川**が流れる。
- ☐ 多くの住民が**奴隷**（どれい）として南北アメリカに連行され，19世紀末までにヨーロッパに**植民地化**される。
- ☐ 1991年，南アフリカ共和国の**アパルトヘイト**が撤廃（てっぱい）。
- ☐ 特定の産品に依存（いそん）する**モノカルチャー経済**の国が多い。
- ☐ サハラ砂漠の南縁（なんえん）の**サヘル**では，**砂漠化**が進行。

モノカルチャー経済から脱皮（だっぴ）した国，脱皮できていない国に注目しよう。

4 北アメリカ州の自然と社会 >>p.74

- ☐ 白人が先住民のネイティブ・アメリカンを支配。黒人を奴隷として連行。近年は，ラテン系でスペイン語を話す**ヒスパニック**が増加。
- ☐ アメリカ合衆国（がっしゅうこく）は，企業的な農業経営，**適地適作**（てきちてきさく）。
- ☐ 工業の中心は，**サンベルト**へ移行。ICT産業の企業・研究所が**シリコンバレー**に集中。
- ☐ カナダは，**多文化主義**を打ち出している。

(アメリカ国勢調査局資料)

凡例：
- アフリカ系の人々が20%以上の州
- ヒスパニックの人々が20%以上の州
- アジア系の人々が5%以上の州
- いずれにも当てはまらない州

🔺アメリカの人口構成
　メキシコや中南米に近い南部は，ラテン系の移民のヒスパニックが多い。黒人の労働力を使って綿花を栽培してきた南東部は，アフリカ系が多い。

5 南アメリカ州の自然と社会 >>p.82

- ☐ 赤道周辺は，**アマゾン川**が流れ，流域に**熱帯雨林**が広がる。過度な焼畑農業（やきはた）や開発で，**熱帯雨林の減少**が問題。
- ☐ スペイン語圏（けん）（ブラジルを除く）。白人と混血の**メスチソ**。
- ☐ ブラジルは，コーヒーの**モノカルチャー経済**から多角化。自動車やハイテク産業が成長し，**BRICS**の１つに。
- ☐ ベネズエラは石油，チリは銅鉱，ブラジルは鉄鉱石を産出。

6 オセアニア州の自然と社会 >>p.88

- ☐ 先住民はアボリジニ（オーストラリア），マオリ（ニュージーランド）。オーストラリアは**白豪主義**（はくごう）から**多文化共生社会**へ。
- ☐ オーストラリアは，**牛と羊の放牧**がさかん。小麦も栽培（さいばい）。西部では**露天掘り**（ろてんぼり）による**鉄鉱石**，東部で**石炭**を産出。
- ☐ 標高の低いツバルは，**地球温暖化**による海面上昇（じょうしょう）や開発による生態系の変化で，**水没**（すいぼつ）の危機。

2017年
2302億ドル

- 鉄鉱石 21.1%
- 石炭 18.8
- 天然ガス 8.5
- 金 5.9
- その他 45.7

(国連資料ほか)

🔺オーストラリアの輸出品
　天然資源の輸出が上位を占めている。おもな輸出先は，中国や日本。

1 アジア州の自然と社会

📍 **地図で確認** 世界の人口の約6割が集中。中国に続き，東南アジアやインドも急速な経済成長。

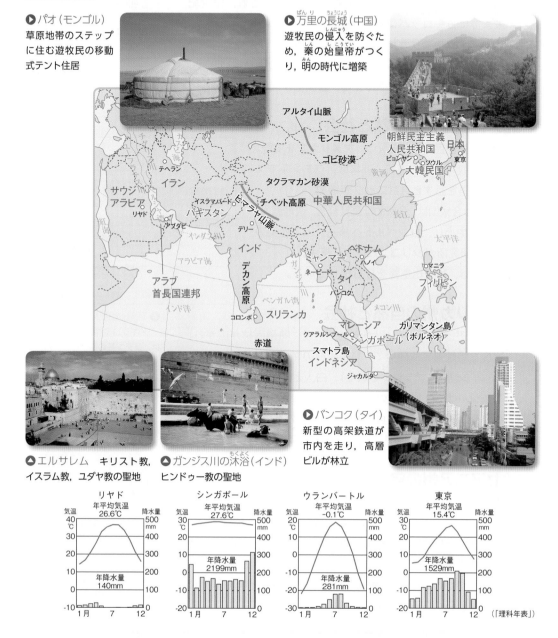

▶ **パオ (モンゴル)**
草原地帯のステップに住む遊牧民の移動式テント住居

▶ **万里の長城 (中国)**
遊牧民の侵入を防ぐため，秦の始皇帝がつくり，明の時代に増築

アルタイ山脈
モンゴル高原
ゴビ砂漠
タクラマカン砂漠
チベット高原 中華人民共和国
ヒマラヤ山脈
朝鮮民主主義人民共和国 ピョンヤン
大韓民国 ソウル
日本 東京
テヘラン
イラン
サウジアラビア リヤド
アブダビ
イスラマバード
パキスタン
デリー
インダス川
インド
デカン高原
アラビア海
アラブ首長国連邦
インド洋
ガンジス川
ベンガル湾
コロンボ
スリランカ
ミャンマー ネーピードー
ベトナム ハノイ
タイ バンコク
メコン川
マニラ
フィリピン
赤道
クアラルンプール マレーシア
シンガポール
カリマンタン島 (ボルネオ)
スマトラ島
インドネシア
ジャカルタ
黄河
長江
太平洋

▲ **エルサレム** キリスト教，イスラム教，ユダヤ教の聖地

▲ **ガンジス川の沐浴 (インド)** ヒンドゥー教の聖地

▶ **バンコク (タイ)**
新型の高架鉄道が市内を走り，高層ビルが林立

リヤド	シンガポール	ウランバートル	東京
年平均気温 26.6℃	年平均気温 27.6℃	年平均気温 -0.1℃	年平均気温 15.4℃
年降水量 140mm	年降水量 2199mm	年降水量 281mm	年降水量 1529mm

(「理科年表」)

① 自然環境と民族・宗教

(1) 多様な自然

▶ 変化に富む自然

　ユーラシア大陸の広い範囲を占める。中央部には，けわしい**ヒマラヤ山脈**がそびえ，東部には，**長江**や**黄河**，**メコン川**などの長流が流れ，下流に平野を形成している。西部と内陸部は，砂漠や高原が広がっている。

▶ さまざまな気候帯

　北部は**冷帯(亜寒帯)**。東アジアの中国，朝鮮半島，日本は**温帯**。東南アジアと南アジアは**熱帯**。西アジアは**乾燥帯**。東アジアと東南アジアの沿岸部は，**季節風(モンスーン)**の影響を強く受ける。東部は**四季**が明瞭，南部は**雨季**と**乾季**に分かれる。

(2) 人口・民族

▶ 世界有数の人口密集地

　中国と**インド**は，いずれも人口13億以上。東アジア・東南アジア・南アジアの沿岸部は，**人口密度**がきわめて高い。マレーシアなどは，**多民族国家**。

▶ 中国の人口政策

　中国政府は1970年代末〜2010年代半ば，生む子どもの数を1人とする「**一人っ子政策**」を行った。これにより，人口の増加は抑制できたが，**人口構成のかたより**や**高齢化**が問題になっている。

▶ 多様な宗教

① **東アジア**…仏教徒が大半。韓国はキリスト教徒も多い。
② **東南アジア**…タイ，ベトナム，ミャンマーなどは，上座部の**仏教徒**が多い。**マレーシア，インドネシア**は，**イスラム教徒**が多い。**フィリピン**は，**キリスト教徒**が多い。
③ **南アジア**…インドは**ヒンドゥー教徒**が多い。スリランカは仏教徒が多い。
④ **西アジア**…サウジアラビア，イラク，イランなど，ペルシャ湾岸の国々は，**イスラム教徒**が多い。

注目!

黄砂とPM 2.5
　中国の黄河の流域やゴビ砂漠に積もっている黄土を**黄砂**という。強風によって巻き上げられ，3〜5月には日本にも飛来してくる。**PM2.5(微粒子の汚染物質)**がふくまれていることもあり，日中両国で対策が進められている。

(参考)

季節風(モンスーン)
　夏と冬とで反対の方向から吹く風。大陸東岸の気候に強い影響をあたえる。

 人口の多い国

国		人口
中国		14億3932万人
インド		13億8000万人
アメリカ		3億3100万人
インドネシア		2億7352万人
パキスタン		2億2089万人
ブラジル		2億1256万人
ナイジェリア		2億614万人
バングラデシュ		1億6469万人
ロシア		1億4593万人
メキシコ		1億2893万人

(2020/21「世界国勢図会」)

 くわしく

多民族国家
　多くの民族からなる国を**多民族国家**という。**マレーシア**は，マレー人，中国系の**華人**，インド系のタミル人などからなる。

華人とは，他国に定住するようになった中国人のことだよ。

(1) 東アジアの農業

▶中国の農業

① **東北地方**…寒冷な気候。**だいず**，**こうりゃん**(もろこし)を栽培(さいばい)。

② **華北**(かほく)(チャンチン)…長江(チャンチアン)より北で，やや寒冷。**小麦**など畑作が中心。

③ **華中**(かちゅう)・**華南**(かなん)…長江より南で，温暖(おんだん)多雨。稲作(いなさく)が中心で，**二期作**も行われている。茶やさとうきびの栽培もさかん。

④ **西部**…乾燥(かんそう)地で，**牧畜**(ぼくちく)が中心。

▶朝鮮半島(ちょうせん)の農業

寒冷な**北朝鮮**は畑作が中心で，温暖な**韓国**(かんこく)は稲作が中心である。

(2) 東南・南・西アジアの農林水産業

▶東南アジアの農業

① 稲作…**メコン川**や**イラワジ川**などの下流の広大な**デルタ**(三角州(さんかくす))では，米の**二期作**も行われている。**タイ**は世界有数の米の輸出国である。

② 畑作…マレーシアやインドネシアなどの**プランテーション**で，**油やし**，**天然ゴム**などを栽培しているが，開発による**熱帯雨林の減少**が深刻になっている。インドネシアではコーヒー豆，フィリピンではバナナを栽培。

▶東南アジアの水産業

タイやインドネシアの沿岸部では，**えびの養殖**(ようしょく)がさかん。おもに日本に輸出しているが，**マングローブ**(常緑の低木)の伐採(ばっさい)が問題視されている。

▶南アジアの農業

インダス川の上流(パキスタンやインド)で，**小麦**を栽培。インドでは，**デカン高原**で綿花を栽培，**アッサム地方**で**茶**を栽培。茶は，スリランカでもさかんに栽培されている。

◆中国の農業

凡例
- 小麦
- とうもろこし
- 稲
- 綿花
- さとうきび
- 茶

だいずなど
こうりゃん
東北地方
放牧
華北
華中
華南

📖 **くわしく**

プランテーション

　元は，アジアやアフリカを植民地支配していたヨーロッパ人が切り開いた**大農園**。現地の人を使い，自国向けの農作物を大量に生産していた。

参考

油やし

　用途(ようと)が広いので，天然ゴムなどに代わって，インドネシアやマレーシアで広く栽培されるようになった。果肉からとる**パーム油**は，**石けんやマーガリンの原料**としても用いられる。

▶西アジア・中央アジアの農業

　乾燥地では，羊やらくだの**遊牧**がさかん。水がわくオアシスでは，**小麦**や**ナツメヤシ**を栽培する**オアシス農業**が行われている。近年，アラビア半島では，半径約400mもの**スプリンクラー**を使った**大規模農業**も広がっている。

第4章

世界の諸地域

△巨大なスプリンクラー（アラブ首長国連邦）

③ アジアの工業と資源

(1) 東アジアの工業

▶中国の工業

① **資本主義の導入**…社会主義の中国は，かつて計画経済を行っていた。しかし，**生産責任制**などを導入し，資本主義のしくみを取り入れた。1970年代末，沿岸部の**シェンチェン**などに**経済特区**（**経済特別区**）を設け，先進国の企業を誘致。その後，**経済開発区**も設定した。

② **世界の工場**…1980年代以降，急速な経済成長をとげ，「**世界の工場**」とよばれるようになった。さらに**西部大開発**を進め，経済の発達した沿岸部と後れている内陸部の**経済格差の解消**にも力を入れている。国民の消費力も旺盛で，「**世界の市場**」としての地位も築きつつある。

▽中国の鉱工業と都市

♯ 石　油	■ 石　炭
△ 天然ガス	▲ 鉄鉱石

■	経済特区
△	経済開発区
◎	おもな工業都市
（灰）	おもな工業地域

コラム

中国の「**一帯一路**」構想

　急速な経済成長をとげた中国は，2010年，GDPで日本を抜き，アメリカ合衆国に次ぐ**世界第2の経済大国**になった。
　さらに，ヨーロッパまでの長大な流通路を築く，「**一帯一路**」構想が進められている。ユーラシア大陸とインド洋を横断し，東アフリカまで結ぶ壮大な計画で，21世紀のシルクロードともよばれる。

▶韓国の工業

① 漢江の奇跡…1960年代以降，造船，鉄鋼を中心に「漢江の奇跡」とよばれる経済成長をとげた。

② 電気機械・ハイテク産業…1990年代以降，首都ソウルを中心に，自動車工業，薄型テレビなどの電気機械工業が成長。さらに携帯電話や半導体などのハイテク（先端技術）産業が急成長している。

▶台湾の工業

アメリカからの帰国者が起業したIT企業が多い。ハイテク産業の先進国で，とくにパソコン，半導体の製造がさかん。

◀朝鮮半島の人口密度

ソウル 984
インチョン 291
テジョン 153
テグ 245
ウルサン 115
クワンジュ 152
プサン 339

おもな都市の人口
（2016年 単位:万人）
1000万人
100万人

1km²当たり人口
500人以上
200〜500人未満
100〜200人未満
50〜100人未満
50人未満

「Human Settlement 1992」ほか

◯ソウルの繁華街

(2)東南アジアの工業

▶シンガポールとホンコン

① シンガポール…かつては中継貿易。現在は，電気機械，ハイテク産業が中心。台湾，ホンコン，韓国とともにアジアNIES（新興工業経済地域）とよばれるようになった。

② ホンコン…シンガポールとならび，早く工業化をなしとげた。アジアの金融の中心地。ホンコン国際空港は，アジアのハブ空港（人・モノの中継点の空港）としての地位を確立。

▶ASEAN諸国

① 急速な工業成長…マレーシア，タイ，インドネシアなどASEAN諸国も，外国企業を受け入れ，急速な工業成長をとげている。マレーシアの自由貿易特区やタイの工業団地には，日本の電気機械，自動車の工場が進出している。

② チャイナプラスワン…豊富な労働力を安く得られるベトナム，ミャンマー，カンボジアにも，先進国の多くの工場が進出している。製造拠点を中国からこうした国々に移す動きは，チャイナプラスワンとよばれる。

参考

国際社会のなかの台湾

台湾は国際連合に未加盟で，各種統計では地域として扱われている。中国が台湾を自国領土としているためだが，台湾は認めていない。スポーツの国際大会などには，チャイニーズ・タイペイの名称で参加することが多い。日本の外務省は，「日中共同声明の通り，台湾とは非政府間の実務関係として維持している」「（当局どうしの話し合いで）平和的に解決されることを希望する」という立場をとっている。

くわしく

ASEAN（アセアン）

東南アジア地域の経済発展を目的として，1967年に結成された東南アジア諸国連合の略称。タイ，マレーシア，シンガポール，インドネシア，フィリピン，ブルネイ，ベトナム，ミャンマー，カンボジア，ラオスが加盟。

◯タイの工業団地

◉東南アジア諸国の輸出品の変化

1980年

タイ
(65億ドル)

| 米 14.7% | 野菜 12.6 | | | | その他 49.6 |

天然ゴム 9.2 / とうもろこし 5.4 / すず 8.5

マレーシア
(129億ドル)

| 原油 23.8% | 木材 14.1 | | その他 26.1 |

天然ゴム 16.4 / パーム油 8.9 / 機械類 10.7

インドネシア
(219億ドル)

| 原油 53.3% | 石油 13.1 | | その他 14.5 |

木材 8.3 / 天然ゴム 5.4 / 石油製品 5.4

2018年

タイ
(2525億ドル)

| 機械類 31.2% | 自動車 12.1 | | その他 45.4 |

プラスチック 4.7 / ゴム製品 2.9 / 石油製品 3.7

マレーシア
(2473億ドル)

| 機械類 42.4% | | その他 38.9 |

石油製品 7.3 / 精密機械 3.6 / 液化天然ガス 4.0 / 原油 3.8

インドネシア
(1802億ドル)

| | 機械類 8.2 | 自動車 4.2 | その他 60.1 |

石炭 13.3% / パーム油 9.2 / 衣類 5.0

(2020/21「世界国勢図会」)

輸出品の主力が，天然資源や農産物から，工業製品に移っていることがわかるよね。

(3) 南アジアの鉱工業

▶ インドの工業

① **伝統的なせんい工業**…イギリスの植民地時代から，熟練（じゅくれん）の労働力によるせんい工業と鉄鋼業がさかんだった。

② **外国企業の受け入れ**…1990年代から外国企業を受け入れ，**自動車工業**や電気機械工業を成長させた。首都デリー，ムンバイ，コルカタ，チェンナイの郊外（こうがい）に工業団地が形成されている。

③ **ICT（情報通信技術）産業**…近年は，デリーや南部の都市ベンガルールを中心に，ソフトウェアなど，**ICT（情報通信技術）産業**の成長がめざましい。また，アメリカ企業の工場，研究所や**コールセンター**も多く進出している。

▶ バングラデシュ，パキスタン

労働力が豊富で安価なため，中国から工場を移転する外国企業が増えている。とくにせんい製品・衣類の生産がさかん。しかし，**児童労働**（れつあく）や劣悪な環境（かんきょう）での労働が問題になっている。

◉南アジアの鉱工業

（鉱業）
■ 石炭　● 鉄鉱石
✚ 石油　▲ 銅
△ 天然ガス

（工業）
⚙ 鉄鋼業　⚡ 電気・電子機械工業
🏭 アルミニウム精錬所　🏭 せんい工業
⚙ 機械工業　🏭 製油所
⚙ 自動車工業　— 原油パイプライン
△ 化学工業　— 天然ガスパイプライン

🔍注目！

インドICT成長の背景

①初等から高等教育まで，**数学の教育水準**が高い。

②イギリスの植民地だったため，**英語を話せる技術者**も多い。

③職業を世襲（せしゅう）するカースト制度の影響（えいきょう）を受けにくい。

④**アメリカとは昼夜が逆転する**ため，24時間体制をしくことが可能。

(4) 西アジアと中央アジアの鉱工業

▶西アジアの鉱工業

① **ペルシャ湾岸諸国**…サウジアラビア，**カタール**，**イラン**など，**石油**と天然ガスの産出・輸出量が多い。イスラム教徒が多いアラブ諸国を中心に，**石油輸出国機構（OPEC）**を組織し，原油価格や生産量を決めている。

② **新しい産業の育成**…石油依存から脱却するため，**石油化学工業**や**観光業**など，新しい産業の育成に力を入れている。**人工知能（AI）**を活用した都市づくりも進められている。またアラブ首長国連邦（UAE）の**ドバイ**に代表される先進的な都市も成長している。

▼西アジアの原油・天然ガス

（「ディルケ世界地図」2015年版ほか）

OPEC加盟国（国名に下線）

\# 石油　⊕ 天然ガス
‥‥‥ ガスパイプライン
━━━ 原油パイプライン

▶中央アジアの鉱工業

① **豊富な鉱産資源**…ウズベキスタン，カザフスタンなどは，石炭，石油，天然ガス，**レアメタル（希少金属）**など鉱産資源が豊富。

② **中国との関係と観光業**…かつてはソ連（現在のロシア連邦）と結びついていたが，近年は**中国**との関係を強めている。サマルカンド（ウズベキスタン）など，**シルクロード**の交易で栄えた都市が多く，観光業も成長している。

📖 くわしく

レアメタル

　レアメタルは，埋蔵量が少ない，または採掘が困難な**希少金属**のこと。リチウム，チタン，クロム，ニッケル，マンガン，コバルトなど，**レアアース**ともいう。**南アフリカ共和国**も埋蔵量・産出量が多い（68ページ）。

④ アジアの課題と今後

▶公害・環境汚染

　工業成長にともない，大気汚染や水質汚濁などの**公害**が拡大している。とくに中国の**環境汚染**は深刻で，政府は工場への規制を強化するなど，環境対策に力を入れている。

▶過密による都市問題

　東南アジア諸国では，農村から都市への人口移動が激しい。タイの首都**バンコク**やインドネシアの首都**ジャカルタ**では，**交通渋滞**やスラムの拡大などの**都市問題**が発生している。高架

▲シャンハイの大気汚染（中国）

鉄道や地下鉄を整備し，問題の解消に取り組んでいる。

▶ 食料・エネルギー不足

　南アジアでは，人口増加の勢いがおさまらず，食料や資源エネルギーの確保が問題になっている。

▶ 領有権をめぐる問題

　南シナ海の**南沙群島 (スプラトリー諸島)** の領有権をめぐり，中国とベトナム，フィリピンなど，多くの国が争っている。

▶ 一国二制度をめぐる問題

　中国の特別行政区**ホンコン (香港)** は，返還された1997年から50年間の自治が認められていた。しかし，中国政府の干渉が強まっているため，ホンコンの住民による政府への批判や大規模なデモが法律で禁止されるなど，**一国二制度**の存続が危ぶまれている。

くわしく

一国二制度
　「一つの国，二つの制度」の略。ホンコンは，1997年にイギリスから社会主義の中国に返還されたが，50年間は自由主義・資本主義を前提とした**「高度な自治」**が認められるとした。

🔵 ホンコンの高層ビル群

テストに出る！　**つまりこういうこと**

🔺 イスラム教徒の女性 (イラン)

● **季節風の影響**…東・東南・南アジアの沿岸部は，**季節風 (モンスーン)** の影響を受けやすい。

● **多様な宗教**…タイ，ベトナム，ミャンマーは**仏教**。マレーシア，インドネシアは**イスラム教**。フィリピンはキリスト教。西アジアのサウジアラビアやイランなどは，**イスラム教**。

● **中国の人口政策**…2010年代半ばまで，**「一人っ子政策」**を実施➡人口増加は抑制されたが，人口構成のかたよりと高齢化が問題。

● **農林水産業**…中国は，北部で小麦，中・南部で米や茶の栽培がさかん。東南アジアでは，**プランテーション**で油やし，コーヒーなどを栽培。中国の内陸部と西アジアでは，遊牧とオアシス農業。

● **中国の工業**…中国は，資本主義のしくみを導入し，**経済特区**を設置➡「世界の工場」に成長し，GDPはアメリカ合衆国に次いで世界2位。

● **ASEAN諸国の工業**…シンガポールは，台湾，ホンコン，韓国とともに**アジアNIES**➡マレーシア，タイ，インドネシアも電気機械・自動車部品などの機械工業が成長。

● **インドと西アジアの工業**…インドは，自動車工業と**ICT (情報通信技術) 産業**の成長がめざましい。西アジアは，**石油**，天然ガスを産出。石油輸出国機構 (OPEC) を結成。

● **アジアの課題**…深刻化する**環境汚染**と**都市問題**。ホンコンの一国二制度をめぐる問題。

② ヨーロッパ州の自然と社会

📍地図で確認 いちはやく近代文明を発展させてきた。多くの国がEUによって結びついている。

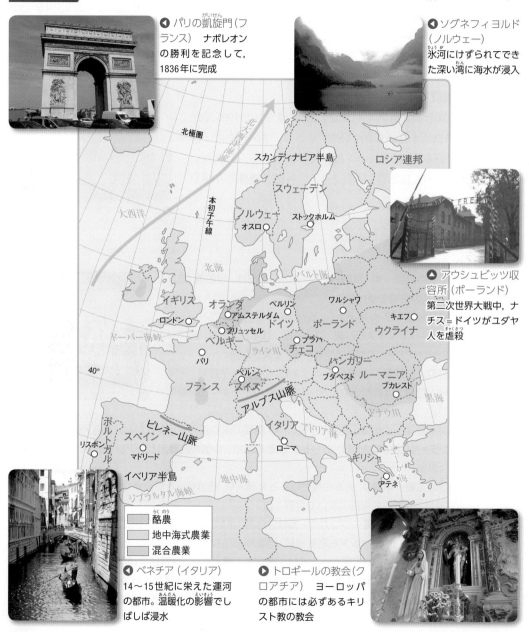

🔵 **パリの凱旋門（フランス）** ナポレオンの勝利を記念して，1836年に完成

🔵 **ソグネフィヨルド（ノルウェー）** 氷河にけずられてできた深い湾に海水が浸入

🔺 **アウシュビッツ収容所（ポーランド）** 第二次世界大戦中，ナチス＝ドイツがユダヤ人を虐殺

北極圏

北大西洋海流

スカンディナビア半島
ロシア連邦
スウェーデン
ノルウェー
ストックホルム
オスロ
本初子午線
大西洋
北海
バルト海
イギリス
オランダ
ベルリン
ワルシャワ
キエフ
ロンドン
アムステルダム
ドイツ
ポーランド
ウクライナ
ブリュッセル
ドーバー海峡
ベルギー
プラハ
ライン川
チェコ
パリ
ハンガリー
40°
ベルン
ブダペスト
ルーマニア
フランス
スイス
ブカレスト
アルプス山脈
黒海
ドナウ川
ポルトガル
ピレネー山脈
イタリア
アドリア海
リスボン
スペイン
ローマ
マドリード
ギリシャ
イベリア半島
地中海
アテネ
ジブラルタル海峡

凡例
- 酪農
- 地中海式農業
- 混合農業

🔷 **ベネチア（イタリア）** 14〜15世紀に栄えた運河の都市。温暖化の影響でしばしば浸水

▶ **トロギールの教会（クロアチア）** ヨーロッパの都市には必ずあるキリスト教の教会

① 自然環境と民族・文化

(1) 温和な自然

▶ ユーラシア大陸の西端

　ユーラシア大陸の西の端に位置する。中央部には，**ヨーロッパ平原**が広がり，**国際河川**の**ライン川**や**ドナウ川**が流れる。北部のスカンディナビア半島の北沿岸には，**フィヨルド**が発達。南部にはけわしい**アルプス山脈**が連なる。

▶ 大部分が温帯

① 北・東部…寒冷な**冷帯(亜寒帯)**の気候。
② 西・中部…高緯度のわりに温暖な**西岸海洋性気候**。
③ 南部…夏は高温で乾燥し，冬に雨が降る**地中海性気候**。

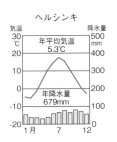
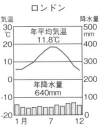
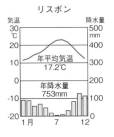
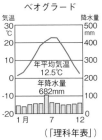

（「理科年表」）

(2) 民族・文化

▶ 小規模な国が大半

　ロシア連邦を除き，**日本より面積が小さく，人口も少ない国**が大半。それでも，世界有数の人口密集地域である。

▶ キリスト教と民族

　キリスト教が広く信仰されている。日曜日には教会で礼拝し，イースター(復活祭)，クリスマスなどの行事を祝う。

① 北・中部…ドイツやイギリス，オランダ，北欧は**ゲルマン系**の民族で，**プロテスタント**の信者が多い。
② 西・南部…スペインやフランス，イタリアは**ラテン系**の民族で，**カトリック**の信者が多い。
③ 東部…ロシア連邦やウクライナ，ポーランドは**スラブ系**の民族で，**正教会**の信者が多い。

くわしく

国際河川
　複数の国を流れ，航行の自由が認められている河川。ライン川は9か国にまたがり，流域には4000万人以上が暮らしている。

注目!

高緯度のわりに温暖な理由
　ヨーロッパ北部は，北海道より高緯度に位置する。しかし，北西部の沖合を暖流の**北大西洋海流**が流れ，**偏西風**がその上空の暖かい空気を運んでくるため，高緯度のわりに温暖になっている。

●ヨーロッパの民族分布

- ラテン系諸民族
- ゲルマン系諸民族
- スラブ系諸民族
- その他

② ヨーロッパの歩みとEU（ヨーロッパ連合）

(1) さまざまな文化を生んだ歴史

▶ 文明の先進地域

① **古代の文明**…文学・思想や民主主義を生んだ**ギリシャ**, キリスト教を広げた**ローマ帝国**(ていこく)が栄えた。14世紀には, これらの文化を復活させる**ルネサンス**（文芸復興(ふっこう)）がおこった。

② **人権思想**…絶対王制の時代をへて, ピューリタン革命や**フランス革命**がおこり, 人権思想が広まった。産業革命がおこったのも, ヨーロッパのイギリスである。

▶ 二度の大戦から東西冷戦

① **二度の大戦**…1914〜18年に**第一次世界大戦**がおこり, その反省から国際連盟が組織された。しかし, **ファシズム**が台頭し, 1939〜45年に第二次世界大戦がおこった。

② **東西冷戦**…戦後, 冷戦が続いたが, 1989年に**ベルリンの壁**(かべ)が崩壊(ほうかい)。1991年のソ連解体で, 冷戦は終結した。

(2) EU（ヨーロッパ連合）

▶ EUの発足と目的

① **ECの発足**…西ヨーロッパ諸国(しょこく)は, 戦争防止や経済的な連携(れんけい)強化を目的に, 1967年に**EC**（ヨーロッパ共同体）を発足させた。

② **ECからEUへ**…1992年に**マーストリヒト条約**を締結し, 1993年に**EU**（ヨーロッパ連合）へと発展させた。2004年以降は東ヨーロッパ諸国の加盟も増え, 27か国が加盟(がっしゅうこく)（2020年）。

③ **EUの目的**…アメリカ合衆国や台頭する新興国などに経済面で対抗すること, 政治的な結びつきを密接にすることなどがねらい。

▶ EUのはたらき

① **人の移動の自由**…国境をこえて, 域内では自由に移動できる。他国への通勤・通学。**ユーロトンネル**でイギリスとフランスも結ばれた。

🔺ローマ水道橋（スペイン）

📖 くわしく

冷戦

　第二次世界大戦後, 旧ソ連と東ヨーロッパの社会主義諸国（東側）と, アメリカ合衆国と西ヨーロッパの資本主義諸国（西側）が対立。戦火を交えない争いだったことから, 冷戦(冷たい戦争)とよばれる。

🔻EU加盟国

■	EC発足当時の加盟国(1967年)
■	1970〜1980年代の加盟国
■	1990年代の加盟国
■	2000年代以降の加盟国
青字	EU加盟国でユーロ導入国

スウェーデン
フィンランド
エストニア
ラトビア
リトアニア
デンマーク
ベルギー
アイルランド
オランダ
ポーランド
ドイツ
チェコ
スロバキア
ハンガリー
ルクセンブルク
オーストリア
クロアチア
フランス　イタリア　スロベニア　ルーマニア
ブルガリア
ポルトガル
スペイン
ギリシャ
マルタ
キプロス

② **経済活動の自由**…他の国で自由に働くことができる。原則として，弁護士・医師などの資格や大学の単位も共通である。

③ **共通通貨の発行**…貿易も自由で，関税がかからない。加盟国の多くは，共通通貨の**ユーロ**を導入している。

▶ **EUの課題**

① **域内格差の解消**…国民総所得が高い西ヨーロッパ諸国と低い東ヨーロッパ諸国との**経済格差**の解消が課題になっている。西ヨーロッパのなかでも，経済力の強いドイツと財政破綻（はたん）で苦しむギリシャなどとの間の格差も大きい。

② **結束のゆらぎ**…加盟国が増えたことで，意見の調整に時間がかかるようになった。金融・経済対策，財政支援策（しえん），**移民対策**などで，EUの決定事項と各国の意見のへだたりも目立つようになっている。

③ **ブレグジット**…2020年には，自国経済を優先する**イギリスがEUから離脱**（りだつ）した。加盟国の離脱は，初めてのことであり，EUの存在感・影響力（えいきょう）の低下が心配されている。

▼EU諸国の一人当たりの国民総所得

- 40000ドル以上
- 30000～40000ドル未満
- 20000～30000ドル未満
- 20000ドル未満

(地理統計要覧2017年度版)

注目!

東西の人・工場の移動

西ヨーロッパ諸国（ドイツ，フランスなど）と東ヨーロッパ諸国（ルーマニア，ブルガリアなど）の国民総所得を比べると一目瞭然（いちもくりょうぜん）。**労働者は賃金の安い東から高い西へ，工場は西から安い東へと移っている。**

コラム　**ブレグジット（Brexit）**

　イギリスの**EU（ヨーロッパ連合）からの離脱**を**ブレグジット**という。「Britain（イギリス）＋Exit（出口）」からきた造語である。

　イギリスでは，2016年6月に**国民投票**が行われ，その結果，投票者の51.9％がEU離脱を選択した。「**EUのルールに縛られたくない**（しば）」「**移民の流入を防いでほしい**」「**イギリス独自の経済政策を進めたい**（ぎんりゅう）」などという意見が，残留派をわずかだが上回ったのである。

　2020年1月末，イギリスは**EUから正式離脱**したが，EUとの関係がすべて切れたわけではなく，人・財の移動，関税，漁業権などをめぐって，話し合いが続けられている。

③ ヨーロッパの農林水産業

(1) ヨーロッパ人の食生活

▶主食のパン

ヨーロッパの広い範囲で，小麦を原料とする**パン**，**パスタ**，**ピザ**などが主食として食べられ，肉類やチーズ，バターなどの乳製品が好まれている。**ワイン**（ぶどう酒）を飲む人も多い。

▶多様な食生活

ドイツでは，ライ麦パンやじゃがいも，ソーセージなどが食べられ，**ビール**が飲まれている。ノルウェーやアイスランド，スペイン，ポルトガルでは，**魚介類**も好まれている。

(2) 中部の農業

▶混合農業

中部の平原では，**小麦**や**ライ麦**などの穀物を栽培。また，えん麦，とうもろこしなどの飼料作物を栽培し，家畜も飼育している。この2つを組み合わせた**混合農業**がさかんだが，近年はどちらかに専念する農家が増えている。

▶酪農

デンマークや**オランダ**では乳牛を飼育し，チーズ，バターなど乳製品を生産する**酪農**がさかん。オランダの干拓地**ポルダー**では，チューリップなどの花卉栽培も行われている。

▶EUの穀倉

フランスは世界有数の**小麦**の産地・輸出国。とくにパリ盆地でさかん。また，とうもろこしやぶどう，肉類の生産量も多く，「**EUの穀倉**」とよばれる。食料自給率は100%を大きく上回る。

(3) 南部・東部の農業

▶南部の地中海沿岸

地中海沿岸では，高温で乾燥した**夏**に，**オリーブ**，**ぶどう**，**オレンジ**などを栽培。温暖で雨が降る**冬**に，**小麦**を栽培している。このような農業を**地中海式農業**という。

▲ピザ（イタリア）

▲ソーセージ（ドイツ）

📖くわしく

ポルダー

低湿地から海水を抜いて，新につくった土地。干拓地のこと。オランダでは12世紀から干拓が進められ，現在，**国土の4分の1**をポルダーが占めている。牧草地での**酪農**や**園芸農業**がさかん。

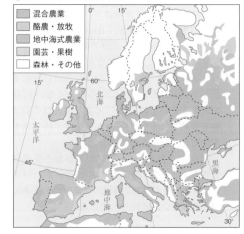

▼ヨーロッパの農業地域

凡例
■ 混合農業
■ 酪農・放牧
■ 地中海式農業
■ 園芸・果樹
□ 森林・その他

▶東部の黒海沿岸

黒海の沿岸地域は，栄養分が豊かな**黒土**（チェルノーゼム）が広がり，小麦，大麦などの一大産地になっている。

④ ヨーロッパの鉱工業・観光業

(1) 早くから発達した工業

▶イギリス

18世紀後半，蒸気機関の発明により**産業革命**がおこり，近代工業が発達。せんい工業にくわえ，鉄鋼業や**自動車工業**などの重工業も成長した。

▶ドイツ

ライン川の水運と**ルール**炭田の石炭，ロレーヌ地方（フランス）の鉄鉱石を利用した**鉄鋼業**を中心とする**ルール工業地域**を形成。ドルトムントやエッセンがその中心。南部のミュンヘンやシュットットガルトでは，自動車工業が成長している。

▶フランス

ドイツとの国境で鉄鋼業がさかん。伝統的な毛織物，絹織物工業はやや低迷。近年，**ハイテク産業**やバイオテクノロジーが成長。なお，フランスは多くのエネルギーを**原子力**に依存している。

▶イタリア

衣料，**カバン**，**靴**などの製造技術が高く，高級ブランド品として世界各国に輸出している。北部は重工業が発達し，南部は農業が中心である。この**南北の経済格差**の解消が課題。

(2) 新しい工業

▶臨海工業地帯

20世紀後半，原材料・製品の輸出入に便利な臨海部に，**石油化学工業**を中心とする工業地帯が形成された。**ユーロポート**がある**ロッテルダム**（オランダ），マルセイユ（フランス），バルセロナ（スペイン）など。

参考
移牧

アルプス山脈が連なる**スイス**では，季節によって，家畜を移動させる**移牧**が行われている。羊などを，夏は高地で飼育し，冬は山ろくの牧場で飼育する。なお，乾燥地のステップなどで，牧草を求めて家畜を移動させる**遊牧**と混同しないこと。

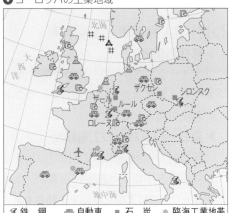

▼ ヨーロッパの工業地域

凡例：
⚒ 鉄鋼　🚗 自動車　■ 石炭　■ 臨海工業地帯
⚗ 石油化学　✈ 航空機　▲ 天然ガス
🖥 電子機器　♯ 原油

参考
首都近郊の産業

ロンドン（イギリス）やパリ（フランス）の近郊では，半導体や電子部品などの，**ハイテク（先端技術）産業**が成長している。

ユーロポート

マース川（ライン川の支流）の河口につくられたＥＵ最大の貿易港。**石油化学コンビナート**が形成されており，精製された石油は，**パイプライン**で内陸部の工業地帯に送られている。

第4章 世界の諸地域

▶ 国際分業による製造

各国が得意な技術を生かし，協力して製品を開発・生産する国際分業の動きが広がっている。例えば，**航空機**は各国が分担して部品を製造し，フランスの**トゥールーズ**などで組み立てている。

▶ 北海油田の開発

1960年代末，イギリスとノルウェーの沖合の**北海**で，**海底油田**が発見され，以降，原油の輸出量が増えた。天然ガスも採掘されている。

(3)外国人労働者と工場移転

▶ 移民労働者

ドイツなど西ヨーロッパの先進国は，トルコから**外国人労働者**を受け入れてきた。近年は，ポーランドなど東ヨーロッパからの移民労働者が増えている。

▶ 東ヨーロッパへの工場移転

東ヨーロッパ諸国のEU加盟が増えるにともない，1990年代以降，西ヨーロッパ諸国の企業が，土地の値段や労働力が安い**東ヨーロッパに工場を移転**する動きも進んでいる。

(4)観光業と観光公害

▶ 重要な産業

古くから観光がさかんで，夏季には多くの人々が**バカンス**という長期休暇を取って旅行に出かける。とくに地中海沿岸地域が人気。観光業は，ヨーロッパの一大産業になっている。

▶ 観光公害

近年，観光客の爆発的な増加で，混雑や騒音，ごみの散乱など，**環境公害**が問題になっている。ベネチアなど有名観光地のなかには，観光客を制限しようとする動きがおこっている。

▶ 持続可能な社会をめざす観光

自然環境への配慮から，農漁村の生活を楽しむ滞在型の**ルーラル・ツーリズム**や環境・自然学習をかねた**エコツーリズム**が人気になっている。

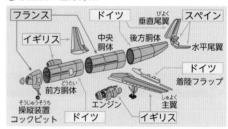

▼ 航空機の国際分業

フランス　ドイツ　スペイン
垂直尾翼
イギリス　中央胴体　後方胴体
水平尾翼
ドイツ
着陸フラップ
前方胴体
操縦装置
コックピット　エンジン　主翼
ドイツ　イギリス

多国籍企業エアバス社の航空機の国際分業のしくみだよ。多くの国が協力しているね。

注目！

観光客の増加の理由
①EU域内の移動が自由で，パスポートが不要になった。
②**高速鉄道が整備され，LCC（格安航空会社）の路線**が増えた。
③域外からの外国人旅行者に**ビザを免除する動き**が進んだ。
④中国をはじめ**新興国の生活レベルが向上**し，世界中で海外旅行を楽しむ人が増えた。

▲ 観光客であふれるプリトヴィツェ湖群国立公園（クロアチア）

⑤ ロシア連邦と周辺の国々

(1) ロシア連邦の歩みと社会

▶ ソ連崩壊とロシア連邦の成立

① **社会主義国の誕生**…1917年の**ロシア革命**のあと，世界初の社会主義国のソビエト社会主義共和国連邦（ソ連）が成立。計画経済による生産を進めた。

② **政治・経済改革**…経済の低迷から脱皮するため，1980年代に**ペレストロイカ**という政治・経済改革が行われた。

③ **ソ連の解体**…しかし，改革は行きづまり，失敗。1991年にソ連は解体され，**ロシア連邦**やウクライナなど15の国に分裂した。

▶ 民族と周辺の国々

① **多様な民族**…国民の約8割を占めるのは，**スラブ系のロシア人**。キリスト教の**正教会（ロシア正教）**の信者が多い。国土が広いので，**エヴェンキ（ツングース）人，ブリヤート人，ヤクート人**など，多くの**少数民族**が住んでいる。

▲ ワシリー大聖堂（モスクワ）

② **中国の進出**…**中央アジア諸国**は，スラブ系のほか，アジア系も多く住んでいる。かつてロシア連邦との結びつきが強かったが，近年は「**一帯一路**」構想（49ページ）で進出している**中国**との関係を深めている。

(2) ロシア連邦の自然

▶ 広大な国土

ロシア連邦の国土面積は世界一で，日本の約45倍に相当する。人口は1億4000万人（2019年）。人口の大半は，ウラル山脈から西の首都**モスクワ**や，第2の都市**サンクトペテルブルク**がある西部に集中している。

注目!

11の標準時

ロシア連邦は東西に国土が長いため，**11の標準時**が設定されている。東西の時差は，最大10時間もある。

くわしく

タイガ

もみ，とうひ，えぞまつ，とどまつなどからなる**広大な針葉樹林帯**。製材，パルプ工業も発達している。

▶ 自然と気候

① **北部**…北極海沿岸は**寒帯**。短い夏に氷がとけ，こけ類や低木しか生えない**ツンドラ地帯**が広がっている。

② **中部**…ほとんどが**冷帯（亜寒帯）**に属し，**タイガ**とよばれる針葉樹林帯が広がっている。

③ **南部**…ロシア連邦の南部から中央アジアにかけては**乾燥帯**。**ステップ**とよばれる丈の低い草の草原が広がっており，農牧業が行われている。

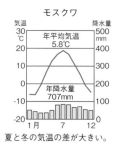
モスクワ
年平均気温 5.8℃
年降水量 707mm
夏と冬の気温の差が大きい。

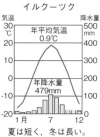
イルクーツク
年平均気温 0.9℃
年降水量 479mm
夏は短く，冬は長い。針葉樹林帯がある。
（「理科年表」）

（3）ロシア連邦の産業と経済

▶ 穀物中心の農業

ソ連時代は集団農場で栽培していたが，ソ連解体後，企業化と個人経営化が進んだ。温和な南西部の黒土地帯を中心に，**小麦，ライ麦，大麦，じゃがいも**などを栽培している。

▶ 豊富な資源

ロシア連邦の中・東部のシベリアと中央アジアは，**石油，天然ガス，石炭，レアメタル**など資源が豊富。石油や天然ガスは，**パイプライン**を通って，EU諸国に送られる。

▶ 急成長する工業

① **宇宙産業**…早くから各地に**コンビナート**が形成され，重工業を成長させた。また，アメリカ合衆国に対抗するため，**宇宙産業**にも力を入れた。

② **急成長する工業**…近年，豊富な資源を背景に，さまざまな製造業，ハイテク工業が成長している。国内経済も発展しており，**BRICS**の1つに挙げられている。

⑥ ヨーロッパの課題と今後

▶ EUがかかえる課題（57ページ）

域内の経済格差の解消，移民の流入，観光公害の拡大，イギリスのEU離脱による結束のゆらぎなど。

参考

シベリア開発

ウラル山脈からベーリング海沿岸にかけての広大な地域をシベリアという。天然資源が豊富で，近年，**大規模な開発**が進められている。

シベリアの開発には，ナホトカなどを拠点に，日本企業も多く進出しているよ。

くわしく

BRICS（ブリックス）

1990年代以降，経済成長がいちじるしい新興5か国の総称。**ロシア連邦（Russia）**のほか，**ブラジル（Brazil）**，**インド（India）**，**中国（China）**，**南アフリカ共和国（South Africa）**を指す。各国の頭文字をとって，BRICSと命名された。

▶環境問題への取り組み

① **大気汚染と酸性雨**…早くから工業が発達したため, 19世紀から大気汚染や水質汚濁などの公害になやまされてきた。20世紀後半, **酸性雨**の被害が拡大したため, 1979年に**長距離越境大気汚染条約**が結ばれた。

② **地球温暖化**…二酸化炭素の排出量を減らすため, **風力**や**太陽光**, **バイオマス**など再生可能エネルギーの開発・利用が進められている。ライトレールやパークアンドライドの導入も拡大している。

③ **3Rの促進**…ドイツや北ヨーロッパを中心に, **ごみの細かい分別**やリユース, リサイクル, リデュースの取り組みが進んでいる。また, 二酸化炭素など化石燃料の使用に課税する環境税を導入している国も多い。

▲ライトレール（ドイツ）

パークアンドライド

最寄り駅までは自動車を使い, そこから**公共交通機関**に乗り換えて, 都心の中心部に入るしくみ。都心への自動車の乗り入れを規制し, 渋滞や大気汚染など**都市問題を解消する**のがねらい。

第4章 世界の諸地域

テストに出る! つまりこういうこと

● **温和な気候**…西岸➡高緯度のわりに温暖。暖流の**北大西洋海流**と**偏西風**の影響。地中海沿岸➡夏に乾燥し, 冬に雨が降る。北部は**フィヨルド**, 中部は平原, 南部はアルプス山脈。

● **多様な民族**…イギリス・ドイツ➡ゲルマン系で, **プロテスタント**。フランス・スペイン・イタリア➡ラテン系で, **カトリック**。ロシア連邦・ポーランド➡スラブ系で, **正教会**。

● **EU（ヨーロッパ連合）**…経済的・政治的な連携を強化➡移動の自由化, 関税撤廃, 共通通貨**ユーロ**の導入➡経済格差の解消, 移民対策, イギリスの離脱による影響力の低下などが問題。

● **農林水産業**…北部➡**酪農・園芸農業**。中部➡飼料作物の栽培と畜産を組み合わせた**混合農業**。南部➡夏にぶどう, オリーブ, オレンジを栽培し, 冬に小麦を栽培する**地中海式農業**。

▲ぶどう農園

● **鉱工業**…ライン川の水運を利用したルール工業地域➡北海油田の開発, ロッテルダムなど臨海部に工業地帯が形成, 大都市近郊で**ハイテク産業**が成長, 航空機の製造では**国際分業**が進む。

● **ロシア連邦**…国土面積は世界一。北から, ツンドラ, タイガ, ステップ。豊富な**天然資源**をもとに, 工業が急成長➡**BRICS**の1つに。シベリア開発も進む。

● **環境問題**…酸性雨や地球温暖化の対策➡長距離越境大気汚染条約の締結, **再生可能エネルギー**の利用促進, **パークアンドライド**の普及, 3Rの取り組み, 環境税の導入。

3 アフリカ州の自然と社会

地図で確認 モノカルチャー経済からの脱皮をはかり，ICTの活用で未来を切り開く。

◀ **サハラ砂漠（チュニジア）**
世界最大の砂漠。南の縁のサ
ヘルとよばれる地域では砂漠
化が進行

◀ **クフ王のピラミッド**
（エジプト） 古代エジプ
トのクフ王の墓。スフィ
ンクスは守護像

地図中の地名・表示

- ラバト
- アルジェ
- ジブラルタル海峡
- モロッコ
- アトラス山脈
- アルジェリア
- 地中海
- スエズ運河
- カイロ
- ナイル川
- リビア砂漠
- エジプト
- サハラ砂漠
- ナイジェリア
- アブジャ
- ギニア湾
- 赤道
- ニジェール川
- アディスアベバ
- エチオピア
- ケニア
- ケニア山
- ナイロビ
- キリマンジャロ山
- コンゴ民主共和国
- キンシャサ
- ビクトリア湖
- タンザニア
- ダルエスサラーム
- インド洋
- 本初子午線
- コンゴ川
- タンガニーカ湖
- 大西洋
- マラウイ湖
- アンタナナリボ
- ナミブ砂漠
- カラハリ砂漠
- ザンベジ川
- マダガスカル
- プレトリア
- 南アフリカ共和国
- 喜望峰
- ドラケンスバーグ山脈

◀ **ビクトリアの滝（ジンバブ
エとザンビアの国境）** 世界三
大瀑布の１つで，観光名所

凡例
- ⌗ 石油
- ▲ ボーキサイト
- ■ 金
- ◆ ダイヤモンド
- ★ レアメタル
  （プラチナ，コバルト，
  ニッケル，クロム，
  マンガンなど）

アパルトヘイトと
は，人種隔離政
策のこと。くわ
しくは 66 〜 67
ページを見てね。

◀ **南アフリカ共和国の国旗**
アパルトヘイト撤廃後の1994年
に採用。黒は黒人，白は白人を
表し，人種・民族の融和を象徴

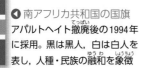

▲ **サファリ（タンザニア）**
自然保護区に生息する野生動物
を観察するツアー

① 自然環境と民族

(1)地形と気候

▶台地と高原

　アフリカ大陸は，大部分が標高1000m以上の**台地**と**高原**。低地は沿岸部に限られる。

▶自然・気候

① **北部**…大部分が**乾燥帯**。広大な**サハラ砂漠**の東部を世界最長の**ナイル川**が北流し，地中海に注ぐ。

② **中部**…赤道周辺は**熱帯**。熱帯雨林や**サバナ**とよばれる平原が広がる。ビクトリア湖など湖も多い。ケニアの首都**ナイロビ**は赤道に近いが，標高約1700mにあり，すずしい。

③ **南部**…大部分が乾燥帯と温帯。南アフリカ共和国の喜望峰の周辺は，温帯の**地中海性気候**。

▲ナイル川下流（エジプト）

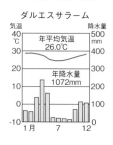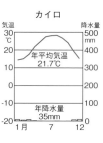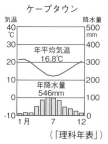

「理科年表」

(2)民族と言語

▶人口と民族

① **人口**…アフリカの総人口は約12.5億人（2019年）。世界の他州と比べ，**多産多死**の傾向が強く，**若年人口**が多い。また，人口増加率もきわめて高い。

② **民族**…北部はアラブ民族が多く，中・南部は黒人系のさまざまな民族が暮らしている。1990年代以降，ルワンダの民族紛争やスーダンの内戦では，多くの難民が出た。

▶言語（公用語）

　多くの民族は，独自の言語をもっている。また，植民地時代に使われた**英語**（ケニア，ガーナなど）や**フランス語**（コンゴ，コートジボワールなど）を**公用語**にしている国も多い。

ナイル川

　古代，流域で**エジプト文明**が発祥した。「**エジプトはナイルのたまもの**」といわれる。ナイル川は，たびたび洪水をおこし，流域の土壌に栄養分を補給。これにより，耕作が可能になり，文明が生まれたのである。

（参考）

アフリカの角

　インド洋につき出た東部のソマリア半島は，形がサイの角に似ていることから，「**アフリカの角**」とよばれる。**エチオピア高原**の東にあたる。民族構成が複雑なソマリア，エリトリア，ジブチの3か国にまたがり，紛争が絶えない。

▼**エチオピアの人口ピラミッド**（2017年）

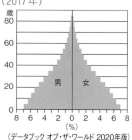

（データブック オブ・ザ・ワールド 2020年版）

第4章　世界の諸地域

65

▶多様な宗教

① **北部**…アラブ民族が多く，**イスラム教**が広く信仰されている。イスラム教徒は，東部沿岸にも多い。

② **中・南部**…サハラ砂漠以南は，土着の宗教やヨーロッパ人が広めた**キリスト教**の信者が多い。

▲カイロのモスク（エジプト）

② アフリカの歩み

(1) 奴隷貿易と植民地支配

▶奴隷貿易

ヨーロッパ人が侵入した16世紀以降，多くの黒人が南北アメリカに奴隷として連れて行かれた。**奴隷貿易**で犠牲になった黒人は，5000万人以上におよぶ。

▶植民地支配

その後，19世紀末までに，エチオピアやリベリアを除くアフリカ大陸のほぼ全域が，イギリス，フランス，ドイツなど，**ヨーロッパ諸国**の植民地になった。

(2) 独立と民主化

▶植民地からの独立

第二次世界大戦後，つぎつぎ独立をはたした。とくに1960年は，旧フランスの植民地を中心に17か国が独立したことから，「**アフリカの年**」といわれる。

▶残る直線の国境

植民地時代，ヨーロッパ諸国が**経緯線**をもとに支配地域の境界を引いた。現在も，エジプトとリビア，スーダンなど，**直線の境界**がそのまま国境として残っているところが多い（13ページ）。

(3) 南アフリカ共和国の人種隔離政策

▶人種差別の撤廃

① 人種隔離政策…**南アフリカ共和国**では，かつて少数の白人が多数の有色人種（黒人や混血のカラード）を差別する**アパルトヘイト（人種隔離政策）**が行われていた。

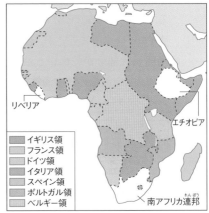

▼アフリカ植民地時代の宗主国（1914年）

リベリア

エチオピア

- イギリス領
- フランス領
- ドイツ領
- イタリア領
- スペイン領
- ポルトガル領
- ベルギー領

南アフリカ連邦

直線の国境は，民族の分布と一致しているわけではない。だから，紛争のもとになることもあるよ。

アパルトヘイト

南アフリカ共和国で，1991年まで続いた**人種隔離政策**。植民地時代から，白人優越主義の考えにより徐々に進められ，20世紀前半に法律で制度化された。黒人は居住地を制限され，選挙権も認められず，公共のトイレやバスの座席なども白人と分けられていた。

② **黒人政権の誕生**…国際社会からの批判が高まり，1991年に人種差別を定めた法律はすべて撤廃された。1994年には，黒人初となる**マンデラ政権**も誕生した。

▶ **経済成長と課題**

① **経済の急成長**…1995年にはラグビー・ワールドカップが，2010年にはサッカー・ワールドカップが開催された。経済も急成長しており，**BRICS**（62ページ）の１つに挙げられるようになった。

② **経済格差の解消**…アフリカ有数の経済大国になったが，**白人と黒人の経済格差**は残されたままで，その解消が課題。ヨハネスブルクなど大都市の**治安悪化**も問題。

③ アフリカの産業

(1) アフリカの農業

▶ **主食と食生活**

北部は，小麦を原料とするパンやナンが主食で，米も食べられている。中・南部は，さとうきびやキャッサバの粉をこねた**ウガリ**が主食。いも類やバナナを主食にしている地域も多い。

▶ **プランテーション農業**

植民地時代，ヨーロッパ諸国が開いた**プランテーション**とよばれる大農園で，輸出用の農作物を栽培している。

① **東部**…ケニアやタンザニアでは，**コーヒー豆，茶，切り花**を栽培し，海外に輸出。低地では，サイザル麻を栽培。

② **西部**…ギニア湾沿岸の**コートジボワール**や**ガーナ**では，**カカオ**の栽培がさかん。ブルキナファソなどでは，病気に強く収穫量の多い稲の品種**ネリカ**を栽培。

▶ **乾燥地帯の農業**

乾燥地帯のサハラ砂漠では，牛やらくだ，羊などを移動しながら育てる**遊牧**が行われている。

▶ **地中海式農業**

南アフリカ共和国の南部では，オレンジ，ぶどうなどを栽培する**地中海式農業**がさかん。ワインの輸出も増えている。

くわしく

ネルソン・マンデラ

1918〜2013年。南アフリカ共和国の弁護士・政治家。青年期から**黒人解放運動**のリーダーとして戦い続けたが，1962年に白人政権によって逮捕された。投獄中も屈することなく，1990年に釈放されると，**アパルトヘイト**を撤廃した白人政権と和平協定を結び，ノーベル平和賞を受賞した。1994年には，**黒人初の大統領**に就任し，民族の和解・融和にも取り組んだ。

△いも市場（タンザニア）

▽カカオの国別生産割合
（2018年）

コートジボワール 37.4%
その他 21.1
ガーナ 18.0
インドネシア 11.3
ナイジェリア 6.3
カメルーン 5.9
合計 525万t

（2020/21「世界国勢図会」）

(2)アフリカの鉱工業

▶近代的な工業

南アフリカ共和国は，鉄鋼・自動車工業など重化学工業が成長しているが，他州と比べ，全体に工業化は後れている。

▶豊富な鉱産資源

アフリカは，鉱産資源の埋蔵量が多い。採掘・輸送には，欧米の企業にくわえ，近年，中国の企業も多く進出している。

① 石油…ナイジェリアやアンゴラ，アルジェリア，リビアなどで産出量が多い。

② 銅…コンゴ民主共和国からザンビアにかけての「カッパーベルト」とよばれる地域で生産がさかん。この2国は，コバルトの産出量も多い。

③ 金，レアメタル，ダイヤモンド…金とレアメタルは，南アフリカ共和国で産出量が多く，なかでもプラチナ，クロム，マンガンは生産量世界一（2016年）である。ダイヤモンドは，ボツワナとコンゴ民主共和国で生産量が多い。

(3)モノカルチャー経済

▶限られた産物に依存

アフリカの多くの国々は，特定の商品作物や鉱産資源の輸出に経済を頼っている。こうした限られた産物によって成り立っている経済を，モノカルチャー経済という。

▶モノカルチャーの問題点

① 不安定な価格…農作物は天候の影響を受けやすく，鉱産資源は景気変動の影響を受けやすい。そのため，価格が安定しない。

② 貧富の拡大…経営者はより豊かになるが，労働者は貧しいままで，貧富の拡大をもたらす。

▶フェアトレードの取り組み

生産地の農家には，見合った賃金が支払われていないことが多い。近年，業者や消費者が公正な価格で生産物を買い取り，農家の収入を増やすフェアトレード(公正貿易)の動きがおこっている。

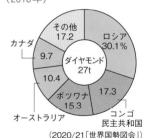

●ダイヤモンドの国別生産割合（2016年）

ダイヤモンド 27t
ロシア 30.1%
その他 17.2
カナダ 9.7
オーストラリア 10.4
ボツワナ 15.3
コンゴ民主共和国 17.3

（2020/21「世界国勢図会」）

●プラチナの国別生産割合（2017年）

プラチナ 199t
南アフリカ共和国 72.0%
ロシア 11.0
ジンバブエ 7.0
その他 10.0

（2020/21「世界国勢図会」）

注目!

レアメタルの争奪戦

レアメタル(希少金属)は，スマートフォンなど，電子機器の生産に欠かせないため，世界中で奪い合いになっている。

●アフリカの国々の貿易品目（2018年）

ザンビア輸出（91億ドル）
銅 75.2%／その他 24.8

ナイジェリア輸出（624億ドル）
原油 82.3%／その他 17.7

ザンビア輸入（95億ドル）
機械類・石油製品・自動車 38.2%／その他 61.8

ナイジェリア輸入（430億ドル）
機械類・石油製品・自動車 55.5%／その他 44.5

（2020/21「世界国勢図会」）

④ アフリカの課題と今後

▶砂漠化の防止

サハラ砂漠の南縁の**サヘル**（アラビア語で「端・岸辺」の意味）は，人口増加にともなう耕地の拡大や薪の採取などにより，**砂漠化**が進んでいる。現地の生活基盤を整備しつつ，植林などによる再生がはかられている。

▶生活環境の改善

① **スラムの拡大**…多くの難民や失業者が都市に移住。各国の首都は，人口集中による**過密**で，衛生状態の悪い**スラム**が拡大している。

② **貧困と感染症**…マラリアなどの感染症で亡くなる人々も多い。先進国の**NGO（非政府組織）**が支援にあたる。

▶経済的な課題

前項のモノカルチャー経済からの**脱却**，後れている工業の近代化，中国への依存からの脱却なども課題。

▶アフリカ連合と先進国の支援

アフリカに共通する問題を解決するため，2002年に**アフリカ連合（AU）**が結成された。欧州諸国や日本，中国も支援。

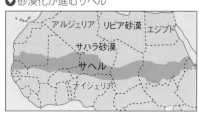
●砂漠化が進むサヘル

第4章 世界の諸地域

（参考）
アフリカの「モバイル革命」
　スマートフォンの急速な普及によって，電子決済や産業・医療などの情報共有の動きが進んでいる。先進国の通信業者が提供した**ICT（情報通信技術）**によるものだが，こうした「モバイル革命」は，農村部の人々のくらしにも大きな影響をあたえている。

テストに出る！　つまりこういうこと

● **砂漠と台地**…北部は**サハラ砂漠**が広がり，**ナイル川**が流れる。大部分は台地と高原。赤道付近は熱帯雨林，その周辺にまばらに樹木が生えるサバナが広がる。

● **多様な民族**…北部は，**イスラム教徒のアラブ民族**が大半。中・南部は，土着の信仰やキリスト教を信仰する**黒人**の民族が大半。植民地時代の**英語**や**フランス語**を公用語にする国も多い。

● **奴隷貿易と植民地化**…16世紀以降，多くの住民が奴隷として南北アメリカに連行➡19世紀末までに，ほぼ全域がヨーロッパに**植民地化**される➡戦後，独立。1960年は「**アフリカの年**」➡1991年には，南アフリカ共和国の**アパルトヘイト**も撤廃。

● **産業とモノカルチャー**…**プランテーション**で，コーヒー豆，茶，花を栽培。ナイジェリア，アルジェリアなどは石油，ザンビアは銅，南アフリカ共和国は**レアメタル**が豊富➡重工業が発達した南アフリカ共和国を除き，特定の産品に経済を依存する**モノカルチャー経済**の国が多い。

● **砂漠化と貧困**…サハラ砂漠の南縁の**サヘル**で**砂漠化**が進行。植林などで再生をはかる。スラムの拡大，貧困，感染症など多くの課題が山積➡アフリカ連合の結成，NGOの支援，モバイル革命。

経済発展と人口移動をつかむ

図解で確認

● 中国の経済発展

〔**主題図**〕右の地図は，中国の一人当たりのGDPを地域別に色分けして示した**階級区分図**である。このように，あるテーマに沿ってつくった地図を**主題図**という。

〔**読み取り**〕一人当たりのGDPが高い地域は，**東の沿岸部**に集中している。

〔**考察**〕沿岸部の**シェンチェン**などには，1970年代末，外国の資本・企業を誘致するために**経済特区**が設けられた。中国の工業がここを拠点に発展したことがわかる。

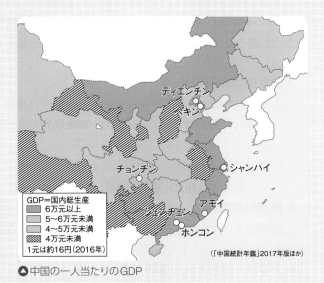

GDP＝国内総生産
- 6万元以上
- 5〜6万元未満
- 4〜5万元未満
- 4万元未満

1元は約16円（2016年）

（「中国統計年鑑」2017年版ほか）

▲中国の一人当たりのGDP

● ヨーロッパの人口移動

〔**読み取り**〕西ヨーロッパ諸国と東ヨーロッパ諸国の平均年収を比べると，全体に**西ヨーロッパ諸国のほうが高い**。東ヨーロッパや西アジア，北アフリカから，高賃金の**西ヨーロッパへ移動する人**が多い。

〔**考察**〕よりよい労働条件（賃金の高い）仕事を求めて，西ヨーロッパへ人口が移動していることがわかる。

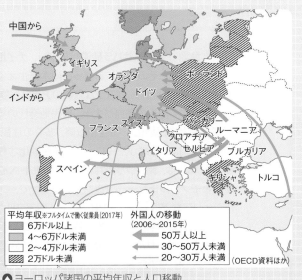

平均年収 ※フルタイムで働く従業員（2017年）
- 6万ドル以上
- 4〜6万ドル未満
- 2〜4万ドル未満
- 2万ドル未満

外国人の移動（2006〜2015年）
- 50万人以上
- 30〜50万人未満
- 20〜30万人未満

（OECD資料ほか）

▲ヨーロッパ諸国の平均年収と人口移動

定期試験対策問題④ （解答 ➡ p.244）

1 アジア州，ヨーロッパ州，アフリカ州の自然 》》p.46～69

右の地図を見て，次の問いに答えなさい。

(1) 地図中のア～エから，赤道にあてはまるものを1つ選びなさい。

〔　　　　〕

(2) 地図中の@～ⓒの雨温図を，右下のア～エから1つずつ選びなさい。

@〔　　　　〕　ⓑ〔　　　　〕
ⓒ〔　　　　〕

(3) 地図中のあ～おの山脈，河川の名称を書きなさい。

あ〔　　　　　山脈〕
い〔　　　　　山脈〕
う〔　　　　　　川〕
え〔　　　　　　川〕
お〔　　　　　　川〕

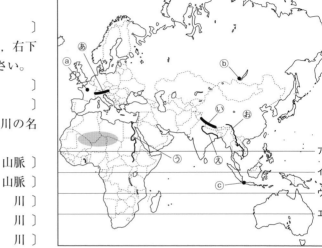

(4) 地図中の■■■の
サハラ砂漠の南の縁
にあたる地域では，砂
漠の拡大が深刻に
なっている。この地域
を何というか。**カタ
カナ**で書きなさい。

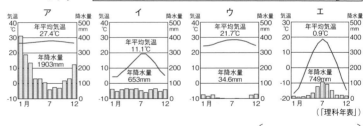

〔　　　　　　　　　〕

2 アジア州の国々 》》p.46～53

次の各文にあてはまるアジアの国を，あとのア～オから1つずつ選びなさい。

(1) かつてイギリスの植民地だったことから，英語を話す人も多い。今世紀に入り，ICT産業や自動車工業が成長している。人口は中国に次いで世界第2位（2020年）。　〔　　　　〕

(2) 国土の大部分は砂漠。イスラム教を国教に定めており，西部にはイスラム教の聖地メッカがある。石油依存の経済を脱却するため，製造業や観光業に力を入れている。　〔　　　　〕

(3) 国民の多くは仏教徒。チャオプラヤ川の下流では，米の二期作が行われている。首都バンコクの郊外には，日本の自動車や電気機械の工場が多く進出している。　〔　　　　〕

ア タイ　**イ** マレーシア　**ウ** インド　**エ** イラン　**オ** サウジアラビア

3 中国の経済 >>p.49

右の地図は，中国の行政区（自治区と台湾を除く）別の一人当たりの国内総生産が6万元以上の行政区を ▩ で示し，外国企業の進出を受け入れた沿岸部の重点開発地区を●で示したものである。これを見て，次の問いに答えなさい。〔茨城・改〕

(1) ●で示した重点開発地区を何というか，書きなさい。

〔　　　　　〕

(2) 地図について説明した次の文中の（ ）a～cにあてはまる語の正しい組み合わせを，あとのア～エから1つ選びなさい。

〔　　　〕

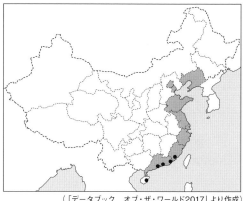

（「データブック　オブ・ザ・ワールド2017」より作成）
注）調査年は2015年，1元は約16円

> 中国では，沿海部にある行政区の一人当たり国内総生産が内陸部にある行政区に比べて（ a ）いので,出かせぎ労働者が（ b ）部から（ c ）部へ移動している。

ア　a：低　b：沿海　c：内陸　　イ　a：高　b：沿海　c：内陸
ウ　a：低　b：内陸　c：沿海　　エ　a：高　b：内陸　c：沿海

4 ヨーロッパ州の気候と農業 >>p.55～59

ヨーロッパ州の特徴的な農業分布を示した右の地図を見て，次の問いに答えなさい。〔沖縄・改〕

(1) 地図中のⅠ～Ⅲの地域と@～ⓒの農業の説明の正しい組み合わせをあとのア～エから1つ選びなさい。

〔　　　〕

@ 小麦などの穀物栽培と，豚などの家畜の飼育を行う混合農業。

ⓑ 乳牛を飼育し，チーズやバターなどの乳製品の生産を行う酪農。

ⓒ 夏の乾燥に強いオリーブなどの果樹や，冬の降水を利用した小麦の栽培を行っている地中海式農業。

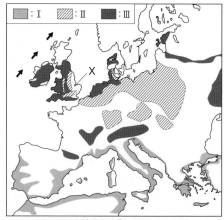

（帝国書院「中学校社会科地図」より作成）

ア　Ⅰ：@　Ⅱ：ⓑ　Ⅲ：ⓒ　　イ　Ⅰ：ⓒ　Ⅱ：ⓑ　Ⅲ：@
ウ　Ⅰ：ⓒ　Ⅱ：@　Ⅲ：ⓑ　　エ　Ⅰ：ⓑ　Ⅱ：ⓒ　Ⅲ：@

(2) 地図中の**X**の国について，次の問いに答えなさい。

応用 ① **X**国の気候は，日本より高緯度に位置しているが，気候は温暖である。その理由を地図中の➡の海流とその上空を吹く風に注目して書きなさい。

〔　　　　　　　　　　　　　　　　　　　　　　　　　　　　　　　　　　　　　　〕

② **X**国は，地図中の多くの国々が加盟している連合体から，2020年に離脱した。この連合体を何というか，書きなさい。

〔　　　　　　　　　　〕

5　アフリカ州の国境線と産業　≫p.66～69

アフリカ州について，次の問いに答えなさい。〔静岡・改〕

応用 (1) アフリカ州の国々の国境線は，植民地時代に引かれた境界線をそのまま使っているところが多い。多くの民族が暮らしているアフリカで，独立後も各地で民族間の対立が続いている理由を，植民地時代の境界線の引かれ方に関連づけて説明しなさい。

〔　　　　　　　　　　　　　　　　　　　　　　　　　　　　　　　　　　　　　　〕

(2) 右のグラフⅠは，2014年における，アフリ州の４か国の輸出総額に占める品目別の輸出額の割合を示している。グラフⅡは，2000年から2015年における，原油，銅，カカオ豆の，国際価格の推移を，2000年を100として示している。これらのグラフを見て，次の問いに答えなさい。

① グラフⅠの**B**にあてはまる国を**ア～エ**から１つ選びなさい。

〔　　　　　〕

グラフⅠ

注 「世界国勢図会2016/17」により作成

ア アルジェリア　**イ** ザンビア
ウ ナイジェリア　**エ** コートジボワール

② グラフⅡから，**A**～**D**の国は，特定の鉱産資源や農産物の輸出が多いことがわかる。このような，特定の鉱産資源や農産物の輸出に頼る経済を何というか，書きなさい。

〔　　　　　　　経済〕

応用 ③ 前問②のような経済によって生じる，その国の国家財政における問題点を，グラフⅡからわかることに関連づけて，簡単に書きなさい。

〔　　　　　　　　　　　　　　　　　　　　　　　　　　　　　　　　　　　　　　〕

グラフⅡ

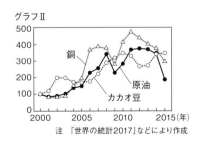

注 「世界の統計2017」などにより作成

4 北アメリカ州の自然と社会

📍 **地図で確認** アメリカ合衆国(がっしゅうこく)は，移民がつくった国。世界の経済・産業・文化を引っぱる。

アラスカは，アメリカ合衆国の1つの州だよ。飛び地になっているんだ。

▶ CNタワー（カナダ）
カナダ最大の都市トロントのシンボル。高さ553m

🔺 ロッキー山脈　新期造山帯（変動帯）にあたる。標高4000mをこえるけわしい山脈

🔺 ゴールデンゲート橋（サンフランシスコ）　太平洋からサンフランシスコへの入口

▲タイムズスクエア
アメリカ最大の都市ニューヨークの中心街

▶ 路上の音楽隊（キューバ）
カリブ海にうかぶ社会主義国。さまざまな民族が共存

地図中の表記:
60°
ユーコン川
アラスカ山脈
ニューファンドランド島
カナダ
ハドソン湾
ウィニペグ湖
ラブラドル高原
ロッキー山脈
ミズーリ川
五大湖
オタワ
セントローレンス川
アメリカ合衆国
シリコンバレー
コロラド川
プレーリー
グレートプレーンズ
中央平原
アパラチア山脈
ワシントンD.C.
太平洋
30°
サンベルト
大西洋
ミシシッピ川
カリフォルニア半島
フロリダ半島
メキシコ湾
西インド諸島
メキシコ
メキシコ高原
リオグランデ川
メキシコシティ
ユカタン半島
キューバ
100°
カリブ海
パナマ

74

① 自然環境と民族・言語

(1) 地形と気候

▶広大な国々

面積はロシア連邦に次いで，**カナダが世界2位**，**アメリカ合衆国が世界3位**。ともに日本の**約26倍**に相当。カリブ海には，キューバ，ジャマイカなど小さな**島国**が多い。

▶自然・気候

① **北部**…北極圏は，雪と氷の**寒帯**。北緯40度以北にあたるカナダの大部分は**冷帯（亜寒帯）**で，**針葉樹林**が広がる。**五大湖**をはさんで，南がアメリカ合衆国。

② **中部**…アメリカ合衆国の東部には，なだらかな**アパラチア山脈**が連なる。西に向かい，中央平原，**プレーリー**，**グレートプレーンズ**という平原が広がり，**ミシシッピ川**が流れる。西経100度付近を境に，東は温帯，西は乾燥帯。西には，けわしい**ロッキー山脈**が連なる。太平洋岸は，冬に雨が降る，温和な地中海性気候。

③ **南部**…東部のフロリダ半島が，大西洋とメキシコ湾を分ける。**リオグランデ川**を境に南はメキシコ。**亜熱帯**から**熱帯**に属す。西インド諸島の国々やメキシコ湾岸は，ハリケーンの被害を受けやすい。

▼五大湖

📖くわしく

プレーリーとグレートプレーンズ
　プレーリーは肥沃な黒土。西経100度以東で雨が降るため，さまざまな農作物が栽培されている。**グレートプレーンズ**は，西経100度以西で乾燥帯。小麦の栽培と放牧が中心である。

📖くわしく

ハリケーン
　8〜9月に発生する熱帯低気圧。台風のように**暴風雨**をともなう。とくに2005年のハリケーン「**カトリーナ**」は，メキシコ湾岸に甚大な被害をもたらした。

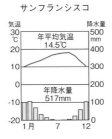

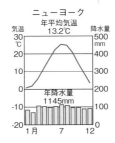

（「理科年表」）

(2) 民族と言語

▶人口と民族

① **人口**…アメリカ合衆国は約3億3100万人。カナダは約3800万人で，人口密度は4人／km²（以上2020年）。

参考

メキシコの人口
　メキシコは人口増加率が高い。約1億2900万人で，世界10位。日本を少し上回る。

② **アメリカ合衆国の民族**…最初にヨーロッパから来た白人の**移民**や**奴隷貿易**（66ページ）で連行されてきた**黒人**，アジア系の移民にくわえ，近年はラテン系の**ヒスパニック**が増えている。先住民の**ネイティブ・アメリカン**は少数。

▼アメリカ合衆国への移民の出身州別人口の変化

1900年 1034万人	ヨーロッパ州 85.8%		ヨーロッパ州以外 14.2
1960年 966万人	74.8%	9.8	不明・その他 1.5 19.1
2017年 4453万人	10.8% 南北アメリカ州 25.3　　1.8	カナダ 6.0 メキシコ 4.6 52.3	アジア州 31.2　　5.7

（アメリカ国勢調査局資料）

ハワイや東海岸を中心に，日本人も多く移住したよ。

③ **カナダとメキシコの民族**…カナダも**多民族国家**で，英語とフランス語が公用語になっている。とくに**ケベック州**は，**フランス語**を話す住民が多い。メキシコは，スペイン語を話すラテン系の住民が大半。

▼アメリカ合衆国の人口構成

先住の人々 1.2　　その他 2.8
アジア系 5.6
総人口 3億2142万人
アフリカ系 13.3
ヨーロッパ系 77.1%
（総人口のうち 17.6%がヒスパニック）
（アメリカ国勢調査局資料）

くわしく

ヒスパニック

メキシコ，中央アメリカ，カリブ海諸国からの移民。**スペイン語**を話し，**カトリック**を信仰するラテン系で，**ラティーノ**ともよばれる。近年，スポーツや芸能の分野で活躍する人々も増えている。

くわしく

ネイティブ・アメリカン

アメリカの先住民で，**アメリカン・インディアン**や**エスキモー**（カナダは**イヌイット**）の人々をいう。なお，中南米の先住民はインディオ（インディヘナ）とよばれる。

② 北アメリカの歩みと文化

(1) 北アメリカ州の歴史

▶白人移民による開拓

1620年，イギリスからメイフラワー号に乗った**清教徒**の移民が，北アメリカに到達。その後，先住民の土地をうばいながら，東から西へと**開拓**を進めた。

▶イギリスからの独立

独立戦争でイギリスに勝利し，1776年に**アメリカ独立宣言**を発表。1787年には**合衆国憲法**が制定され，**ワシントン**が初代大統領に就任。

▶奴隷制度をめぐる南北戦争

奴隷制度を廃止しようとする北部と，維持しようとする南部が対立。1861〜64年

▼アメリカ合衆国の領土拡大の推移

イギリスから割譲 1818年
オレゴン地方併合 1846年
フランスから購入 1803年
イギリスから割譲 1783年
独立13州 1776年
メキシコから割譲 1848年
テキサス併合 1845年
スペインから購入 1819年
メキシコから購入 1853年
ハワイ併合 1898年
ロシアから購入 1867年

	1776年 独立13州
	1783年 イギリスから割譲
	1803年 フランスから購入
	1818年 イギリスから割譲
	1819年 スペインから購入
	1845年 テキサス併合
	1846年 オレゴン地方併合
	1848年 メキシコから割譲
	1853年 メキシコから購入
	1867年 ロシアから購入
	1898年 ハワイ併合

に南北戦争に発展した。戦争中の1863年に**リンカン大統領**が奴隷解放宣言を出し，北部が勝利する。

(2)アメリカ合衆国の生活・文化

▶宗教

キリスト教が広く信仰されており，とくに南部・内陸部は保守的な福音派（ふくいん）の信者が多い。

▶新しい文化・スポーツ

① **新しい文化**…ジャズ，ロック，ヒップホップなどの音楽，**Tシャツ**，ジーンズなどのファッション，ハンバーガーに代表される**ファストフード**など，新しい文化を生み出している。

② **スポーツ**…**野球**（メジャーリーグ・ベースボール），**アメリカンフットボール**，バスケットボールの３大スポーツが国民に人気である。

▶交通・社会

アメリカ国民の日常生活には，**自動車**が欠かせない。発達した**フリーウェイ**には，**大型ショッピングセンター**が建つ。通信販売（はんばい），**インターネット**，スマートフォンも生み出した。最先端（さいせんたん）の**ICT**（情報通信技術）が社会とくらしを支える。

▲アメリカのファストフード

注目!

モータリゼーションと大量生産・大量消費

国土の広いアメリカでは，**自動車**が主要な移動手段になっている。車が支える社会を**車社会**，その状態を**モータリゼーション**という。また，自動車工業は，アメリカの産業を支え，大型ショッピングモールは，**大量生産・大量消費**の豊かな生活をもたらしてきた。

③ 北アメリカの農業

(1)アメリカ合衆国の農業の特色

▶世界有数の農業大国

世界有数の農業大国で，「**世界の食料庫**」とよばれる。**だいず**，**とうもろこし**，**牛肉**の生産量は世界一。**小麦**，**綿花**などの生産・輸出量も世界有数で，その生産（せいさん）状況や価格は，世界の経済に大きな影響（えいきょう）をあたえる。

▶大規模農業

農家一戸当たりの耕地面積は日本の約100倍で，労働生産性がきわめて高い。家族経営から，移民を労働者として雇う（きぎょう）**企業的な農業経営**が増えている。

アメリカ合衆国と日本の農業

	アメリカ合衆国	日本
一人当たり* の耕地面積 (ha)	60.5ha	1.7ha
一人当たり* の穀物収量 (t)	185.9t	4.8t

*農林水産業従事者

(FAOSTATほか)

▶ 巨大な設備

大型の**センターピボット**や自走式のスプリンクラーなどのかんがい施設，巨大な**フィードロット**（肥育場）などが普及。先進的な設備や**大型機械**を活用し，農薬・化学肥料も大量に使っている。

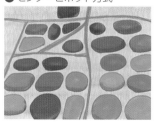
▼センターピボット方式

▼フィードロット

▶ 流通を支配する巨大企業

バイオテクノロジーの活用や加工技術も進んでおり，**遺伝子組み換え作物**が増えている。**穀物メジャー**という巨大な穀物商社が**アグリビジネス**を展開しており，世界の穀物市場の流通や価格を左右している。

▶ 適地適作

気候や地形，土壌の性質など，環境に適した農作物を栽培している。こうした栽培方法を**適地適作**という。ただし，近年は複数の作物をつくるなど，**経営の多角化**が進んでいる。

(2) アメリカ合衆国の農業地帯

▶ 西部の農業

カリフォルニア州の太平洋沿岸では，**ぶどう**，**オレンジ**などを栽培する**地中海式農業**が行われている。米の栽培もさかん。ロッキー山脈の東側では，牛の**放牧**が行われている。

❤アメリカ合衆国の農業地域

📖 くわしく

アグリビジネス

農業関連産業のこと。農作物や畜産物の生産だけでなく，種子や農薬，肥料の開発・販売から，機械の提供，加工，流通，販売まで，農業全般にかかわる。近年は，医療分野にも応用される**バイオテクノロジー（生命工学）**の研究がさかんになっている。

📖 くわしく

穀物メジャー

アグリビジネスを行う企業のなかでも，とくに規模が大きい**穀物商社**のこと。アメリカ合衆国とヨーロッパ圏にある上位5社で，世界の流通の8割を支配していると見られる。

西経100度から東側は，雨が比較的多いんだ。だから，とうもろこしやだいずの栽培がさかんだ。一方，西側は雨が少ないから，牧草地になっている。だから，放牧がさかんなんだよ。

▶中西部の農業

土壌の肥えたグレートプレーンズとプレーリーで，**小麦**（冬小麦，春小麦），**とうもろこし，だいず**を栽培。グレートプレーンズでは，豊富な地下水が利用されている。

▶北東部と南部の農業

カナダとの国境付近の北東部は**酪農**がさかんで，五大湖沿岸の**シカゴ**に農産物が集まる。大都市の周辺では，野菜を栽培する**近郊農業**がさかんである。南部は，温暖で雨が多く，**綿花**の栽培が行われてきた。しかし近年は，**飼料・燃料用**のだいず，とうもろこしの栽培が増えている。

④ 北アメリカの鉱工業

(1)アメリカ合衆国の古い工業

▶豊富な鉱産資源

五大湖周辺では，メサビ鉄山の鉄鉱石や東部のアパラチア炭田の石炭，優れた技術をもとに早くから重工業が成長。**ピッツバーグ**で**鉄鋼業**，デトロイトで**自動車工業**が発達した。

▶先端技術産業の成長

20世紀後半，基幹産業の**自動車工業**が**日本**やドイツにおされ，そのほかの工業も国際競争力が低下した。日本とは**貿易摩擦**がおこった。五大湖周辺は，工場・設備の老朽化も進んでおり，**ラストベルト**（赤さび地帯）とよばれるようになった。

シェールガス革命

これまでアメリカ合衆国は，大量のエネルギー資源を輸入してきた。しかし，採掘技術の急速な進歩により，2000年代半ば，地下の頁岩の層に埋蔵されている**シェールガス**（天然ガスの一種）やシェールオイルの採掘が可能になった。これによって，エネルギー資源の自給率が向上し，**新たな雇用**が生まれるなど，シェールガスは社会に大きな変化をもたらしている。

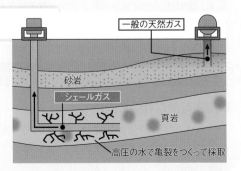

冬小麦と春小麦

秋に種をまいて，初夏に収穫する小麦を**冬小麦**といい，春に種をまいて秋に収穫する小麦を**春小麦**という。北部の冷涼な地域では，**春小麦**が栽培され，中部の温暖な地域では，**冬小麦**が栽培される。

カナダの林業

カナダは国土の大部分が冷帯（亜寒帯）と寒帯で，農地はアメリカ合衆国との国境付近に限られている。中北部は，広大な**針葉樹林**が広がっており，林業がさかんである。日本にとってカナダは，アメリカ合衆国とならぶ**木材の輸入相手国**でもある（2017年）。

大量生産方式

オートメーションと流れ作業による自動車の**大量生産**のしくみは，世界じゅうに広がった。日本の自動車会社は，**ジャストインタイム方式**の導入などでこれを発展させ，**効率化**をはかった。

第**4**章 世界の諸地域

▼ アメリカ合衆国の鉱工業地域

バンクーバー
カルガリー
シアトル
メサビ
モントリオール
トロント
ボストン
デトロイト
ニューヨーク
サンフランシスコ
デンバー
シカゴ
ピッツバーグ
37°
シリコンバレー
サンベルト
ロサンゼルス
ローリー
サンディエゴ
フェニックス
ダラス
アトランタ
ヒューストン
ニューオーリンズ
オーランド
アンカレジ
マイアミ

(Goode's World Atlas 2010 ほか)

⊞ 原油　■ 石炭　⚒ 鉄鋼　🛩 自動車　░ シェールガス田の分布
▲ 鉄鉱石　△ 天然ガス　⚗ 化学　✈ 航空機　○ 先端技術産業がさかんな所

五大湖周辺の工業都市は衰退（すいたい）がいちじるしい。一方，サンベルトでは新しい工業が成長しているよ。

(2) アメリカ合衆国の新しい工業

▶ 新しい工業地域 (サンベルト)

　1970年代以降，工業の中心地は五大湖周辺から**北緯37度（ほくい）以南**のサンベルトとよばれる地域に移った。西部のカリフォルニア州や南部の**ヒューストン**，ダラスを中心に，**石油化学工業，航空機工業，宇宙産業**が発達した。

▶ シリコンバレー

　さらに今世紀に入り，パソコンや半導体を中心とした**ハイテク産業**が発展し，アメリカは再び世界の工業をリードするようになった。サンフランシスコ近郊（きんこう）のシリコンバレーには，**ICT（情報通信技術（ぎじゅつ）産業**の企業・研究所が集中。スマートフォン，タブレット端末（たんまつ），**SNS（ソーシャル・ネットワーク・サービス）**関連の新しい製品・サービスをつぎつぎ生み出している。

⑤ アメリカの課題と今後

▶ 持続可能な社会に向けて

　アメリカ合衆国は世界有数の**大量生産・大量消費**の国で，二酸化炭素などの**温室効果ガス**の排出（はいしゅつ）量も多い。再生可能エネルギーの活用が急務になっている。

 注目！

サンベルトの成長の理由

　サンベルトは気候が**温暖**（おんだん）で，広大な**土地**があった。また，移民のヒスパニックも多く，**労働力**にもめぐまれていた。カリフォルニアには，アジアからの移民も多く，シリコンバレーのICT関連企業には，**インド系や中国系**の優秀な技術者が多く働いている。

（参考）

メキシコ，中央アメリカの工業

　メキシコや中央アメリカの国々は，**労働力が安価で豊富なこと**から，アメリカ合衆国や日欧の自動車・電気機械関連の工場が多く進出している。

▶差別の解消と格差の是正

アメリカ合衆国は移民の国で、さまざまな民族が暮らす。しかし、アフリカ系黒人などへの**差別**は解消されておらず、白人と有色人種の間の**賃金の格差**も大きい。**不法移民の増加**や貧困層の拡大なども問題になっている。

▶軍事力と国際協調

アメリカ合衆国は世界有数の軍事国家でもあり、これまで「**世界の警察**」として、各地の紛争にかかわってきた。国際平和と安全の維持における役割はきわめて大きい。

▶北アメリカ３か国の関係

1990年代にアメリカ合衆国、メキシコ、カナダは**北米自由貿易協定（NAFTA）**を結び、経済的関係を強化してきた。しかし、アメリカ合衆国のなかでは、これを軽視し自国経済を優先する動きもある。

▶米中関係の不安定化

アメリカ合衆国と中国との関係も不安定化している。2010年代半ば以降は、とくに**貿易**や**人権問題**をめぐる対立が激化している。

カナダの多文化主義

カナダも多民族国家だが、国の方針として、**多文化主義**を明確に打ち出している。諸民族の言語、宗教などの文化を尊重し合おうとする意識が高い。

新NAFTAへの移行

2020年7月、北米自由貿易協定（NAFTA）から、**USMCA（新NAFTA）**という新たな貿易協定に移行した。

▼北米３国の貿易相手国（2017年）

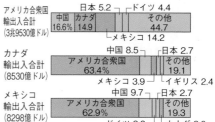

アメリカ合衆国 輸出入合計 (3兆9530億ドル)
中国 16.6% ／ カナダ 14.9 ／ 日本 5.2 ／ ドイツ 4.4 ／ メキシコ 14.2 ／ その他 44.7

カナダ 輸出入合計 (8530億ドル)
アメリカ合衆国 63.4% ／ 中国 8.5 ／ メキシコ 3.9 ／ 日本 2.7 ／ イギリス 2.4 ／ その他 19.1

メキシコ 輸出入合計 (8298億ドル)
アメリカ合衆国 62.9% ／ 中国 9.7 ／ ドイツ 2.8 ／ 日本 2.7 ／ カナダ 2.6 ／ その他 19.3

(UN Comtrade)

テストに出る！ つまりこういうこと

- **山脈と河川**…西部にけわしい**ロッキー山脈**。その東に**グレートプレーンズ**と**プレーリー**。中央平原を**ミシシッピ川**が流れる。アメリカ合衆国とカナダの国境に**五大湖**。カナダは冷帯・寒帯。
- **移民の国**…白人が先住民の**ネイティブ・アメリカン**を支配➡アフリカ系の**黒人**が奴隷として連れてこられる➡近年は、ラテン系でスペイン語を話す**ヒスパニック**が増加。
- **世界の食料庫**…アメリカ合衆国は、**だいず**、**とうもろこし**の生産量が世界一➡企業的な農業経営、**バイオテクノロジー**を活用。気候と土壌に合った**適地適作**。穀物メジャーが**アグリビジネス**を展開。
- **先進的な工業**…工業の中心は、かつて自動車・鉄鋼で栄えた五大湖周辺➡1970年代以降、**サンベルト**へ移行。**シリコンバレー**に**ICT産業**の企業・研究所が集中。**シェールガス**の開発が進む。
- **差別と格差**…大量生産・大量消費の見直し。移民や黒人への差別の解消、格差の解消が課題。米中関係の不安定化も問題。カナダは、**多文化主義**を打ち出している。

▲シリコンバレー

5 南アメリカ州の自然と社会

📍地図で確認　アマゾン川流域の開発と環境保全の両立を模索している。

日本から見ると，地球の反対側にあたるよ。

▶ アマゾン川（ブラジル）
流域面積世界一の大河。熱帯雨林の減少が深刻

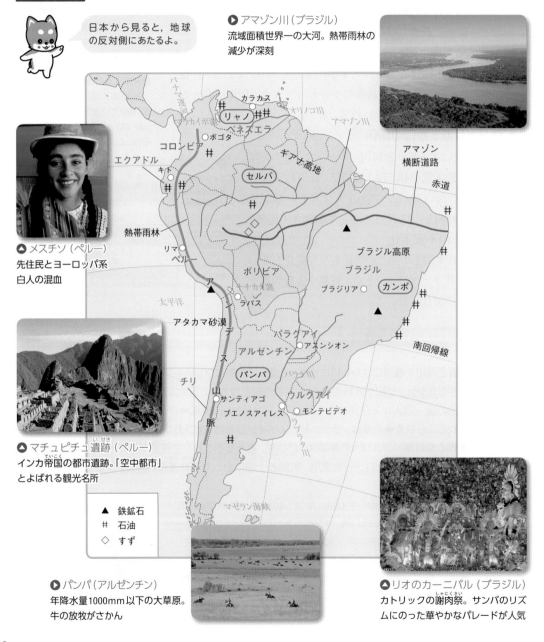

▲ メスチソ（ペルー）
先住民とヨーロッパ系白人の混血

▲ マチュピチュ遺跡（ペルー）
インカ帝国の都市遺跡。「空中都市」とよばれる観光名所

▲　鉄鉱石
＃　石油
◇　すず

▶ パンパ（アルゼンチン）
年降水量1000mm以下の大草原。牛の放牧がさかん

▲ リオのカーニバル（ブラジル）
カトリックの謝肉祭。サンバのリズムにのった華やかなパレードが人気

① 自然環境と歴史

(1) 地形と気候

▶ 南北に長い大陸

大陸の北部を赤道が通る。流域面積世界一の**アマゾン川**がアマゾン盆地を西から東に流れる。大西洋側には，けわしいギアナ高地，平坦な**ブラジル高原**，大草原の**パンパ**が広がる。太平洋側には，けわしい**アンデス山脈**が南北に連なる。

▶ 多様な気候

アマゾン川流域の赤道付近は，**熱帯雨林気候**。その外側は，サバナ気候。アルゼンチン中部のラプラタ川の下流域やチリ南部は，**温帯**。南北に長いチリの南端は寒帯で，山岳地帯には氷河も発達している。アンデス山脈の高地は，**高山気候**。

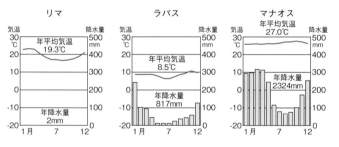

(2) 南アメリカ州の成り立ち

▶ アンデス文明

アンデスの高地に13～16世紀，高度な文明をもつ**インカ帝国**が栄え，15世紀に最盛期をむかえた。**クスコ**（ペルー）に都がおかれ，**マチュピチュ**には要塞都市がつくられた。

▶ 植民地支配

① **ヨーロッパ人の進出**…16世紀以降，**スペイン人**と**ポルトガル人**が進出し，先住民の文明をほろぼし，植民地支配を始めた。先住民とアフリカから連行された**黒人**は，奴隷として鉱山やプランテーション（大農園）で働かされた。

② **文化・民族の融合**…ヨーロッパ人が布教したキリスト教の**カトリック**が広まった。また，先住民と白人の混血の**メスチソ**（メスチーソ），先住民と黒人の混血も増えた。

流域面積
　雨が河川に流れこむ範囲の面積のこと。本流だけでなく，支流の流域もふくまれる。

リマは熱帯の低地にあるけど，沿岸を流れるペルー海流の影響で夏でもすずしい。雨もほとんど降らないんだ。

先住民と混血
　南アメリカ州の先住民は，**インディオ（インディヘナ）**とよばれる。ペルーやボリビアは，人口に占める先住民の割合が4～6割と高く，次に**メスチソ**など混血の割合が高い。ブラジルはほぼ半数がヨーロッパ系で，アルゼンチンは97%がヨーロッパ系である。

▶独立と日本人移民

① **植民地支配からの独立**…19世紀になると，各国がつぎつぎと独立をはたした。19世紀後半には，イタリア人やドイツ人も流入したが，旧宗主国の影響で，**ブラジルはポルトガル語**が公用語，その他の多くの国々は**スペイン語**が公用語になっている。

② **日本人の移民**…20世紀の初め，日本人が**ブラジル**，ペルー，ボリビアなどに開拓民・農業労働者として移住した。現在，南アメリカには200万人以上の**日系人**が暮らしている。

▲ブラジルの日系人街

くわしく
日系人の活躍
　ブラジルへの移住は，1908年が最初。多くの人々は，**サンパウロ**のコーヒー農園で働き，その後，内陸の開拓にもあたった。**日系人**の子孫は，現在のブラジル経済，政治，文化にも大きな影響力をもっている。ペルーでは，日系2世の**アルベルト・フジモリ**が2期にわたり大統領を務めた。

② 南アメリカの農業

(1) ブラジルの農業

▶コーヒー豆の栽培

　19世紀から，サンパウロの周辺の**プランテーション（ファゼンダ）**で，**コーヒー豆**の栽培がさかんになった。1970年代ごろまでは，ブラジルは国の経済をコーヒー豆の輸出に依存する**モノカルチャー経済**の国だった。

▶栽培の多角化

　現在は，コーヒー豆のほか，だいず，さとうきび，とうもろこしなど，多品種の作物を栽培している。**だいず**は**飼料**や油として，**さとうきびやとうもろこし**は，**バイオ燃料**の原料としての使用が増えている。また，畜産業にも力を入れており，鶏肉，牛肉の生産量も増えている。

くわしく
バイオ燃料
　植物資源や糞尿などの**バイオマス**を原料とする燃料。糖分やデンプンを発酵させて**エタノール**をつくり，ディーゼルエンジンやジェットエンジンの燃料に用いられる。ブラジルは，**バイオ燃料で走る自動車**が普及している。

▼ブラジルの輸出品の変化

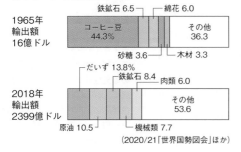

鉄鉱石 6.5　　綿花 6.0
1965年
輸出額
16億ドル
コーヒー豆
44.3%　　　その他 36.3
砂糖 3.6　　木材 3.3

だいず 13.8%
2018年
輸出額
2399億ドル
鉄鉱石 8.4　　肉類 6.0
その他 53.6
原油 10.5　　機械類 7.7
（2020/21「世界国勢図会」ほか）

ブラジルはモノカルチャー経済からの脱却に成功したんだね。

注目！
バイオ燃料は地球にやさしい？
　石油と同じく，バイオ燃料も燃焼時に二酸化炭素を排出する。ただし，植物が成長する過程で二酸化炭素を吸収するため，トータルでは石油より環境にやさしい。

▶焼畑農業

熱帯雨林が広がるアマゾン川の流域では，焼畑農業によって，バナナ，いも類，とうもろこしなどを栽培してきた。時間をかけて移動し，森林を守ってきたが，**大規模な開発や観光地化**によって，アマゾンの先住民のくらしは変わりつつある。

（2）アンデス山中の農業

▶じゃがいも，とうもろこし

アンデス山脈では，標高の自然環境に合った作物を栽培している（36ページ）。とくにアンデスが原産である**じゃがいも，とうもろこし**の栽培がさかん。

▶リャマ，アルパカ

寒冷な高地では，**リャマ**と**アルパカ**の牧畜が行われている。アルパカは，良質な毛がとれ，海外にも輸出されている。

（3）その他の地域の農業

▶アルゼンチンのパンパ

広大な草原の**パンパ**では，雨の多い東部で**小麦**の栽培がさかん。**だいず**の栽培や**酪農**も行われている。雨の少ない西部では，**肉牛**や羊の牧畜が中心。

▶チリの地中海式農業

南北に細長いチリは中部が温帯で，**地中海式農業**が行われている。とくにぶどうの栽培がさかんで，近年，**ワイン**の生産量・輸出量が急増している。

🔍**注目!**

焼畑農業は地球にやさしい?

焼畑農業とは，雨季の終わりに切った木を乾季に乾かし，その木を燃やした灰を肥料にして，次の雨季に作物を栽培する農業。これをくり返すと土地がやせるので，他の森林に移動し，同じように焼畑を行う。先住民の森林を守る工夫として，伝統的な焼畑農業を評価する声がある。その一方，伝統を無視した**過度な焼畑が熱帯雨林の破壊の原因になっている**という指摘もある。

▼南アメリカの農業地域

- 🟫 熱帯雨林
- ▨ サバナ
- ▧ 畑
- ⬜ 牧草地
- ⬜ その他
- ● コーヒー
- 🌰 だいず
- 🌾 さとうきび
- ● かんきつ類（オレンジなど）
- ⬡ エタノール工場

コーヒーの国別生産割合（2018年）

総計1030万t
ブラジル 34.5%
その他 35.8
コロンビア 7.0
インドネシア 7.0
ベトナム 15.7

（2020/21「日本国勢図会」）

だいずの国別輸出割合（2017年）

総計1億5184万t
ブラジル 44.9%
アメリカ合衆国 36.5
アルゼンチン 4.9
パラグアイ 4.0
その他 9.7

（2020/21「日本国勢図会」）

とうもろこしの国別輸出割合（2017年）

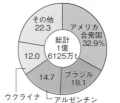

総計1億6125万t
アメリカ合衆国 32.9%
ブラジル 18.1
アルゼンチン 14.7
ウクライナ 12.0
その他 22.3

（2020/21「日本国勢図会」）

牛肉の国別生産割合（2018年）

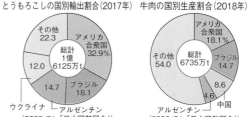

総計6735万t
アメリカ合衆国 18.1%
ブラジル 14.7
中国 8.6
アルゼンチン 4.6
その他 54.0

（2020/21「日本国勢図会」）

③ 南アメリカの鉱工業

(1) 南アメリカの鉱業

▶豊富な鉱産資源

鉱産資源が豊富で，とくにベネズエラの**石油**，チリの**銅鉱**は世界有数の産出量をほこる。石油はエクアドル，銅鉱はペルーも産出量が多い。ブラジルはボーキサイトと**鉄鉱石**の産出量が多く，露天_{てんぼ}掘りの**カラジャス鉄山**が有名。日本も大量に輸入している。

▶レアメタル (希少金属)

ハイテク機器に欠かせない**レアメタル**の埋蔵量_{まいぞう}・生産量も多い。とくに**チリ**は，**リチウム**とモリブデンの産出量が世界2位（2017年）である。

(2) 南アメリカの工業

▶ブラジルの工業成長

豊富な鉄鉱石と水力資源をもとに，かつては鉄鋼業が中心。1990年代以降は，**自動車**や**航空機**などの機械工業，**電子部品**などの**ハイテク産業**も成長し，農業と同じように多角化に成功した。海外からの投資や多国籍企業の進出もめざましく，BRICS（62ページ）の一員として，工業国に成長している。

▶その他の国の工業

ペルーは，アンチョビ（かたくちいわし）の水揚_{みずあげ}げ量が多く，魚粉などへの**水産加工業**が発達している。アルゼンチンは，穀物_{こくもつ}と肉類の**食品加工業**と**自動車工業**がさかんである。

④ 環境保全_{かんきょう}，その他の課題

(1) アマゾンの開発

▶熱帯雨林の伐採_{ばっさい}

アマゾン川流域の開発の歴史は古い。19世紀には，ゴム農園が進出し，多くの人々が移住した。第二次世界大戦後には，ブラジル政府によって大規模な開発計画が進められ，**アマゾン横断道**

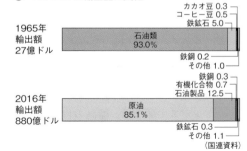

ベネズエラの輸出品の変化

- カカオ豆 0.3
- コーヒー豆 0.5
- 鉄鉱石 5.0

1965年
輸出額
27億ドル

石油類
93.0%

- 鉄鋼 0.2
- その他 1.0

- 鉄鋼 0.3
- 有機化合物 0.7
- 石油製品 12.5

2016年
輸出額
880億ドル

原油
85.1%

- 鉄鉱石 0.3
- その他 1.1

(国連資料)

ベネズエラはモノカルチャー経済から脱皮_{だっぴ}できていないね。

(参考)

絶景_{ぜっけい}に埋まるレアメタル

ボリビア南西部の標高約3600mに，**ウユニ塩湖**_{えんこ}という塩原が広がっている。季節によって景色が大きく変わるため，近年，**世界有数の絶景**として人気を高めている。また，**リチウム**が大量に埋蔵されていることがわかっており，資源確保の面からも，世界の注目が集まっている。

(参考)

メルコスール (MERCOSUR)

アルゼンチン，ブラジル，ウルグアイ，パラグアイの4か国によって，1995年に発足した協力機構。**南米南部共同市場**と訳される通り，域内の経済協力の強化を目的としている。

路が建設された。森林・鉱産資源の開発は，**熱帯雨林の伐採**などの環境破壊を引きおこし，先住民の伝統的なくらしもおびやかしている。

▶ 環境保全の動き

ブラジル政府は「**持続可能な開発**」をめざし，熱帯雨林の一部を保護地域に指定するなど，開発を規制するようになった。また，違法な伐採を取りしまるため，**人工衛星**を活用した監視体制も強化している。環境NGO（非政府組織）による自然保護活動もさかんになっている。

🔺 アマゾンの森林伐採

(2) その他の課題

▶ スラムの拡大

東南アジア諸国と同じく，大都市への人口集中が激しい。ブラジルの**リオデジャネイロ**や**サンパウロ**では，治安が悪く，衛生状態の悪い**スラム**（ファベーラ）が拡大している。

▶ 不安定な政治

チリやアルゼンチンなどでは，軍事独裁政権が長期に続いた。現在も，開発を優先する考え（**開発独裁**）の独裁国家が多く，ベネズエラをはじめ政情が不安定な国が多い。

参考

アグロフォレストリー

　環境を保全しながら，林業と農業を両立させる農法。生育期間の異なる複数の樹木や作物を栽培することで，**自然を守りながら，持続的に収入を得られる**というしくみ。日本の国際協力機構（JICA）も支援している。

テストに出る！　つまりこういうこと

- 🔵 **山脈と河川**…赤道周辺➡**アマゾン川**が流れ，流域に**熱帯雨林**が広がる。大西洋側➡ブラジル高原やパンパ。太平洋側➡南北にけわしい**アンデス山脈**が連なる。高地は，高山気候。
- 🔵 **植民地支配**…16世紀以降，スペインとポルトガルが進出。先住民の文化をほろぼし，植民地支配➡ブラジルはポルトガル語，それ以外は**スペイン語**。白人と混血の**メスチソ**も多い。
- 🔵 **農業の多角化**…ブラジルは，プランテーションで**コーヒー豆**を栽培。モノカルチャー経済➡だいず，さとうきび，畜産業などの成長で，**多角化**。アマゾン川流域は，**焼畑農業**。
- 🔵 **アンデス山中の農業**…標高に合わせ，**じゃがいも**，とうもろこしを栽培。**リャマ**，**アルパカ**の牧畜。
- 🔵 **豊富な鉱産資源**…ベネズエラの**石油**，チリの**銅鉱**，ブラジルの鉄鉱石のほか，レアメタルも豊富。
- 🔵 **ブラジルの工業成長**…自動車，航空機工業，ハイテク産業が成長➡**BRICS**の一員に成長。
- 🔵 **アマゾンの環境保全**…アマゾン川流域の**熱帯雨林**が減少➡「**持続可能な開発**」をめざし，一部を保護地域に指定。人工衛星を活用した監視体制の強化。環境NGOの保護活動も活発。
- 🔵 **スラムの拡大**…大都市への人口集中が激しく，スラムが拡大している。

6 オセアニア州の自然と社会

📍 地図で確認 ▶ オーストラリアやニュージーランドは，多文化共生をかかげている。

オーストラリアは，日本と同じ経度に位置するよ。

▶ さんご礁の島（パラオ）
パラオ共和国は，ミクロネシアの島国。周りはさんご礁

北回帰線

ハワイ諸島

ミクロネシア
マーシャル諸島

ポリネシア

パラオ

ミクロネシア連邦

赤道

パプア
ニューギニア　サウル
メラネシア　ソロモン諸島　ツバル
コーラル海　バヌアツ
フィジー
共和国
大鑽井盆地
オーストラリア
ニューカレドニア島
羊の放牧
タスマン海
ウェリントン
ニュージーランド
グレート
ディバイディング山脈

キリバス

サモア

クック諸島　タヒチ　太平洋

トンガ
南回帰線
日付変更線

グレート
オーストラリア
グレート
サンディー砂漠
ウルル☘
（エアーズロック）
グレート
ビクトリア砂漠
グレートバリアリーフ
大鑽井盆地
ダーリング川
キャンベラ
マリー川
グレート
ディバイディング山脈　タスマニア島

▲ ウルル（オーストラリア）
英語名はエアーズロック。一枚岩の
山で，アボリジニの聖地

▲ マオリの踊り（ニュージーランド）　ラグビーなどの試合の前に気合いを入れるハカという踊り

▲ シドニー（オーストラリア）
最大の都市。歴史が古く，世界文化
遺産のオペラハウスが有名

① 自然環境と歴史

(1)地形と気候

▶ オセアニア州の3区分

オーストラリア大陸とニュージーランド, パプアニューギニアのほか, 太平洋の**火山島**や**さんご礁**の島々からなる。オセアニアの島々は, 次の3つの海域に分けられる。

① **メラネシア**…「黒い島々」の意味。赤道以南, 日付変更線の西。**ニューギニア島**, フィジー諸島, ソロモン諸島など。

② **ポリネシア**…「たくさんの島々」の意味。日付変更線の東の広い範囲。**ハワイ諸島**, トンガ, サモア, ツバルなど。

③ **ミクロネシア**…「小さい島々」の意味。赤道以北, 日付変更線の西。マーシャル諸島, マリアナ諸島など。

▶ オセアニアの地形と気候

オーストラリア大陸の大半は乾燥帯で, 約3分の2を**砂漠**が占め, 「乾燥大陸」とよばれる。中央部に**大鑽井盆地**, 北東部に**グレートバリアリーフ（大堡礁）**。東部と南西部は温帯で, 人口が集中している。ニュージーランドは**温帯**で, **環太平洋造山帯**にふくまれる。パプアニューギニアや太平洋の島々は, **熱帯**の気候。

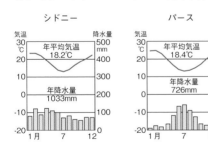

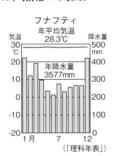

（「理科年表」）

(2)オセアニアの成り立ち

▶ 先住民族

オーストラリアには**アボリジニ**, ニュージーランドには**マオリ**とよばれる**先住民**が住み, 独自の文化を守り続けてきた。どちらも, 数万年前にユーラシア大陸から東南アジアの島々を渡ってきたと考えられている。

参考

火山島とさんご礁の島の比較

火山島は, 比較的面積が大きく, 動植物や資源も多い。火山島の**タヒチ島**や**ハワイ諸島**は, 土地が肥えているため, 農業も行われている。一方, **ツバル**など, **さんご礁の島**は, 面積が小さく, 動植物や資源も少ない。海抜も低いため, 地球温暖化が進むと, **水没**するおそれがある。

ニュージーランドは, 北島と南島からなる。北島は火山と丘陵が多く, 降水量も多い。南島は平野が広がり, 氷河も見られる。降水量も少ないよ。

くわしく

アボリジニ

オーストラリア先住民。かつては, **ブーメラン**を使った狩猟生活を営んでいた。推定100万人の人口は, ヨーロッパ人の入植により30万人まで減少した。しかし, 1960年代後半から, **アボリジニの文化を尊重する取り組み**が進められ, 現在は約70万人まで回復している。近年, 点と線を使った伝統的な抽象絵画（**アボリジナルアート**）が注目されている。

くわしく

マオリ

ニュージーランド先住民。現在の人口は約70万人。戦闘前の**ハカ**という踊りや顔面への入れ墨など, 独特の文化をもつ。

▶ヨーロッパからの移民

　17世紀以降，**イギリス**を中心とする欧米諸国からの**移民**が増え，アボリジニやマオリら，先住民の土地をうばっていった。

　18世紀には，ほとんどの島々がイギリスやフランスの**植民地**となり，同化政策によって，**キリスト教**を信仰する人が増えた。

▲アボリジニ

▶有色人種をしめ出す白豪主義

　19世紀後半から，**オーストラリア**では，労働者の中国人やインド人をしめ出す動きが強まり，1901年に**移民制限法**を制定して，非ヨーロッパ系移民の入国を禁止した。これを**白豪主義**といい，オーストラリアの基本政策となった。

▶白豪主義の撤廃

　1970年代，国際世論の批判の高まりや労働力の確保の必要性などから，白豪主義を撤廃し，アジアからの**移民**を積極的に受け入れるようになった。これによって，**中国やベトナム**からの移民が増え，**多民族国家**へ変わった。シドニーやメルボルンなどの大都市には，中国系の移民とその子孫の**華人**が住む**中華街（チャイナタウン）**も形成されている。

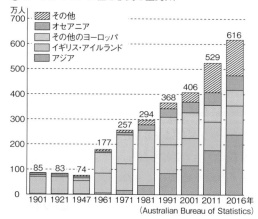
◆オーストラリアに住む移民の出身州

万人
700

- 〰 その他
- ■ オセアニア
- その他のヨーロッパ
- イギリス・アイルランド
- アジア

85　83　74　177　257　294　368　406　529　616

1901　1921　1947　1961　1971　1981　1991　2001　2011　2016年
(Australian Bureau of Statistics)

参考

ユニオンジャックと英語

　かつて**イギリスの植民地**だったオセアニア州の国々は，現在もゆるやかな連合体の**イギリス連邦（英連邦）**を結成し，安全保障などで結びついている。

　このうち，オーストラリアやニュージーランド，フィジー，ツバルなどは，**英語が公用語や主要言語**になっている。また，国旗に**イギリスの国旗（ユニオンジャック）**をデザインしている国も多い。また，イギリスと同じく，国旗の縦横の比率は1：2になっている。

▲オーストラリアの国旗

▲ニュージーランドの国旗

▲フィジーの国旗

「その他」には，アフリカ州や南アメリカ州からの移民が多くふくまれているよ。

90

▶多文化共生社会へ

　オーストラリア政府は，**多文化共生**や**多文化主義**をかかげ，さまざまな民族の文化を尊重する取り組みを進めた。先住民**アボリジニ**に対しても，文化を保護するだけでなく，土地の権利も認めるようになっている。ニュージーランドも先住民**マオリ**をふくめた**多文化（多民族）共生社会**をめざしている。

（参考）
ニュージーランドの公用語

　多文化共生をはかる**ニュージーランド**は，**言語文化復興運動**を進め，英語のほか，**マオリ語**と**手話**も公用語にしている。

　また，**パプアニューギニア**も英語，ピジン英語（現地で普及した簡略化した英語），モツ語，手話を公用語にしている。

② オセアニアの産業

(1)オセアニアの農業

▶オーストラリア

　畜産と酪農を中心に，小麦やぶどうの栽培も行われている。

① **畜産**…雨が降り，牧草が育つ**東部**と**南西部**で，羊の放牧がさかん。北東部では，地下水を利用して，牛の飼育がさかん。牛肉は「オージービーフ」というブランド名で輸出されている。

② **小麦**…降水量の少ない**内陸**にかけては，**小麦**の栽培が行われている。また，**地中海性気候**の**南西部**では，**ぶどう**の栽培が行われており，ワインの輸出も増えている。

▶ニュージーランド

　ニュージーランドは，降水量が多く，牧草がよく育つ。人口より羊の数のほうが多い。羊は羊毛用に飼育されている。近年，羊にくわえて，**食肉用の牛**の飼育も増えている。

▶太平洋の島々

　タロいもや**ヤムいも**，**キャッサバ**など，自給自足用の根菜類の栽培が中心である。また，マンゴーやパイナップルなども栽培されている。

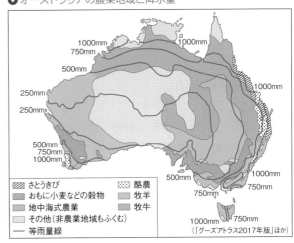

● オーストラリアの農業地域と降水量

凡例：
- さとうきび
- おもに小麦などの穀物
- 地中海式農業
- その他（非農業地域もふくむ）
- 等雨量線
- 酪農
- 牧羊
- 牧牛

（「グーズアトラス2017年版」ほか）

季節のちがいを利用

　オーストラリアやニュージーランドは**南半球**なので，**農作物の収穫時期**が北半球とは異なる。これを生かして，農作物を北半球の国々に輸出している。日本は肉類のほかに，**オーストラリア**から，**小麦**や**オレンジ**，**アスパラガス**を輸入している。**ニュージーランド**から，**キウイフルーツ**やかぼちゃを輸入している。

(2)オーストラリアの鉱工業

▶鉄鉱石と石炭

オーストラリアは，質のよい鉱産資源が豊富で，日本をはじめ，世界各国に輸出している。

① **鉄鉱石**…マウントホエールバック鉄山など，**西部**に多い。<ruby>露天<rt>ろてんほ</rt></ruby>掘りによって，効率よく<ruby>採掘<rt>さいくつ</rt></ruby>されている。

② **石炭**…モウラ<ruby>炭田<rt>たんでん</rt></ruby>など，**東部**に多い。

③ **その他**…アルミニウムの原料の**ボーキサイト**は，産出量世界一。石油や**天然ガス**も豊富である。

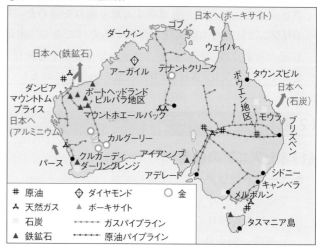

◎オーストラリアの鉱工業

原油　◇ ダイヤモンド　○ 金
Λ 天然ガス　▲ ボーキサイト
□ 石炭　⋯⋯⋯ ガスパイプライン
▲ 鉄鉱石　⋯⋯⋯ 原油パイプライン

▶貿易相手国の変化

石炭は，**日本**が最大の輸出相手国である。**鉄鉱石**は，かつて日本が最大だったが，現在は**中国**が最大の輸出相手国になっている。全体の輸出総額も，中国が最大になっている。

◎オーストラリアの貿易相手国の変化

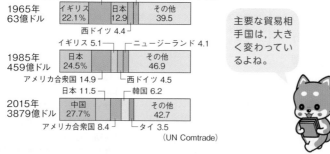

（UN Comtrade）

> 主要な貿易相手国は，大きく変わっているよね。

(3)成長する観光業

▶オーストラリア

オーストラリアは，東部の**ゴールドコースト**やオペラハウスがある**シドニー**，中部の**ウルル（エアーズロック）**など，早くから多くの観光客を集めてきた。

露天掘り

地表をけずり，掘り下げて採掘する方法。坑道を掘って採掘する<ruby>坑内<rt>こうない</rt></ruby>掘りより**効率**がよい。また，<ruby>出水<rt>しゅっすい</rt></ruby>や<ruby>落盤<rt>らくばん</rt></ruby>などの心配がなく，**安全面**でも優れている。

（参考）

アジア太平洋経済協力会議

アジア太平洋地域の国々の**経済協力**を目的とした<ruby>閣僚<rt>かくりょう</rt></ruby>会議。略称は**APEC**。1989年，**オーストラリア**のホーク首相の提唱によって結成された。参加国は，日本，中国，<ruby>韓国<rt>かんこく</rt></ruby>，カナダ，アメリカ<ruby>合衆国<rt>がっしゅうこく</rt></ruby>，ニュージーランドのほか，太平洋を囲む21の国・地域。1970年代以降，オーストラリアは，<ruby>距離<rt>きょり</rt></ruby>的に近いアジアとの関係を重視するようになり，結成へと至った。

▶ ニュージーランド

　ニュージーランドも，南島のサザンアルプスに広がる**氷河**の雪山や氷河湖など，雄大な自然が人気。映画のロケ地も多く，観光業とともに，**映画産業**が成長している。

▶ 太平洋の島々

　タヒチ島，グアム島，サイパン島などの島々は，**さんご礁**やビーチリゾートが広がり，日本人観光客も多い。

(参考)

日本との文化交流

　観光目的だけでなく，**留学で**オーストラリアを訪問・滞在する日本人も多い。また，働きながら，長期滞在できる**ワーキングホリデー制度**を活用して，現地の社会・文化を学び，相互理解を深めようとする若者も多い。

③ 水没の危機，環境破壊

▶ 水没の危機

　標高が1〜2mのツバルなどの平らな島は，**地球温暖化**や宅地開発による**生態系の変化**などが原因で，**水没の危機**に瀕している。地球温暖化の進行を止めること，開発を見直し，さんごなどの生態系を回復することなどが求められている。

▶ 観光公害

　オセアニアの島々は，ヨーロッパや日本からの観光客に加え，近年は，**中国や韓国などアジアからの観光客**が急増。同時に**リゾート開発**による環境破壊が深刻化している。

🔺 冠水した広場 (ツバル)

テストに出る！　つまりこういうこと

- ● **3区分**…オーストラリア大陸と火山島，**さんご礁**の島々。**メラネシア**(ニューギニア，フィジー諸島)，**ポリネシア**(ハワイ諸島，トンガ，ツバル)，**ミクロネシア**(マーシャル諸島，マリアナ諸島)。
- ● **多文化共生**…白人が先住民の**アボリジニ**(オーストラリア)，**マオリ**(ニュージーランド)を支配➡オーストラリアは**白豪主義**の政策➡アジアからの移民が増加➡**多文化共生社会**をかかげる。
- ● **羊と牛**…オーストラリアとニュージーランドは，**牛と羊**の牧畜がさかん。オーストラリアでは，牧畜と**小麦**を組み合わせた農業も行われている。太平洋の島々は，**タロいも**や**ヤムいも**を栽培。
- ● **豊富な資源**…オーストラリアは，西部で**露天掘り**による**鉄鉱石**，東部で**石炭**。**ボーキサイト**も産出。
- ● **成長する産業**…オーストラリアは，東部のゴールドコーストが人気。太平洋の島々は，さんご礁やビーチが人気➡**観光業**が成長。ニュージーランド➡観光業にくわえて，**映画産業**が成長。
- ● **水没の危機と観光公害**…標高の低い**ツバル**は，**地球温暖化**による海面上昇や開発による生態系の変化➡**水没の危機**。美しい自然を求めて観光客が急増➡リゾート開発による**環境破壊**。

定期試験対策問題⑤ （解答➡p.245）

1　北アメリカ州と南アメリカ州の自然 》p.74〜75, 82〜83

右の地図を見て，次の問いに答えなさい。

(1) 地図中の@〜@の雨温図を，次のア〜エから1
つずつ選びなさい。

@〔　　　〕　ⓑ〔　　　〕

ⓒ〔　　　〕　ⓓ〔　　　〕

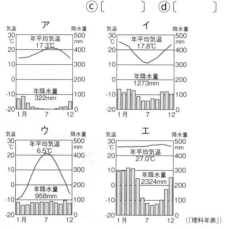

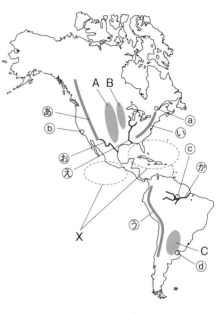

(2) 地図中のあ〜かの山脈，河川の名称を書きなさい。

あ〔　　　　　　山脈〕　い〔　　　　　　山脈〕　う〔　　　　　　山脈〕

え〔　　　　　　川〕　お〔　　　　　　川〕　か〔　　　　　　川〕

(3) 地図中のA〜Cの平原・草原の名称をカタカナで書きなさい。

A〔　　　　　　　〕　B〔　　　　　　　〕　C〔　　　　　　　〕

(4) 地図中のXの地域でしばしば発生する熱帯性低気圧を何というか，書きなさい。

〔　　　　　　　　〕

2　北アメリカ州と南アメリカ州の民族 》p.76, 83〜84

次の各文の（　）a〜cにあてはまる語句を，あとのア〜エから1つずつ選びなさい。

a〔　　　〕　b〔　　　〕　c〔　　　〕

・アメリカ合衆国には，近年，スペイン語を話すラテン系の（　a　）が増えている。

・南アメリカ州には，白人と先住民の（　b　）との混血の人々が増えている。この混血の人々
を（　c　）という。

ア　メスチソ　　イ　イヌイット　　ウ　ヒスパニック　　エ　インディオ

94

3　アメリカ合衆国の産業　≫p.77〜80

アメリカ合衆国の産業について，次の問いに答えなさい。

(1)　アメリカ合衆国の農業について，次の図1〜3を見て，あとの問いに答えなさい。〔栃木・改〕

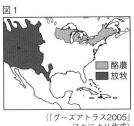

図1

酪農
放牧

（「グーズアトラス2005」
ほかにより作成）

図2

年平均気温0℃
年平均温度10℃
年平均気温20℃

（「ディルケアトラス2004」
ほかにより作成）

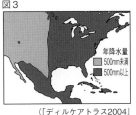

図3

年降水量
500mm未満
500mm以上

（「ディルケアトラス2004」
ほかにより作成）

応用 ①　図1は酪農・放牧の分布を，図2は年平均気温の分布を，図3は年降水量の分布をそれぞれ示している。a酪農，b放牧はそれぞれどのような地域で行われているか。図2，図3をもとに，気温と降水量に着目して書きなさい。

a〔　　　　　　　　　　　　　　　　　　　　　　　　　　　　　〕

b〔　　　　　　　　　　　　　　　　　　　　　　　　　　　　　〕

②　このように，地域の自然環境に合った農作物を育てる栽培方法を何というか。**漢字4字**で書きなさい。

〔　　　　　　　〕

(2)　アメリカ合衆国の工業について説明した次の文章中の（　　）a〜dにあてはまる語句を，あとのア〜カから1つずつ選びなさい。〔岐阜・改〕

a〔　　　〕　b〔　　　〕　c〔　　　〕　d〔　　　〕

　　アメリカは世界有数の工業国である。かつて工業の中心は（　a　）周辺で，鉄鋼業や自動車工業がさかんだった。しかし，1970年代以降，北緯37度より南の（　b　）とよばれる地域に工場が進出するようになり，カリフォルニア州の（　c　）など，先端技術産業が集中する地区も生まれた。また，アメリカには外国に進出する多くの多国籍企業があり，そのなかには，国境を接している南の（　d　）へ工場を移転し，現地の安い労働力を使って製品を安く生産する企業も見られる。

ア　シリコンバレー　　イ　サンベルト　　ウ　ミシシッピ川
エ　五大湖　　　　　　オ　カナダ　　　　カ　メキシコ

(3)　アメリカ合衆国では地下の頁岩の層に残っている天然ガスを採掘する技術が開発され，2000年代後半から採掘が進められている。この天然ガスを何というか。**カタカナ**で書きなさい。

〔　　　　　　　〕

4 南アメリカ州の言語・産業 ≫p.84〜86

ブラジルとベネズエラについて，次の問いに答えなさい。

(1) a ブラジルと b ベネズエラの公用語の正しい組み合わせを次のア〜エから1つ選びなさい。

〔　　　　〕

ア　a—スペイン語，b—英語　　　イ　a—スペイン語，b—ポルトガル語
ウ　a—ポルトガル語，b—英語　　エ　a—ポルトガル語，b—スペイン語

(2) ブラジルには，流域面積が世界最大であるアマゾン川が流れている。その流域では，森林を燃やし，その灰を肥料として作物を栽培する農業が伝統的に行われてきた。この農業を何というか，書きなさい。〔富山・改〕

〔　　　　　　　　　　〕

応用 (3) 右のグラフは，ブラジルとベネズエラの輸出総額に占める品目別の輸出額の割合を表したものである。ベネズエラの輸出には，ブラジルと比較してどのような特徴があるか。それぞれの国のちがいがわかるように，輸出品目にふれて書きなさい。

〔岩手・改〕

〔　　　　　　　　　　　　　　　　　　　　　〕

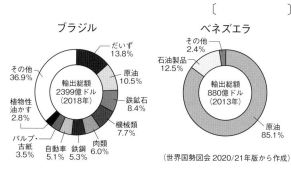

ブラジル
輸出総額 2399億ドル（2018年）
だいず 13.8%
原油 10.5%
鉄鉱石 8.4%
機械類 7.7%
肉類 6.0%
鉄鋼 5.3%
自動車 5.1%
パルプ・古紙 3.5%
植物性油かす 2.8%
その他 36.9%

ベネズエラ
輸出総額 880億ドル（2013年）
原油 85.1%
石油製品 12.5%
その他 2.4%

（世界国勢図会 2020/21年版から作成）

5 オセアニア州の社会 ≫p.89〜91

オセアニア州について説明した次の文章を読んで，あとの問いに答えなさい。

> オセアニア州のうち，オーストラリアの先住民は（　a　）で，ニュージーランドの先住民は（　b　）である。現在，両国は（　c　）主義をかかげている。
> この両国をふくめ，かつてオセアニア州の多くの国はヨーロッパの植民地だった。たとえば，右のツバルの国旗の左上には，（　d　）の国旗が描かれている。20世紀初頭に，ツバルは（　d　）の植民地だったからである。

(1) （　）a・bにあてはまる先住民の名を書きなさい。

a〔　　　　　　　〕　b〔　　　　　　　〕

(2) （　）c・dにあてはまる語・国名を次のア〜エから1つずつ選びなさい。

c　ア　自国第一　　イ　多文化　　ウ　白豪　　エ　自由放任

〔　　　　〕

d　ア　イギリス　　イ　フランス　　ウ　ドイツ　　エ　スペイン

〔　　　　〕

第**5**章

地域調査の手法

地域調査の手法

📍 **地形図で確認**　地形図から，自然や土地利用のようすなどをさぐることができる。

地形図は，国土地理院が発行しているよ。

地形図　一定の図式（約束）で地表のようすを表したもの。

方　位
方位記号がないときは上が北。

三角点
測量の基準位置を示す。

縮　尺
実際の距離を縮めた割合。

等高線
土地の高さと傾斜を表す。

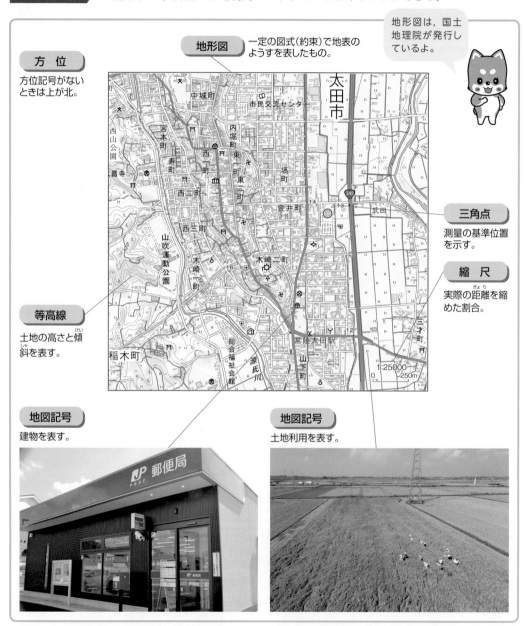

地図記号
建物を表す。

地図記号
土地利用を表す。

① 地域調査の準備

(1) 情報の収集と調査テーマの設定

▶ 情報を集める

　身近な地域を調査するとき，まず調査テーマを決めなければならない。調査テーマが決まっていなければ，実際に出かけてみる。そして，自然・人口・産業・交通・観光などジャンルごとに関連する**情報**を集め，そのなかから興味や関心をもったこと，疑問を抱いた点などに絞っていくとよい。

▶ 調査テーマを決める

　班やグループで調査するときには，メンバーが興味・関心をもったことを，それぞれ**カード**に書き出してみる。集めたカードを比較し，関連の深いものどうしをまとめる。その分類の**キーワード**を考えてみるとよい。

〔例〕さまざまなキーワード(岡山県倉敷市の例)

① **自然**…鷲羽山と瀬戸内の島々
② **人口**…人通りが少ない地域，多い地域
③ **産業**…紡績業からコンビナートの重工業へ
④ **交通**…瀬戸大橋の開通による影響
⑤ **観光**…観光地としての倉敷市

　こうしたキーワードをもとに，調査する具体的な内容を疑問文の形でまとめる。例えば，③産業では，「**なぜ紡績業からコンビナートを中心とした重工業へ移ったのだろうか？**」などとする。また，⑤観光では，「**倉敷市の観光客をさらに増やすためには，どうすればよいのだろうか？**」などとする。

参考

テーマを決めるときの視点(例)
①**自然**…山地や盆地，平野，河川，湖沼などの**地形**とその**景観**。とくに土地の高低に注目する。また，気温や降水量などの**気候**の特色に注目してもよい。
②**人口**…人口の多い**過密地域**，少ない**過疎地域**など，**人口分布**に注目する。年齢別の人口に注目してもよい。
③**産業**…製造している工業製品，栽培している農産物，水揚げ量の多い水産物など，**特産品**に注目する。
④**交通**…鉄道，バス，自動車道などの陸上交通や港湾，橋，トンネルなど。**通勤・通学**，**物流**という観点で見てもよい。
⑤**観光**…地形や景観，名所・旧跡，古い町並み，博物館，美術館，地域の祭り，伝統芸能，市場などに注目する。

観光の場合，地域の特産品や郷土料理，名物グルメがあれば，カードに書き出してみよう。

▲鷲羽山から見た瀬戸大橋

▲水島コンビナート

▲倉敷の歴史美観地区

▶ 仮説を立てる

グループで決めたテーマについて，自分なりの**仮説**を立ててみる。仮説は複数立ててもよいが，理由を挙げられないものや根拠に欠けるものは排除する。

▶ 調査計画を立てる

調査テーマについて仮説を立てたら，**調査項目**（確かめたいこと）を決め，どのような資料や情報を集め，どのような方法で調査するのか，**調査計画**を立てる。

調査方法には，**野外調査（フィールドワーク）**や**聞き取り調査**，**文献調査**などがある（104〜105ページ）。その準備のために，**地形図**や**空中写真**を見て，土地のようすを調べておく。

② 地形図の読み取り

(1) 地形図のきまり

▶ 地形図とは

国土交通省の**国土地理院**が発行している地図。土地の高低，使われ方，建造物，都道府県（市区町村）の境などの情報が，決められた原則に従って示されている。

▶ 種類と縮尺

① 種類…実測図は，**2万5千分の1地形図**。これを基本に，1万分の1地形図，5万分の1地形図，20万分の1**地勢図**などが作成されている。

② 縮尺…**実際の距離を縮小した割合**。2万5千分の1地形図は，実際の距離を2万5千分の1に縮小している。したがって，2万5千分の1地形図では，**実際の距離1kmは4cm**で示される。

▶ 実際の距離の求め方

> 実際の距離＝地図上の距離×縮尺の分母

〔例〕**5万分の1地形図**で，**4cm**の実際の距離は？

　　4cm × 50000 = 200000cm = 2000m（2km）

実際の距離は，**2km**であることがわかる。

（参考）

ドローンを使った空中写真

飛行機や人工衛星など，高度数百〜数千mの上空から写した写真。近年は，無人航空機UAV（通称**ドローン**）を使った空中写真の利用が進んでいる。国土地理院の測量も，航空機からUAVへと移行しつつある。

縮尺の大小

2万5千分の1地形図は，5万分の1地形図よりも，実際のようすが大きく表される。これを**縮尺の割合が大きい（大縮尺の地図）**という。

逆に5万分の1地形図は，2万5千分の1地形図よりも，**縮尺の割合が小さい**という。

面積と縮尺

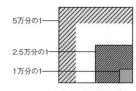

面積は距離の2乗に比例するので，2万5千分の1地形図は，5万分の1地形図の4倍の面積で，同じ範囲を示すことができる。

縮尺の表し方	
比　1：50000	分数　$\dfrac{1}{50000}$
梯尺（比例尺）	
1000m　500　　0　　　　1000m	

▶方位

地形図では，**上が北**になる。上が北になっていない地図では，**方位記号**がつけられる。

多くの場合，方位は4方位，8方位，16方位で表される。8方位は，北から時計まわりに「**北→北東→東→南東→南→南西→西→北西→（北）**」となる。

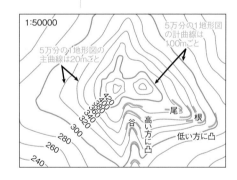

方位と方位記号

方位のよび方

北北西　北　北北東
北西　　　　　　北東
西北西　　　　　東北東
西　　　　　　　東
西南西　　　　　東南東
南西　　　　　　南東
　南南西　南　南南東

方位記号
北

学校のテストや入試では，8方位を問われることが多いよ。

（2）等高線と地図記号

▶等高線

高さが同じところを結んだ線。計曲線，主曲線，補助曲線の3つがある。基本となる**主曲線**は，2万5千分の1地形図では**10m**ごと，5万分の1地形図では**20m**ごとに描かれている。

▶等高線の読み取り

等高線に注目すると，土地の起伏や山の傾斜・形なども読み取れる。

① **傾斜**…等高線の幅が広いところは傾斜がゆるやかで，せまいところは傾斜が急。

② **谷と尾根**…標高の高いほうから見て，等高線がV字になっているところが**谷**で，逆の向きに広がっているところが**尾根**。

等高線		2万5千分の1地形図	5万分の1地形図
計曲線	〜	50mごと	100mごと
主曲線	〜	10mごと	20mごと
補助曲線	- - -	5mごと，2.5mごと	10mごと
	⋯⋯	-	5mごと

尾根とは，山のなかで，いちばん高い地点の連なりのことをいうよ。

1:50000

5万分の1地形図の計曲線は100mごと

5万分の1地形図の主曲線は20mごと

420 400 380 360 340 320 300 280 260 240

尾　根

谷

高い方に凸

低い方に凸

コラム

方位磁石は真北を指さない？

地球の自転軸を北に延長した先にある北極星の方向を，**真北**という。地形図では，上が真北になっている。これを調べるには方位磁石を使う。

しかし，方位磁石が指す北の方位は，真北ではない。方位磁石が指すのは，地球の磁場に反応する**磁北**である。磁北の極点は，北極点から約1000kmずれている。

▶断面図の描き方

断面図を見ると，**土地の高低・起伏**がよりはっきりとわかる。地図上に引いた直線と等高線が交わる点を下におろし，高さを表す線と交わる点を結ぶ。高さを直線距離の2〜5倍にするとわかりやすい。

▶地図記号

土地利用，建物，道路，境界などを表した記号。地形図の種類や発行年度によってちがう場合がある。**果樹園**と**広葉樹林**，**工場**と**発電所・変電所**など，形のよく似た記号には注意したい。

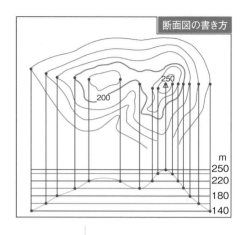

断面図の書き方

田		畑・牧草地	
果樹園		桑　畑	
茶　畑		広葉樹林	
針葉樹林		竹　林	
荒　地		笹　地	

◎ 市　役　所 / 東京都の区役所
○ 町・村役場 / 指定都市の区役所
⦿ 官公署（特定の記号のないもの）
⊗ 警察署
✕ 交番
△ 裁判所
⊞ 病　院

⊖ 郵便局
☼ 工　場
☼ 発電所・変電所
⛫ 城　跡
卍 寺　院
〒 神　社
Ⴤ 消防署

🕮 図書館
血 博物館・美術館
⚓ 漁　港
文 小・中学校
⊗ 高等学校
⌂ 老人ホーム
⚙ 風　車

都・府・県界北海道の支庁界

郡・市界，東京都の区界

町・市界，指定都市の区界

徒歩道

軽歩道

2車線

有料道路および料金所

(14) 国道および路線番号

△52.6 三角点　.124.7 標石のあるもの
⊡21.7 水準点　.125 標石のないもの ｝標高点

単線　駅　複線以上
（JR線）
（JR線）
側線　地下駅
トンネル ｝普通鉄道

(3)地形図の読み取り

▶扇状地

① **扇状地**…川が山地から平地に出るところに土砂が積もってできた扇形の傾斜地。

② **扇央**…中央部は，川が地下を流れているため（伏流水），水が乏しい。➡果樹園に利用される。

③ **扇端**…端の部分は，水がわき出している。➡集落が形成される。

④ **読み取り**…甲府盆地（山梨県）の東に広がる扇状地。扇央には，果樹園の地図記号が多い。甲府盆地は，ぶどうの産地として有名。

⬤扇央から見た扇頂

▶三角州

① **三角州**…川が海や湖に出る河口付近に土砂が積もってできた三角形の平地。

② **平坦な土地**…起伏がない。土地のやや高い**自然堤防**に集落や道路がつくられる。

③ **読み取り**…琵琶湖（滋賀県）に注ぐ川の河口にできた**三角州**。湖面から高さ10m前後の平らな土地は，水田に利用されている。

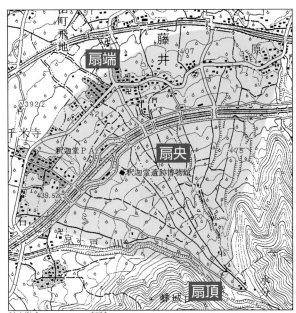

甲府盆地の東に広がる勝沼の扇状地
扇頂と扇端の標高差は約150m（水分550mと藤井400m）。

（2万5千分の1地形図「石和」）

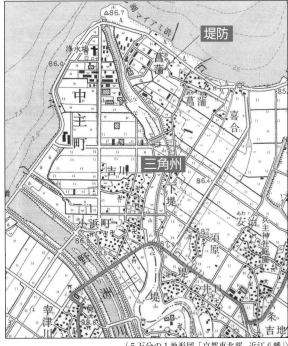

（5万分の1地形図「京都東北部，近江八幡」）

③ さまざまな調査

(1)野外調査

▶野外調査

　実際に**野外を歩いて調査する方法**。フィールドワークともいう。事前に，地図を見ながら，観察・調査する対象や時間，歩くコース（道順）を決めておくとよい。

カメラ　　　　方位磁石　ICレコーダー　ビデオカメラ

地図　　　　筆記用具　　　　　　フィールドノート

🔷 フィールドノートの例と調査用具

▶ルートマップの作成

　歩くコースを書き入れた地図をルートマップという。2万5千分の1地形図や市区町村が発行している地図，観光案内所が作成している観光マップなどを参考にしてもよい。

　大縮尺の地図（1万分の1地形図など）を使うと，よりくわしく建物や土地利用のようすがわかる。

(2)聞き取り調査

▶聞き取り調査

　地図や資料ではわからないこと，疑問に思ったことなどを，**直接その関係者に聞いて調べる方法**。

▶聞き取り調査のしかた

　① **聞き取り調査の準備**…あらかじめ訪問先に，自分たちの**所属**（学校名）と人数，訪問の**目的や日時**を連絡し，許可をもらう。質問事項を用意し，質問票に整理しておく。また，想定

くわしく

フィールドノート

　野外観察で**見つけたもの**，**気づいたこと**，人から聞いた話，印象に残ったことなどを記録するノート。メモをとりやすい厚手の表紙のものが便利。

参考

フィールドノートの工夫

　文字だけでなく，**スケッチした絵**や**撮影した写真**などをはりつけてもよい。また，事前に，調査地域の地図，テーマ，調査の分担事項，もち物チェック一覧など，必要事項を書き入れておくとよい。

 ルートマップの例

②工場　　　　　③上水と水田

町

⑩商店街　　　　　④新しい住宅

⑤畑の土地利用

⑥歩く距離は約1.7km

100m

🔷 1万分の1地形図（ルートマップの例）

一人だけではなく，さまざまな立場の人の話を聞くと，より深い調査ができるよ。

される回答についても考えておく。

② **実際のインタビュー**…撮影や録画をする場合は，事前に許可を得る。**質問は1つずつ，わかりやすく伝える。**インタビューを終えたら，お礼をいう。

③ **聞き取り調査のあと**…後日，感謝の手紙を送る。調査の結果をまとめた冊子などが完成したら，あわせて報告する。

(3) 文献調査

▶ 文献調査

文献や**統計資料**，**地形図**，**景観写真**などを使って調査する方法。野外調査でわからなかったことを確かめたり，聞き取り調査で知ったことをさらにくわしく調べたりするときに行う。

▶ 文献調査のしかた

① **比較**…新旧比較や他の地域との比較をすると，身近な地域の課題がはっきり見える。

② **年度・出典**…いつの統計なのか，**年度**を確かめること。文章や統計資料を引用するときには，**著作権**に注意し，**出典**(書籍名・URLなど)を明記する。

▶ 文献の入手先

国(省庁)や都道府県，市区町村が発行している**統計資料**や**ウェブサイト(ホームページ)**などから得られる。また，図書館の郷土資料コーナーや博物館，郷土資料館，観光協会，農業協同組合，商工会議所などにも多くの資料がある。

新旧比較
昔と現在のようすを比較して調べる方法。地形図，写真，統計資料などから，土地の変化や産業の移り変わりなどがわかる。

URL
インターネット上の所在地を示したもの。例えば，**国土地理院のURL**は，https://www.gsi.go.jp/top.html である。

④ 調査のまとめと発表

(1) 調査のまとめ

▶ 調査結果の検証

調査によって得られた結果を**分析・考察**する。自分たちが立てた**仮説**が正しかったのかどうか，検証する。反省点や新たに出た疑問点，今後の課題なども出し合う。

パソコンのプレゼンテーションソフトに結果をまとめ，スクリーンに映し出して発表する方法もあるよ。

▶さまざまなまとめ方

① **レポート**…文章を中心にまとめる。「調査の目的（仮説）➡調査の方法➡調査の結果➡まとめ（考察・分析）と感想」の順に書く。

② **地図**…調査の結果を地図上に表す。**分布図（ドットマップ）**, **階級区分図**, **流線図**, **イラストマップ**などがある。

③ **グラフ**…目的に合ったグラフにまとめる。割合やその比較なら, **円グラフ**や**帯グラフ**。量の変化や数量の比較なら, **棒グラフ**。数値の変化なら, **折れ線グラフ**にまとめる。

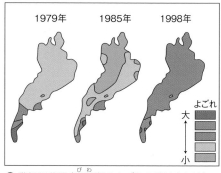

🔺階級区分図（琵琶湖のよごれの移り変わり）

(2)調査の発表

▶発表の準備

前項のまとめたもの（レポート, 地図, グラフ）などを用意し, 所定の時間通りに発表できるよう, **予行練習**を行う。

▶発表のしかた

① **発表の順**…口頭の発表では, 「調査の動機・目的➡テーマに対する仮説➡実際の調査とその結果➡考察や仮説の検証➡地域の課題や解決策の提案」の順で進める。

② **学び合い**…他のグループの発表から学んだこと, 気づいたことなどを, たがいに話し合う。

📖**くわしく**

分布図（ドットマップ）

　人口, 商店の数, 農業の生産量など, **人やものの分布を点（ドット）で示した地図**。複数のものの分布を示すときには, 色分けする。

📖**くわしく**

流線図

　人やものの移動を表す地図。線の太さや大きさで, 移動の人数・量を表す。

テストに出る！ **つまりこういうこと**

● **地域調査の準備**…調査テーマを決め, 事前に**仮説**を立てる。

● **地形図のきまり**…**実際の距離➡地図上の距離×縮尺の分母**。方位➡方位記号がなければ, **上が北**を指す。等高線➡幅が広いところは傾斜がゆるやか, せまいところは急。

● **地図記号**…果樹園（🌰）と広葉樹林（Q）, 工場（✿）と発電所・変電所（🌣）, 寺院（卍）と神社（🌵）, 交番（X）と警察署（⊗）など, まぎらわしい地図記号に注意する。

● **調査の方法**…**野外調査**➡ルートマップを使い, 実際に歩いて調査する。**聞き取り調査**➡関係者にインタビューをする。**文献調査**➡文献や統計資料, 地図, 景観写真などで調べる。

● **調査のまとめ**…レポートや目的にあった地図, グラフにまとめる。

1 地域調査の手法 >>p.99～100, 104～106

地域調査について，次の問いに答えなさい。

(1) 地域調査の手順を示したとき，（ ）a～dにあてはまるものを，あとのア～エから1つずつ選びなさい。〔山口・改〕

a〔　　　〕 b〔　　　〕 c〔　　　〕 d〔　　　〕

〔手順〕資料の収集 → （ a ）→（ b ）→（ c ）→（ d ）→ 発表

ア　調査テーマの発見　　イ　文献調査や野外調査の実施
ウ　調査結果のまとめ　　エ　予想・仮説の設定

(2) 地域調査をする上で注意することをまとめた次の文中の（ ）にあてはまる語句を，漢字2文字で書きなさい。

〔　　　　　　　　　〕

「文献やウェブサイトなどから情報を集め，引用するときには，（ 　 ）権に注意し，プライバシーへの配慮もしなければならない。」

(3) 目的に対する調査の方法として**適切でないもの**を，次のア～エから1つ選びなさい。
〔岡山・改〕

〔　　　　　〕

ア　市の産業別人口構成の変化を知るために，図書館に行き統計資料を調べる。
イ　市内にある介護施設の利用者数を知るために，電話帳で施設の件数を調べる。
ウ　学校周辺の土地利用がどう変化したかを知るために，新旧の地形図を比較する。
エ　駅での乗降客が多い時間帯を知るために，駅員に聞き取り調査を行う。

2 地形図と地形 >>p.103

右の地図を見て，次の問いに答えなさい。〔山形・改〕

(1) 地図中に表されている地形を何というか，書きなさい。

〔　　　　　　　〕

(2) 地形図の中央部では，どのように土地が利用されているか，書きなさい。

〔　　　　　　　　　　　　　　　　　〕

応用 (3) このような地形の中央部は，(2)のように利用されることが多く，水田としてはあまり利用されない。その理由を土地の特徴にふれながら，説明しなさい。

〔　　　　　　　　　　　　　　　　　　　　　　　〕

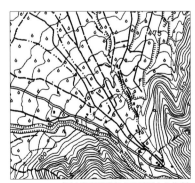

（国土地理院発行の地形図より作成）

3　地形図と地形 ≫p.100～101

右の地図を見て，次の問いに答えなさい。

(1) 文中の下線部が正しいものを，次のア～エから1つ選びなさい。〔沖縄・改〕

〔　　　　〕

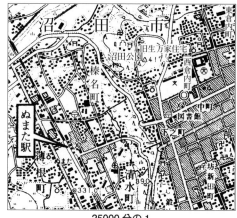

25000分の1

ア　ぬまた駅と沼田公園とでは，沼田公園のほうが標高が<u>高い</u>。

イ　沼田公園は，市役所から見て，<u>北東</u>の方向にある。

ウ　ぬまた駅の南西に，<u>畑</u>が広がっている。

エ　ぬまた駅の駅前に，<u>郵便局</u>がある。

(2) 市役所からぬまた駅までは，地図上では約3cmである。実際の距離は約何mか，書きなさい。

約〔　　　　　　　〕m

4　地形図の読み取り ≫p.100～102

図1・図2は，2万5千分の1の地形図のきまりにしたがって描いた略図である。次の問いに答えなさい。〔愛媛・改〕

図1　昔の町のようす

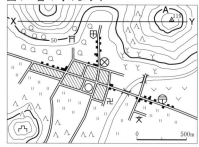

図2　現在の町のようす

応用(1) 図1・図2を比較して，昔と現在の町のようすの変化について，気づいたことを2つ書きなさい。

〔　　　　　　　　　　　　　　　　　　　　　　〕

〔　　　　　　　　　　　　　　　　　　　　　　〕

(2) 図1のX—Yの断面図を，図3に書きなさい。

図3

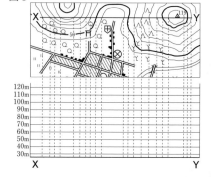

コンテンツ

第**6**章

日本の地域的特色と地域区分

1 日本の地形 >>p.112

☐ 国土の約4分の3が山地。中部地方の内陸部は，高峻な飛驒・木曽・赤石山脈が連なり，日本アルプスとよばれる。

☐ 平地はせまく，川は短く，流れが急である。平野の河口部に三角州が形成され，盆地に扇状地が形成されている。

☐ 海岸は，砂丘に代表される砂浜海岸と，リアス海岸が見られる岩石海岸に分けられる。

☐ 太平洋沖を，暖流の黒潮(日本海流)，寒流の親潮(千島海流)が流れる。2つの海流がぶつかる潮目(潮境)は，豊かな漁場。

☐ 日本海沖を，暖流の対馬海流が流れる。

⬥日本の地形
　特徴的な地形の扇状地(甲府盆地)，砂丘(鳥取砂丘)，リアス海岸(三陸海岸，志摩半島)，カルデラ(阿蘇山)，大陸棚(東シナ海)などもおさえておきたい。

2 日本の気候と自然災害 >>p.118

☐ 大部分は，温帯の温暖湿潤気候に属し，四季がはっきりしている。北海道は冷帯(亜寒帯)，南西諸島は亜熱帯である。

☐ 日本海側は，北西の季節風の影響で，冬に雪が多い。太平洋側は，南東の季節風の影響で，夏に雨が多い。

☐ 日本は環太平洋造山帯(変動帯)にふくまれ，地震や火山噴火が多い。また，梅雨や台風による洪水や土砂災害も多い。

3 日本の人口 >>p.124

☐ 日本の人口は約1億2600万人と世界の国のなかでも多い。人口密度も339人/k㎡ときわめて高い。ただし現在，人口減少に転じている。

☐ 出生率の低下と平均寿命の伸びによって，少子高齢化が進行している(人口ピラミッドはつぼ型)。

☐ 地方は過疎化が進行し，限界集落も増加している。

☐ 大都市は過密による，大気汚染，交通渋滞，住宅不足などの都市問題がおこっている。

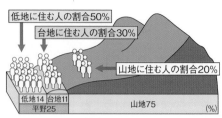

⬥地形別に見た日本の人口
　日本の人口の約半数が，関東平野や濃尾平野，大阪平野などの低地(平野)に集中している。

4 世界と日本の資源・エネルギー　>>p.132

- □ 資源の多くを輸入に依存し，**エネルギー自給率**が低い。
- □ 石油は，サウジアラビアなど西アジアから輸入。**石炭・天然ガス・鉄鉱石**は，オーストラリアから輸入している。
- □ 火力発電が中心だが，二酸化炭素など**温室効果ガス**を出すため，**再生可能エネルギー**の利用が進められている。

再生可能エネルギーには，太陽光，風力，バイオマスなどがあるよ。

5 日本の農林水産業　>>p.136

- □ 農業は稲作が中心で，規模が小さく，**兼業農家**が多い。
- □ 大都市周辺で**近郊農業**。温室やビニールハウスを使った**施設園芸農業**がさかん。北海道と九州南部で企業的な**畜産**。野菜は，温暖な地域で**促成栽培**，寒冷な高原で**抑制栽培**。
- □ 水産業は，**排他的経済水域**の設定や漁獲制限などで低迷。**養殖業や栽培漁業**など，育てる漁業への転換がはかられている。

◯ 温室を使ったランの栽培

6 日本の工業，商業・サービス業　>>p.142

- □ **太平洋ベルト**の京浜・**中京**・**阪神**・北九州の工業地帯，京葉，東海，瀬戸内などの臨海工業地域が中心。
- □ 北関東工業地域など，内陸部に**工業団地**が形成され，空港や高速道路の周辺に**IC工場**が進出している。
- □ 1980年代の**貿易摩擦**で，**産業の空洞化**がおこる。近年，ICT（情報通信技術）産業などに力を入れている。
- □ 産業別人口では，商業・サービス業などの**第3次産業**の従事者が約7割で，**三大都市圏**に集中。
- □ サービス業では，介護・福祉業や**情報コンテンツ産業**が成長。

万台
3000
2500
2000
1500
1000
500
0
1979　85　90　95　2000　05　10　15　19年
（2020/21「日本国勢図会」）

中国
日本　アメリカ合衆国
旧西ドイツ　ドイツ
韓国　インド

◯ 主要国の自動車生産の推移
　1980〜90年代半ばは，**日本が**アメリカを抜いて世界一の生産数を上げていた。このころ，日米の**貿易摩擦**が激化し，日本は**現地生産**（工場の海外移転）を進めた。今世紀に入り，「**世界の工場**」となった**中国**の生産数が急増し，2010年代に入ると2位以下を大きく引き離すようになった。

7 日本の交通・通信　>>p.148

- □ 高速道路網や連絡橋の整備で，陸上輸送では**自動車**の貨物輸送が増加している。近年，モーダルシフトで鉄道も見直し。
- □ 海上輸送は，**コンテナ船**，専用の**タンカー**を使用。航空輸送は，旅客・貨物とも増加傾向。LCCの路線が拡大している。
- □ 通信ケーブルや人工衛星による**高速通信（情報通信）網**が拡大。

1 日本の地形

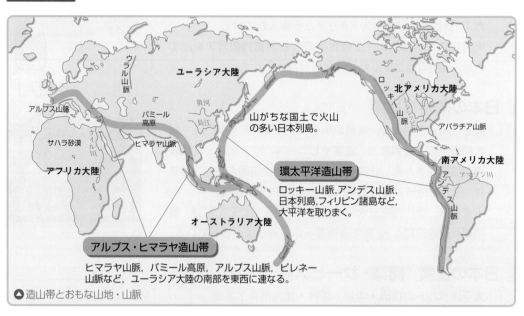 地図で確認 周囲を海に囲まれた日本列島は山がちで，複雑な地形が見られる。

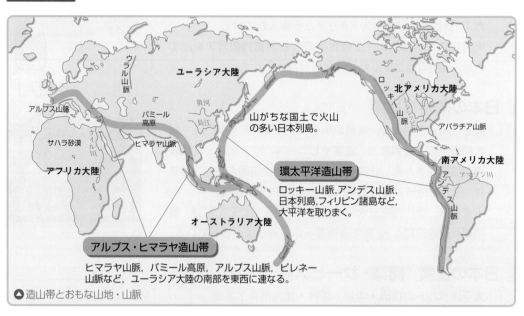

▲造山帯とおもな山地・山脈

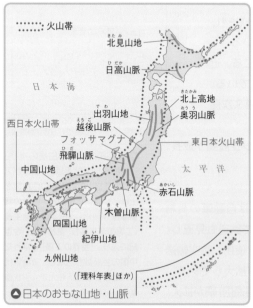

▲日本のおもな山地・山脈

▲日本のおもな河川と平地

① 世界と比べた日本の地形

(1) 世界の山地・山脈

▶ 新しい地域と古い地域

　地球上には，古い時代にできたなだらかな地域と，新しい時代にできた高くけわしい地域がある。地球の表面は，十数枚の**プレート**におおわれており，プレートどうしがぶつかるところは，地盤が不安定になりやすい。

▶ 新しい造山帯（変動帯）

　プレートの境目の変動帯にあたり，新しい時代にできた山地・山脈が連なっているところを造山帯という。火山活動が活発で，地震もおこりやすい。

① **アルプス・ヒマラヤ造山帯**…インドネシアの島々からユーラシア大陸の南部に連なり，**ヒマラヤ山脈**，パミール高原，**アルプス山脈**，ピレネー山脈へと至る。

② **環太平洋造山帯**…太平洋をとりまくように連なり，**ロッキー山脈**，**アンデス山脈**から**日本列島**，フィリピン諸島，ニュージーランドへと至る。

▶ 古い地域

　数億年以上の風化や**侵食**によって，なだらかな山地や平原が広がる地帯で，大地の活動も活発ではない地域。ただし，中国の内陸部などでは，大規模な地震が発生することがある。

プレート

　地球の表面をおおっている厚さ100kmほどの**岩盤**で，10数枚に分かれている。日本は4つのプレートの上にあるため，とても地盤が不安定になっている。

造山帯と変動帯

　プレートの移動にともない，山脈や列島ができる運動を造山運動という。造山運動によってできた地帯を**造山帯**という。造山帯は，新しい新期造山帯と古い古期造山帯に分けられる。**アルプス・ヒマラヤ造山帯**と**環太平洋造山帯**は新期造山帯である。一方，**変動帯**とは，プレートとプレートの境界沿いに分布し，地震や火山活動が活発な帯状の地域のことをいう。

造山帯の多くは変動帯とほぼ重なるため，中学地理では同じ意味で扱われることが多いよ。

第6章 日本の地域的特色と地域区分

 移動する大陸

　プレートは1年間に数cmほど移動しており，プレートどうしがぶつかったり，ずれ動いたりすることで地殻変動がおこり，地震や火山噴火を引きおこしたりする。このように，プレートの動きから，地球上の変動を説明する理論を，**プレートテクトニクス理論**という。

　そのもとになったのが，**大陸移動説**である。1912年，ドイツ人のウェゲナーが「地球上の大陸はかつて1つで，それが分かれて移動し，今の形になった」という大陸移動説を発表した。当時，この説は空想的だとして否定されたが，第二次世界大戦後につぎつぎと大陸移動説を実証する研究が進み，現在のプレートテクトニクス理論につながったのである。

(2) 日本の山地・山脈

▶ 山がちな地形

日本列島は環太平洋造山帯に属しており，火山活動が活発で，地震も多く発生する。山がちな地形で，国土の約4分の3を山地・丘陵が占めている。長い山脈も連なっており，火山も多い。

◆ 国土に占める割合

その他 2.4
台地 11.0
低地 13.8
国土面積 37 万 7972km²
山地，丘陵 72.8%

（2020/21「日本国勢図会」）

▶ 東西の山地・山脈

本州中央のフォッサマグナ（大地溝帯）を境に，地形・地質上から東日本と西日本に分けられる。

① 東日本…日高山脈や奥羽山脈のように，ほぼ南北方向に山脈が連なっている。

② 西日本…紀伊山地や中国山地，四国山地，九州山地のように，ほぼ東西方向に山地が連なっている。

▶ 日本アルプス

日本列島の中央部には，標高3000m前後の山々がそびえる飛騨山脈（北アルプス），木曽山脈（中央アルプス），赤石山脈（南アルプス）が連なっている。この3つの山脈は，まとめて日本アルプスとよばれる。

▶ 活発な火山

日本には，浅間山，箱根山，三宅島，阿蘇山，雲仙岳（普賢岳），桜島（御岳）など，活動のさかんな火山が多い。カルデラなど，火山の噴火によってできた独特の地形も見られる。

▶ 火山帯

多くの火山が連なるところ。火山帯は，北海道から東北・中部地方をへて小笠原諸島へと続く東日本火山帯と，中国・九州地方から南西諸島に続く西日本火山帯に分けられる。

① 東日本火山帯…千島火山帯，鳥海火山帯，富士火山帯，那須火山帯，乗鞍火山帯。

② 西日本火山帯…白山火山帯，霧島火山帯。

▲ 火山活動のさかんな箱根山（大涌谷）

（参考）

山地と山脈

紀伊山地のように，多くの山々が集まり，ひとまとまりになっているところを山地という。山地のなかでも，奥羽山脈のように，山々が一定の方向に細く連なっているところを山脈という。

フォッサマグナ

本州中央部，南北に大きな断層（地盤のずれ）が連なっているところ。ラテン語で「大きな溝」という意味。西側は，糸魚川（新潟県）と静岡を結ぶ線にあたる

カルデラ

火山の噴火によってできたくぼ地。熊本県の阿蘇山（159ページ）のカルデラは，世界最大級の大きさとして知られる。なお，カルデラに水がたまってできた湖をカルデラ湖という。支笏湖（北海道），十和田湖（青森・秋田県境）などが代表。

114

(3) 日本の平野

▶ せまい平地

氷河や河川にけずられてできた大陸の平原と異なり，日本の平地は**小規模でせまい**。

① **平野**…海や湖に面した平地のこと。川が海や湖に流れ出る河口付近に，**三角州**が形成されることがある。日本最大の平野は，**関東平野**である。

② **台地**…一段と高いところに広がっている平地のこと。関東平野にある**武蔵野台地**のように，平野や盆地の上に形成されることが多い。

③ **盆地**…内陸部にあり，周りを山に囲まれている平地のこと。**甲府盆地**の勝沼のように，川が山から平地に流れ出るところに，**扇状地**が形成されることもある。

三角州と扇状地

どちらも川の堆積作用によってできた地形。ただし，形成される場所や利用のされ方が異なる。

・**三角州**…海や湖の河口近くに形成され，おもに**水田**に利用される。

・**扇状地**…盆地上で，**山地から平地に出たところ**に形成され，おもに**果樹園**に利用される。103ページの地形図も参照。

▲三角州（山口県萩市）

▲扇状地（山梨県の甲府盆地）

▶ 高地・高原・丘陵

平地には，次のような地形も見られる。

① **高地**…標高は高いが，起伏は大きくないところ。

② **高原**…高地より，さらに起伏が小さく，居住地も見られるところ。

③ **丘陵**…標高が低く，起伏が小さいところ。

ただし，これらのちがいに厳密な区別・定義があるわけではない。

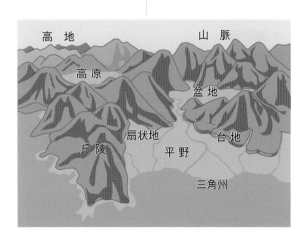

(4) 日本の川

▶ 短く急な川

大陸を流れる川と異なり，日本の川は**短く**，流れが**急**である。これは山地が多く，山が海岸までせまっているためである。また，日本の川は**流域面積**（83ページ）もせまい。

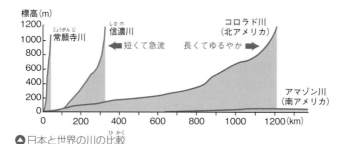
⬆ 日本と世界の川の比較

⬆ 信濃川の河口付近（新潟市）

▶ 季節による流量

季節による**流量の差**も大きい。太平洋側では，**梅雨や台風**の時期に水量が増える。九州地方は，**洪水**の被害も多い。日本海側では３～５月，**雪どけ水**によって水量が増える。

▶ 豊富な水資源

水資源は豊富。上流の**ダム**が流量を調節し，洪水を防いだり水不足を補ったりする。また，**水力発電**にも利用される。

（参考）
日本と世界のさまざまな川
〔流路の長い川（日本）〕
1. 信濃川（367km）
2. 利根川（322km）
3. 石狩川（268km）
〔流路の長い川（世界）〕
1. ナイル川（6695km）
2. アマゾン川（6516km）
3. 長江（6300km）
〔流域面積の広い川（日本）〕
1. 利根川（1.68万 km²）
2. 石狩川（1.43万 km²）
3. 信濃川（1.19万 km²）
〔流域面積の広い川（世界）〕
1. アマゾン川（705万 km²）
2. コンゴ川（369万 km²）
3. ミシシッピ川（325万 km²）

(5) 海岸線

▶ 海岸線

日本にはリアス海岸や干潟など，さまざまな海岸地形が発達している。しかし，防波堤やコンクリートなどで護岸した人工海岸が増えており，**自然海岸**は少なくなっている。

日本の海岸線の総延長距離は，約3万4000kmもある。地球一周（約4万km）の8割以上もの長さだ。

▶ 岩石海岸と砂浜海岸

① **岩石海岸**…岩場が続き，切り立った崖が多い海岸。出入りの多い，複雑な地形が見られる。

② **砂浜海岸**…長い砂浜が続く海岸。平野沿いに見られる。**鳥取砂丘**（167ページ）のように，風で運ばれた砂が積もった**砂丘**が発達しているところもある。

くわしく

干潟
遠浅の海岸で，潮が引いたときに見られる泥地。九州地方の**有明海**など，潮の満ち引きの大きい湾で見られる。

116

▶ リアス海岸

　小さな岬と深い湾が連続する地形。山地が海に沈んでできた沈降海岸の1つ。波がおだやかで，水深が深いことから，**天然の港**になっている。**三陸海岸**，**志摩半島**，**若狭湾**など。

(6)海洋と海流

▶ 海洋国の日本

　日本列島の東に**太平洋**，西に**日本海**が広がる。また，北海道の北東には**オホーツク海**，南西諸島の西には**東シナ海**が広がる。

▶ 海底の地形

　日本列島の周囲や東シナ海には**大陸棚**とよばれる，傾斜のゆるやかな深さ約200mまでの海底が広がる。太平洋の沖合には，深さ8000mをこえる**海溝**が連なっている。

▶ 近海の海流

　海流は，各地の気候に大きな影響をあたえている。寒流と暖流がぶつかる**潮目(潮境)**は，海底の栄養分がまき上げられ，**プランクトン**が集まるため，絶好の漁場となる。

① **暖流**…低緯度から高緯度に向かって流れる。太平洋側は**黒潮(日本海流)**，日本海側は**対馬海流**。

② **寒流**…高緯度から低緯度に向かって流れる。太平洋側は**親潮(千島海流)**，日本海側は**リマン海流**。

○ 坊津(鹿児島県)のリアス海岸

世界有数の漁場

　東北地方太平洋側の**三陸海岸**は**リアス海岸**が続いているため，天然の漁港が多い。波がおだやかなので，**養殖**もさかんである。また，沖合は黒潮と親潮がぶつかる**潮目(潮境)**にあたるため，魚の種類・量とも豊富。世界有数の漁場になっている。

テストに出る！　**つまりこういうこと**

● **造山帯(変動帯)**…**アルプス・ヒマラヤ造山帯**➡アルプス山脈，ヒマラヤ山脈など。**環太平洋造山帯**➡日本列島，フィリピン諸島，ロッキー山脈，アンデス山脈など。

● **山地・山脈**…日本は国土の**約4分の3**。**フォッサマグナ**で東西に分けられる。中央部に**日本アルプス**➡飛驒，木曽，赤石山脈が連なる。**阿蘇山**➡世界最大級の**カルデラ**が広がる。

● **平野と川**…日本の平野➡世界の平原と比べてせまい。河口部に**三角州**が発達。盆地は，周囲を山に囲まれた平地。**扇状地**が発達。日本の川の特徴➡**短く，流れが急**。流域面積もせまい。

● **海岸線と海洋**…砂丘➡砂浜海岸に発達。鳥取砂丘など。**リアス海岸**➡出入りの激しい海岸。三陸海岸，志摩半島，若狭湾など。周囲の海洋➡太平洋，日本海，オホーツク海，東シナ海。

● **海流**…太平洋側➡暖流の**黒潮(日本海流)**，寒流の**親潮(千島海流)**。日本海側➡暖流の**対馬海流**。

2 日本の気候と自然災害

📍 地図で確認 日本列島は温帯に属し，四季がはっきりしている。自然災害による被害(ひがい)も多い。

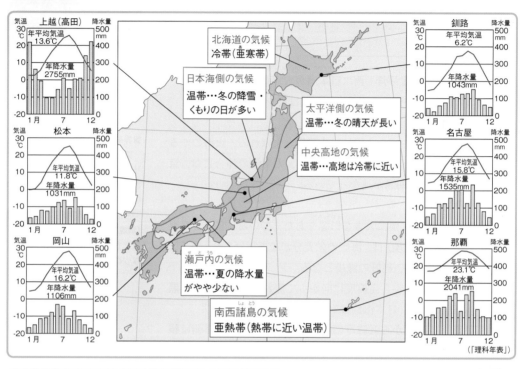

気温 上越（高田） 降水量
年平均気温 13.6℃
年降水量 2755mm

気温 松本 降水量
年平均気温 11.8℃
年降水量 1031mm

気温 岡山 降水量
年平均気温 16.2℃
年降水量 1106mm

北海道の気候
冷帯（亜寒帯）

日本海側の気候
温帯…冬の降雪・くもりの日が多い

太平洋側の気候
温帯…冬の晴天が長い

中央高地の気候
温帯…高地は冷帯に近い

瀬戸内(せとうち)の気候
温帯…夏の降水量がやや少ない

南西諸島(しょとう)の気候
亜熱帯（熱帯に近い温帯）

気温 釧路 降水量
年平均気温 6.2℃
年降水量 1043mm

気温 名古屋 降水量
年平均気温 15.8℃
年降水量 1535mm

気温 那覇 降水量
年平均気温 23.1℃
年降水量 2041mm

（「理科年表」）

❤ おもな火山と地震(じしん)の震源地

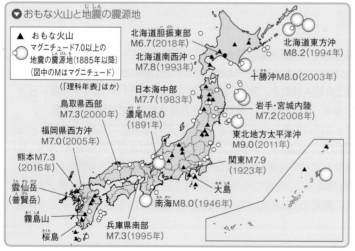

▲ おもな火山
○ マグニチュード7.0以上の地震の震源地（1885年以降）
（図中のMはマグニチュード）

（「理科年表」ほか）

北海道胆振(いぶり)東部 M6.7（2018年）
北海道南西沖(おき) M7.8（1993年）
北海道東方沖 M8.2（1994年）
十勝沖 M8.0（2003年）
日本海中部 M7.7（1983年）
岩手・宮城内陸 M7.2（2008年）
鳥取県西部 M7.3（2000年）
濃尾(のうび) M8.0（1891年）
東北地方太平洋沖 M9.0（2011年）
福岡県西方沖 M7.0（2005年）
関東 M7.9（1923年）
熊本 M7.3（2016年）
雲仙岳(うんぜんだけ)（普賢岳(ふげんだけ)）
大島(おおしま)
南海 M8.0（1946年）
霧島山(きりしまやま)
兵庫県南部 M7.3（1995年）
桜島(さくらじま)

🔺 兵庫県南部地震

日本は「地震大国」といわれているよ。火山(かざん)の噴火も多いよ。

① 日本の気候

(1) 温帯の気候

▶温帯の気候

日本は大部分が，**温帯**の**温暖湿潤気候**に属している。緯度が高いわりに温暖で，冬も寒さはきびしくない。**四季**の区別がはっきりしており，1年を通して**降水量**も多い。

▶南北のちがい

日本列島は南北に長いため，気候の地域差が大きい。北海道は**冷帯（亜寒帯）**で，南西諸島は**亜熱帯**にふくまれる。また，同じ緯度でも，日本海側と太平洋側では気候が異なる。

▶季節風の影響

周りを海に囲まれた日本列島は，**季節風（モンスーン）**と海流の影響を受けやすい。

① **冬**…ユーラシア大陸から，乾燥した冷たい**北西**の季節風が吹き，**日本海側**に雪を降らせる。

② **夏**…**黒潮（日本海流）**が流れる太平洋上から，湿った暖かい**南東**の季節風が吹き，**太平洋側**に雨を降らせる。

温帯の気候は，西岸海洋性気候と地中海性気候もあるよ。それぞれの特徴は，32ページにもどって確かめよう。

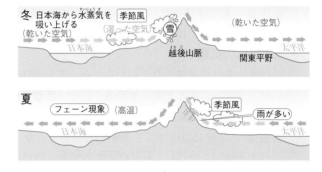

冬 日本海から水蒸気を吸い上げる（乾いた空気）　季節風　（湿った空気）　雪　（乾いた空気）
日本海　越後山脈　関東平野　太平洋

夏　フェーン現象（高温）　季節風　雨が多い
日本海　太平洋

(2) 梅雨と台風

▶梅雨の長雨

5月ごろ**梅雨前線**が南西諸島にかかり，北上して7月中旬まで日本列島にかかる。この時期を**梅雨**という。南の温暖な小笠原高気圧と北の冷たいオホーツク海高気圧がぶつかる境目に雨雲が発生し，連日のように雨をもたらす。

▶台風による風水害

夏から秋にかけては，熱帯低気圧の台風が発生する。日本列島に上陸することもあり，西日本や太平洋側を中心に，しばしば暴風雨による**風水害**をもたらす（122ページ）。

参考

梅雨も台風も関係ない？

冷帯（亜寒帯）の**北海道**は，梅雨がなく，台風の被害を受けることもなかった。しかし近年，北上しても勢力が衰えない台風が多く，北海道でも**台風による風水害**が増えている。

(3) 日本の気候区分

▶北海道の気候＝冷帯（亜寒帯）

① **特徴**…全体に冷涼で，冬の気温は非常に低い。**梅雨**がなく，台風の影響も比較的小さいため，**雨は少ない**。ただし，冬は雪のため，降水量が増える。

② **生活**…冬は，道庁所在地の札幌市でも，積雪量が多い。道内全域で，暖房は欠かせない。夏は短いが，乾燥しているため，過ごしやすい。

● 冬の札幌市

▶日本海側の気候

① **特徴**…冬に雪が多い。北西の季節風が，奥羽山脈や飛騨山脈，中国山地などにぶつかり，ふもとに雪を降らせるから。とくに**北陸地方**は，世界有数の**豪雪地帯**になっている。

② **生活**…太平洋側と比べると，全般に気温は低い。東北地方や中部地方では，しばしば**フェーン現象**がおこる。

▶太平洋側の気候

① **特徴**…冬は季節風の風下になるため，晴天の日が多い。夏は太平洋から吹く**南東の季節風**の影響で**雨が多い**。全般に日本海側より気温は高い。

② **生活**…全般に温暖で，冬の寒さもきびしくないため，過ごしやすい。ただし，台風や梅雨の影響を受けやすい。大都市の中心部では，夏に**ヒートアイランド現象**が発生する。

▶中央高地の気候

① **特徴**…内陸部なので，季節風や海流の影響をほとんど受けない。1年を通して気温が低く，雨が少ない。**夏と冬，昼と夜の気温の差が大きい**のも，大きな特徴である。

② **生活**…地域によっては，冬に雪が多い。標高による気温の差が大きい。夏はすずしいため**避暑地**も発達している。

▶瀬戸内の気候

① **特徴**…中国山地と四国山地にはさまれているため，季節風の影響をあまり受けない。1年を通して温和で，**雨が少ない**。

② **生活**…夏には干ばつがおこりやすいので，讃岐平野（香川県）などでは，古くから**ため池**がつくられてきた。

フェーン現象

　風は山をこえるとき，水分を失って，温度が上がりやすい。こうして**高温になった乾燥風**が，山から平地に吹き下ろす現象をフェーン現象という。内陸の**盆地**でもおこりやすい。日本の歴代最高気温も，内陸部の埼玉県熊谷市（41.1℃，2018年）で記録されている。

ヒートアイランド現象

　コンクリートの建物が建ちならび，アスファルトの道路が走る大都市の中心部では，事業活動やエアコンからの放射熱が閉じこめられ，郊外より気温が高くなる。気温分布図上で高熱の地域が島のような形に見えることから，**ヒートアイランド（熱の島）**とよばれる。

▶南西諸島の気候＝亜熱帯

① **特徴**…1年を通して気温が高く，**雨が多い**。台風の通り道にあるため，とくに夏から秋にかけて雨が多く，風水害も受けやすい。

② **生活**…暖流の**黒潮（日本海流）**が流れているため，冬でも暖かい。夏は，軽装で過ごす人が多い。**さんご礁**や**マングローブ**など，独特の自然が見られる。

▲西表島（沖縄県）のマングローブ

---

② 自然災害への取り組み

(1) 地震と火山噴火

▶「地震大国」日本

環太平洋造山帯に属する日本は，世界でも有数の「**地震大国**」といわれる。規模（**マグニチュード**）の大きい地震は建物の倒壊や道路の陥没だけでなく，**土砂災害**や**液状化現象**，**津波**なども引きおこす。

▶地震の種類

① **海洋型地震**…プレートが沈みこむことによって，海底で発生する地震。しばしば津波を発生させる。2011年の**東北地方太平洋沖地震（東日本大震災）**など。

▼海洋型地震のしくみ

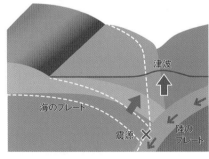

津波
海のプレート
震源 ✕
陸のプレート

> 太平洋プレートに引きずられた北アメリカプレートが，元にもどろうとして上に動いたため，巨大地震がおこったんだ。

② **内陸型地震**…プレートの内部でおこる地震。地下の**活断層**のずれによっておこることが多く，**直下型地震**ともよばれる。1995年の**兵庫県南部地震（阪神・淡路大震災）**や2016年の**熊本地震**など。

第6章

日本の地域的特色と地域区分

📖**くわしく**

液状化現象

地震によって，地下の水や土砂が地上に噴き上がり，地面が液体のようになる現象。**埋め立て地**などでおこりやすい。

▲液状化現象（山形県）

🔍**注目！**

津波と高潮

どちらも高い波のことだが，発生の原因が異なる。**津波**は，地震や海底火山の爆発などによって生じる。**高潮**は，台風や暴風雨によって生じる。

▶火山噴火

　日本は活動の活発な火山が多い（114ページ）。噴火によって，火山灰や火山れき，溶岩が噴出される。また，火山周辺の地域には，**火砕流**がおし寄せることもある。

(2) さまざまな災害

▶気象災害

① **風水害**…日本は，毎年のように，**梅雨**や**台風**による風水害に見まわれる。激しい暴風雨や長く続く大雨によって，**崖くずれ**や**地すべり**，**土石流**，**高潮**，**洪水**などが引きおこされる。

② **干害**…雨が降らなかった年には，水不足による**干害**がおこる。とくに梅雨の時期に雨が降らないと（**空梅雨**），被害が大きくなりやすい。

③ **冷害**…夏の気温が上がらなかった年には，農作物の生育が悪くなったり，稲などが実らなかったりする**冷害**がおこる。

④ **雪害**…雪の多い山岳地域では，**雪崩**による被害も多い。また，ふだん雪のあまり降らない地域に大雪が降ると，交通機関が麻痺し，物流が滞ることもある。

▶感染症

　グローバル化の進展で，人の行き来が急増したことなどから，**感染症**による被害が拡大しやすくなっている。今世紀に入り，**重症急性呼吸器症候群（SARS）**，**中東呼吸器症候群（MERS）**，**新型コロナウイルス（COVID-19）**などが流行している。

(3) 防災・減災の取り組み

▶防災・減災

　自然災害が多い日本では，さまざまな防災・減災の対策が講じられている。近い将来に予測される**南海トラフ**の巨大地震への備えも進められている。

火砕流

　高温のガスと泥状の火山灰や火山れきが，かたまりとなって斜面を急速に流れ下る現象。1991年の**雲仙普賢岳**（長崎県）の噴火の際には，火砕流によって多くの犠牲者が出た。

▲気象災害

洪水と氾濫

　大雨や雪どけ水などによって，川の水が大きく増え，河川敷や中洲などがすべて水につかることを洪水という。さらに水が増して，川から水があふれ出ることを氾濫という。

浸水と冠水

　氾濫によって**住宅**が水につかることを浸水という。また，氾濫によって**道路**や**田畑**が水につかることを**冠水**という。

① **防災**…被害がおよぶことを防ぐこと。

〔例〕洪水に備えてダム建設や堤防工事を行う。

② **減災**…被害をできるだけ少なくすること。

〔例〕避難ルートを確認し，避難訓練を行う。

▶ 災害の予測

気象衛星を使って，時間・地域を限定した気象予報ができるようになった。地震や火山の観測施設も各地に設置され，地震や噴火を予測する研究も進められている。

▶ 公的機関の支援

被災した都道府県・市区町村と国，自衛隊，日本赤十字社などが協力体制をしき，被災民の救助や被災地の復旧・復興を支援する。消防，警察，病院，水道・電力・ガス会社とも連携。

▶ 地域の取り組み

① **被害予想地図**…都道府県や市区町村は，地震や洪水などで，大きな被害が予測される地域や避難ルート，避難所などを記した**ハザードマップ（防災マップ）**を作成している。

② **避難施設の拡充**…災害時の避難所（避難ビルなど）の指定，**津波タワー**の建設，避難標識の設置など。

▶ ボランティアの活動

公的機関や地域住民だけでなく，全国各地から駆けつける**ボランティア**も大きな役割をはたしている。

災害への対応

次の3つに分けられる。

・**公助**…国や自治体，自衛隊や消防などによる助けのこと。

・**自助**…自分で自分や家族の身を守ること。

・**共助**…近隣や地域の住民どうしが協力して助け合うこと。

△ 津波ひなんビルの標示（静岡市）

「ボランティア元年」

1995年の阪神・淡路大震災のときには，多くのボランティアが救助やがれきの撤去を手伝った。この年は，「ボランティア元年」とよばれることになった。

第6章　日本の地域的特色と地域区分

テストに出る！　つまりこういうこと

● **日本の気候**…温帯の**温暖湿潤気候**➡全般に温和で，降水量が多い。四季がはっきりしている。

● **気候区分**…**北海道の気候**➡**冷涼**で，冬はとくに気温が低い。**日本海側の気候**➡北西の季節風の影響で，冬に雪が多い。フェーン現象で高温になることも。**太平洋側の気候**➡南東の季節風の影響で，夏に雨が多い。**中央高地の気候**➡気温が低く，雨が少ない。夏と冬，昼と夜の気温差が大きい。**瀬戸内の気候**➡2つの山地にはさまれ，温和で**雨が少ない**。**南西諸島の気候**➡**黒潮（日本海流）**の影響で，1年を通して気温が高く，雨が多い。

● **自然災害**…日本は地震や火山噴火が多い。**地震**➡海洋型地震と内陸型地震。土砂災害，**液状化現象**，**津波**などをおこす。その他➡梅雨や台風による風水害，干害，冷害，雪害など。

● **防災・減災**…災害の予測，公的機関の支援体制，**ハザードマップ**の作成，**ボランティア**の協力。

3 日本の人口

📍 **地図で確認** 世界のなかでも人口の密集地だが，少子高齢化で人口は減少傾向にある。

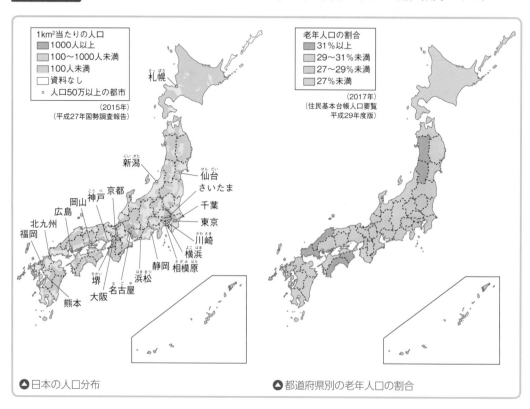

1km²当たりの人口
- 1000人以上
- 100〜1000人未満
- 100人未満
- 資料なし
- ◦ 人口50万以上の都市

(2015年)
(平成27年国勢調査報告)

札幌

新潟
仙台
京都　さいたま
岡山　神戸　千葉
広島　　　東京
北九州　　川崎
福岡　　横浜
　　静岡　相模原
堺　　浜松
熊本　名古屋
大阪

老年人口の割合
- 31%以上
- 29〜31%未満
- 27〜29%未満
- 27%未満

(2017年)
(住民基本台帳人口要覧
平成29年度版)

🔺 日本の人口分布　　🔺 都道府県別の老年人口の割合

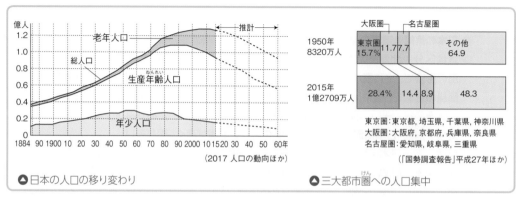

🔺 日本の人口の移り変わり

老年人口
総人口
生産年齢人口
年少人口
推計→

億人
1.2
1.0
0.8
0.6
0.4
0.2

1884 90 1900 10 20 30 40 50 60 70 80 90 2000 10 15 20 30 40 50 60年
(2017 人口の動向ほか)

🔺 三大都市圏への人口集中

	大阪圏	名古屋圏		
1950年 8320万人	東京圏 15.7%	11.7	7.7	その他 64.9
2015年 1億2709万人	28.4%	14.4	8.9	48.3

東京圏：東京都，埼玉県，千葉県，神奈川県
大阪圏：大阪府，京都府，兵庫県，奈良県
名古屋圏：愛知県，岐阜県，三重県

(「国勢調査報告」平成27年ほか)

① 世界と比べた日本の人口

(1) 世界の人口

▶世界の人口

　世界の総人口は**約77億人**（2019年）で，毎年約8000万人ずつ増えている。人口の分布には，かたよりがある。

  ① **人口密度が高い地域**…ヨーロッパや北アメリカの沿岸部，東・東南アジアの沿岸部は人口密度が高い。

  ② **人口密度が低い地域**…アフリカやオーストラリアの砂漠地帯，高緯度の寒冷地は人口密度が低い。

▶人口爆発と出生率の低下

  ① **人口爆発**…第二次世界大戦後，世界の人口は急増した。20世紀後半には，アジアやアフリカ，ラテンアメリカの発展途上国で，人口爆発とよばれる急激な人口増加がおこった。

  ② **人口の抑制**…今世紀に入り，アジアや南アメリカの新興国では出生率が低下しており，人口の伸びはおさまりつつある。しかし，2050〜60年ごろに世界の人口は100億人をこえると予測されている。

(2) 世界と比べた日本の人口

▶日本の人口（2019年）

  ① **総人口**…約1億2626万人。世界で11番目に多い。

  ② **人口密度**…339人/km²。世界平均の59人/km²と比べても，きわめて高い。

▶人口減少と高齢化

　世界の国々のなかでも，日本は人口が多く，人口密度も高い。しかし，人口は**減少傾向**にあり，**高齢化**が進んでいる。人口に占める高齢者の割合はきわめて高い。

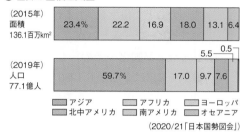

🔻世界の面積と人口

（2015年） 面積 136.1百万km²	23.4%	22.2	16.9	18.0	13.1	6.4

| （2019年）
人口
77.1億人 | 59.7% | 17.0 | 9.7 | 7.6 | 5.5 | 0.5 |

■ アジア　■ アフリカ　■ ヨーロッパ
■ 北中アメリカ　■ 南アメリカ　■ オセアニア
（2020/21「日本国勢図会」）

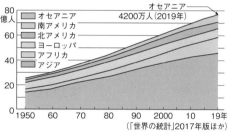

🔻世界の地域別人口の推移

（「世界の統計」2017年版ほか）

注目!

人口爆発がおこった理由

　20世紀後半，アジアやアフリカの発展途上国は，**衛生環境や栄養状態の改善**などにより，死亡率が急激に低下した。しかし，出生率は高く，**多産少死**の状態が続いたため，**人口爆発**がおこったのだった。

第6章　日本の地域的特色と地域区分

125

② 日本の人口構成と分布

(1) 人口の推移と人口構成

▶ 戦後の人口の推移

① **ベビーブーム**…第二次世界大戦後の1947～49年，平和になったことで出生数(生まれる子どもの数)が急増した。これを**ベビーブーム**という。

② **少子化と高齢化**…その後も人口は増え，1960年代後半，1億人をこえた。しかし1980年代，**出生率**の低下による**少子化**と高齢者の増加による**高齢化**が進んだ。

③ **人口減少社会**…2008年には，初めて人口が減少に転じ，**少子高齢化**が加速している。現在の老年人口の割合は約28.4%(2019年)で，**超高齢社会**に突入。

▶ 人口ピラミッド

各年齢層の男・女の人口割合を示したグラフ(人口構成グラフ)を，**人口ピラミッド**という。日本の人口ピラミッドは，前項の人口の推移にしたがって，「**富士山型→つりがね型→つぼ型**」と変化してきた。

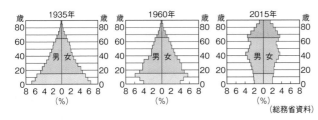
(総務省資料)

▶ 少子高齢化の問題と対策

① **問題**…介護・年金などの社会保障が維持できなくなるおそれがある。労働力不足による産業の停滞，社会の活力の低下なども心配される。

② **対策**…少子化対策として，保育施設の拡充や**ワーク・ライフ・バランス**を重視した働き方の確立。高齢化対策として，**育児・介護制度**の充実。労働力不足の対策として，**外国人労働者**を受け入れる制度の拡充など。

年齢別人口の区分
　年齢階級3区分として，以下に分けられることが多い。
・**年少人口**(15歳未満)
・**生産年齢人口**(15～64歳)
・**老年人口**(65歳以上)

高齢化率と超高齢社会
　総人口に占める老年人口の割合を**高齢化率**という。高齢化率が21%をこえた社会は**超高齢社会**といわれる。

出生率
　正確には，合計特殊出生率。1人の女性が一生の間に産む子どもの数のことをいう。近年の日本の出生率は，1.4前後という低い数値で推移している。

「富士山型」は発展途上国に多い。経済が成長するにつれ，「つりがね型」「つぼ型」へと移るよ。

ワーク・ライフ・バランス
　仕事(ワーク)と生活(ライフ)のバランス(調和)をはかること。仕事だけ，家事だけという生き方を見直し，両立させようと提唱している。ライフには，**家庭生活**だけでなく，近隣の人々との**地域生活**もふくまれる。

(2) 人口の分布

▶ 人口のかたより

日本の人口分布はかたよっており，国土の約3割ほどしかない平野や盆地に集中している。人口が極度に集中している状態を過密という。人口が少なくなっている状態を過疎という。

▶ 過密地域とその課題

① **過密地域**…**東京・大阪・名古屋**を中心とする**三大都市圏**や札幌市，仙台市，広島市，福岡市などの**地方中枢都市**に人口が集中している。

② **課題**…大気汚染や交通渋滞，通勤ラッシュ，住宅不足，ごみ処理などの**都市問題**が深刻になっている。住宅密集地では，**防災対策**も課題。

③ **対策**…交通，医療機関の再整備，建物の耐震補強が進められている。また，**地方分権**による都市機能の分散もはかられている。企業も渋滞やラッシュを緩和するため，**テレワーク**，**フレックスタイム制**（時差出勤）を導入している。

▶ 過疎地域とその課題

① **過疎地域**…農漁村，林間部，離島など。東北地方や北陸地方，中央高地，中国・四国地方などは，人口減少率が高い県が多い。都市部でも，閉店した店がならぶ**シャッター通り商店街**が増えている。

② **課題**…人口流出や高齢化の進行により，地域経済の衰退がいちじるしい。病院，学校などの公共施設やバス，鉄道などの交通機関がなくなり，地域社会の維持が困難になっているところも見られる。

③ **対策**…地域の特色や魅力をアピールし，**地場産業の育成**や**観光開発**などによって，**地域おこし**（町おこし，村おこし）を推進している。

▶ 限界集落

過疎がいちじるしく進行し，地域社会を維持できなくなった集落を**限界集落**という。統計などでは，65歳以上の老年人口が50%以上を占める集落を限界集落（自治体）と定義している。

くわしく

地方中枢都市

地方の政治・経済・文化の中心になっている都市。北海道の**札幌市**，東北地方の**仙台市**（宮城県），中国地方の**広島市**，九州地方の**福岡市・北九州市**を指す。中央官庁の出先機関があり，周辺地域への交通網も発達している。

🔺「杜の都」仙台市

参考

シャッター通りの活性化

営業を停止した店がならび，活気を失った商店街を**シャッター通り商店街**という。「いまばり銀座」（愛媛県今治市）のように，空き店舗の貸し出しやB級グルメ店による観光客誘致などで，**地域おこし**を行い，活性化をはかっているところも見られる。

127

(3) 人口の移動

▶ 人口の移動

① **ドーナツ化現象**…高度経済成長期の1960～70年代，地価
高騰（こうとう）や住宅不足などで，都心から**郊外のニュータウン**など
に移る**ドーナツ化現象**がおこった。

② **都心回帰の現象**…1990年代，地価が下がり，東京（とうきょう）では都心
や湾岸地区（わんがん）の**再開発**が進められた。その結果，郊外から都
心に人口がもどる**都心回帰**の現象がおこった。

③ **一極集中と地方分散**…東京の人口は増加し続
けており，**東京一極集中**が進んでいる。一方，
地方の都市・農山村に移住する**Iターン**や**U**
ターンの現象も見られる。

▶ コンパクトシティの構想

① **人口減少社会**…日本の人口はさらに減少すると
予測されており，**人口減少社会**の到来（とうらい）により，
存続が危ぶまれる市区町村が増えている。都市
部でも，大幅（おおはば）な人口減少が予測されている。

② **コンパクトシティ構想**…県の中核（ちゅうかく）となる都市に，
都市機能を集中させ，住民への公共サービスを
効率よく提供しようとする**コンパクトシティ**を
つくる構想も出ている。

くわしく

IターンとUターン
　Iターンは，都会の出身者が地
方に移住すること。Uターンは，
都会に出た地方の出身者が，故郷
の地方にもどること。

どちらも都会から
地方に移住するこ
とをいうんだね。

◆ 都道府県別の人口増加率

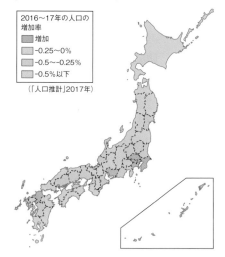

2016～17年の人口の
増加率

- 増加
- -0.25～0%
- -0.5～-0.25%
- -0.5%以下

（「人口推計」2017年）

テストに出る！　つまりこういうこと

● **日本の人口（2019年）**…**約1億2600万人**で，世界で11番目に多い。人口密度も339人/km²
ときわめて高い➡人口は減少に転じており，**少子化**と**高齢化**（こうれい）が同時に進行している。

● **人口推移**…戦後のベビーブーム（**富士山型**（ふじさん））➡1980年代に出生率（しゅっしょうりつ）が低下（**つりがね型**）➡**少
子高齢化**が加速（**つぼ型**）。現在は，**超高齢社会**に突入している。

● **過密地域**（かみつ）…**三大都市圏**（けん）と**地方中枢都市**（ちゅうすう）➡大気汚染（おせん），交通渋滞（じゅうたい），住宅不足，ごみ処理などの**都市問**
題が深刻➡公共設備の再整備，建物（たてもの）の耐震化（たいしん），地方分権，テレワークやフレックスタイム制の導入。

● **過疎地域**（かそ）…地方の農漁村，林間部，離島（りとう）➡人口流出と高齢化で地域社会の維持（いじ）が困難。限
界集落も増えている➡**地域おこし**による再生。**Iターン**や**Uターン**の動きも見られる。

● **人口の移動**…**ドーナツ化現象**から**都心回帰**へ。人口減少社会の到来で，**コンパクトシティ**の構想。

日本の人口推移をおさえる

● 出生率・死亡率のグラフで見る人口の推移

〔グラフ〕縦軸は**出生率，死亡率，人口増加率**を表している。横軸の時間は，発展途上国から先進国へという発展の推移を表している。

〔読み取り〕Aの**多産多死**の時期…出生率・死亡率とも高く，人口は少ない状態で安定している。

Bの時期…**医療・衛生環境の改善**など，死亡率は下がるが，出生率は高いままなので，**人口爆発**がおこる。

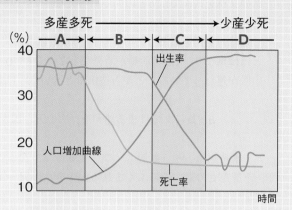

Cの時期…国の**人口抑制政策**などによって，出生率は下がり，人口増加率も安定する。

Dの**少産少死**の時期…日本をふくむ先進国。出生率・死亡率ともに低くなり，人口は安定するが，**少子高齢化**が進む。

● 人口ピラミッドで見る離島と大都市圏の都市

〔グラフ〕A山口県周防大島町とB千葉県浦安市の人口ピラミッドを示している。Aは瀬戸内海にうかぶ島の町，Bは東京の通勤圏の都市である。

〔読み取り〕A…65歳以上の**老年人口**の割合が過半数に達している。**超高齢社会**であること，**限界集落（自治体）**に突入していることが読み取れる。10代後半の人口が多いのは，高校があるからと推測できる。

B…男女とも，40代を中心に**生産年齢人口**が多い。東京都への通勤者が住む**住宅衛星都市（ベッドタウン）**であることがわかる。そのわりに，15歳未満の年少人口は少なく，**少子化**の傾向にあることが読み取れる。

歳 80 / 60 / 40 / 20

（85歳以上）

男　女

8 6 4 2 0(%)2 4 6 8 9

□ A山口県周防大島町　　▨ B千葉県浦安市

（2015年国勢調査）

1 **世界と日本の地形** >>p.113

次の文章を読んで，あとの問いに答えなさい。

> 地球の表面をおおっている厚さ100kmほどの岩盤（がんばん）を（　a　）という。複数の（a）の境目とほぼ重なり，大地の活動が活発なところを（　b　）という。また，新しい時代にできた山地・山脈が連なっていることから造山帯（ぞうざんたい）ともいう。日本は c 環太平洋造山帯（かんたいへいよう）にふくまれる。

(1) （　）a・bにあてはまる語句を，次のア〜エから1つずつ選びなさい。

a〔　　　〕 b〔　　　〕

　ア　構造線　　イ　断層　　ウ　変動帯　　エ　プレート

(2) 下線部 c の造山帯にふくまれる山脈を次のア〜エから2つ選びなさい。

〔　　　〕〔　　　〕

　ア　アンデス山脈　　イ　ヒマラヤ山脈　　ウ　ロッキー山脈　　エ　アルプス山脈

2 **日本の地形** >>p.114〜117

右の地図を見て，次の問いに答えなさい。

(1) 地図中のあ〜このの山脈，山脈，平野，河川の名称を書きなさい。

　あ〔　　　　平野〕　い〔　　　　山脈〕
　う〔　　　　川〕　　え〔　　　　平野〕
　お〔　　　　川〕　　か〔　　　　平野〕
　き〔　　　　山地〕　く〔　　　　山地〕
　け〔　　　　川〕　　こ〔　　　　平野〕

(2) 地図中のAに見られる海岸地形を何というか，書きなさい。　〔　　　　　〕

(3) 地図中のBの3つの山脈をまとめて何というか，カタカナで書きなさい。　〔　　　　　〕

(4) 地図中のCの阿蘇山（あそ）の周辺は，噴火によってできた広大なくぼ地が広がっている。このくぼ地を何というか，**カタカナ**で書きなさい。

〔　　　　　〕

応用 (5) 世界の川と比べた日本の川の特徴（とくちょう）を，「長さ」「流れの速さ」「流域面積」の3点について書きなさい。

〔　　　　　　　　　　　　　　　　　　　　　　　〕

3　日本の気候と自然災害　>>p.118~123

右の地図を見て，次の問いに答えなさい。

(1)　地図中の a ～ c は，日本の気候に大きな影響をあたえる海流である。それぞれの海流名を書きなさい。

a〔　　　　　〕 b〔　　　　　〕 c〔　　　　　〕

応用 (2)　右のグラフは，地図中の上越と福島の雨温図である。2つを比べると，ほぼ同緯度で，気温の変化も類似しているが，冬の降水量に大きなちがいがある。上越の冬の降水量が多い理由について，方位（8方位）を表す語と「湿った空気」の2語を使って書きなさい。〔沖縄・改〕

〔　　　　　　　　　　　　　　　　　　　　　　　〕

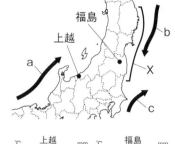

(3)　地図中の X の地域は，2011年の東日本大震災のとき，ある二次災害の被害を大きく受けた。災害をもたらした自然現象を次のア～エから1つ選びなさい。

〔　　　　〕

ア　干害　　イ　土石流　　ウ　津波　　エ　高潮

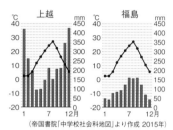

(帝国書院「中学校社会科地図」より作成 2015年)

(4)　X の地域の市町村をはじめ，国内の多くの自治体は自然災害に備えて，予測される被害や避難ルート，避難場所を示した地図を作成している。この地図を何というか，**カタカナ**で書きなさい。

〔　　　　　　　〕

4　世界と日本の人口　>>p.124~128

次の問いに答えなさい。

(1)　右のグラフは，日本・エチオピア・メキシコ・イギリスの人口ピラミッドを示している。このうち，①日本と②メキシコにあてはまるものを，ア～エから1つずつ選びなさい。

①〔　　　〕 ②〔　　　〕

(2)　現在（2019年）の日本のおよその出生率（合計特殊出生率）を次のア～エから1つ選びなさい。

〔　　　　〕

ア　0.8　　イ　1.4　　ウ　2.1　　エ　2.5

(3)　日本の三大都市圏では，人口が集中し，交通渋滞，住宅不足，ごみ処理などの問題がおこっている。人口が過度に集中している状態を何というか，書きなさい。

〔　　　　　　　〕

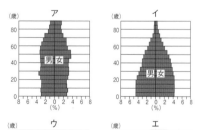

(データブック・オブ・ザ・ワールド 2020年版)

4 世界と日本の資源・エネルギー

📍 地図で確認 日本は鉱産（エネルギー）資源のほとんどを海外からの輸入に頼っている。

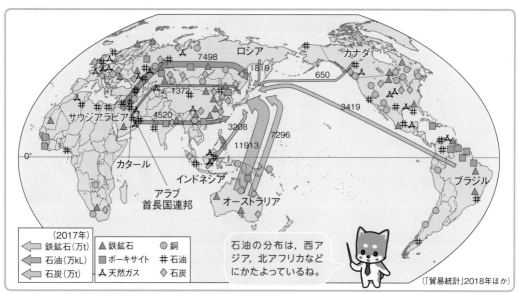

（2017年）	
⬅ 鉄鉱石（万t）	
⬅ 石油（万kL）	
⬅ 石炭（万t）	

▲ 鉄鉱石	● 銅
■ ボーキサイト	＃ 石油
⋏ 天然ガス	◆ 石炭

石油の分布は，西アジア，北アフリカなどにかたよっているね。

（「貿易統計」2018年ほか）

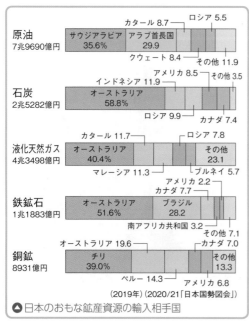

原油
7兆9690億円

| サウジアラビア 35.6% | アラブ首長国 29.9 | クウェート 8.4 | カタール 8.7 | ロシア 5.5 | その他 11.9 |

石炭
2兆5282億円

| オーストラリア 58.8% | インドネシア 11.9 | ロシア 9.9 | アメリカ 8.5 | カナダ 7.4 | その他 3.5 |

液化天然ガス
4兆3498億円

| オーストラリア 40.4% | カタール 11.7 | マレーシア 11.3 | ロシア 7.8 | ブルネイ 5.7 | その他 23.1 |

鉄鉱石
1兆1883億円

| オーストラリア 51.6% | ブラジル 28.2 | 南アフリカ共和国 3.2 | アメリカ 2.2 | カナダ 7.7 | その他 7.1 |

銅鉱
8931億円

| チリ 39.0% | ペルー 14.3 | オーストラリア 19.6 | アメリカ 6.8 | カナダ 7.0 | その他 13.3 |

（2019年）（2020/21「日本国勢図会」）

🔺 日本のおもな鉱産資源の輸入相手国

● 火力発電所	（2017年現在）
▲ 水力発電所	
◆ 原子力発電所	
☆ 地熱発電所	
■ 風力発電所	

（「電気事業便覧」2017年版ほか）

泊　東通　敦賀　美浜　大飯　高浜　志賀　柏崎刈羽　女川　福島第二　東海第二　島根　玄海　浜岡　伊方　川内

🔺 日本のおもな発電所の分布

① 世界と日本の鉱産資源

(1) 鉱産資源の分布

▶ 地域にかたよる分布

鉱産資源の分布は，地域によってかたよりがある。

① **石油**…西アジアの**ペルシャ湾沿岸**，カスピ海沿岸地域，北アフリカ，カリブ海の沿岸地域にかたよっている。

② **石炭**…世界に広く分布しており，埋蔵量も多い。

③ **鉄鉱石**…世界に広く分布しているが，とくに**オーストラリア**，**中国**，**ブラジル**に多い。

④ **ウラン**，**すず**，**レアメタル**（52ページ）など…石油より，さらにかたよって分布している。

▶ 資源大国

国土面積の広い**ロシア連邦**，**アメリカ合衆国**，**中国**は，さまざまな種類の鉱産資源の埋蔵量・産出量が多い。**オーストラリア**も資源大国の１つで，**エネルギー自給率**もきわめて高い。

(2) 鉱産資源を輸入に依存する日本

▶ 埋蔵量が少ない日本

日本は鉱産資源が少なく，エネルギー自給率もきわめて低い。石炭は1960年代まで大量に産出していたが，ほとんどの炭鉱が閉鎖された。

▶ おもな資源の輸入先（左ページのグラフ参照）

日本は，セメントの原料になる**石灰石**を除き，ほとんどの鉱産資源を輸入に依存している。

① **石油**…**サウジアラビア**や**アラブ首長国連邦（UAE）**など，ペルシャ湾岸諸国が大半を占めている。

② **石炭**，**鉄鉱石**，**液化天然ガス（LNG）**…地理的にも近い**オーストラリア**が最大の相手国である。

③ **その他**…銅鉱は**チリ**，すずやアルミニウムは**中国**，ダイヤモンドは**インド**，レアメタルのマンガンやクロムは**南アフリカ共和国**が最大の相手国である。

くわしく

鉱産資源とエネルギー資源

　石油，石炭，鉄鉱石，すずなど，工業の原料に使われる資源のことを，**鉱産資源**という。地下に埋蔵されているため，**地下資源**ともいう。この鉱産資源のうち，とくに発電などに使われる石油，天然ガス，石炭，ウランなどを**エネルギー資源**という。なお，水力発電に使われる水や，太陽光発電に使われる太陽光もエネルギー資源である。エネルギー資源のうち，動植物に由来する石油，天然ガス，石炭を**化石燃料**という。

▼ おもな国のエネルギー自給率

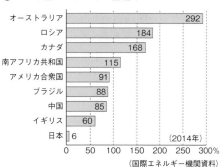

```
オーストラリア                          292
ロシア                    184
カナダ                  168
南アフリカ共和国      115
アメリカ合衆国        91
ブラジル            88
中国              85
イギリス        60
日本  6                            (2014年)
   0  50  100  150  200  250  300%
                    （国際エネルギー機関資料）
```

注目！

液体にする理由

　天然ガスは，石油や石炭とともに**火力発電**の重要な燃料である。大陸ではパイプラインを使って輸送されるが，日本には−162℃以下に冷やし，**液体（液化天然ガス）**にして運ばれる。液体にすると，体積を約600分の１まで圧縮でき，大量に輸送することができるからである。

(1)おもな発電

▶火力発電

石炭，石油，天然ガスなどの**化石燃料**を燃やした熱で蒸気をおこす。その蒸気の力でタービンを回し，電気をおこす。

① **利点**…安定して発電でき，エネルギー効率もよい。施設の建設・維持費も大きくない。

② **欠点**…資源を輸入しなければならない。**地球温暖化**の原因といわれる**二酸化炭素**を排出する。**大気汚染**の原因となる有毒な硫黄酸化物や窒素酸化物も排出する。

▶水力発電

ダムにたくわえた水を落下させた力でタービンを回す。

① **利点**…**自然エネルギー**の水を使うので，燃料費がかからず，二酸化炭素も有毒ガスも出さない。

② **欠点**…発電施設（ダム）の建造・維持コストが高い。建設により，周囲の**生態系に悪影響**をおよぼす。

▶原子力発電

ウランやプルトニウムなど核燃料の原子核を分裂させ，そのときに出た熱で蒸気をおこし，タービンを回す。

① **利点**…効率よく，安定して大量の電力を得られる。二酸化炭素なども出さない。

② **欠点**…有害な**核廃棄物**の処理がむずかしい。事故をおこすと，自然環境や人体に**大きな被害**をもたらす。

注目！

発電所の立地（132 ページ）

・**火力発電所**…燃料の輸入に好都合な工業地域の沿岸部に立地。

・**原子力発電所**…沿岸部に立地している。原子炉の冷却に海水を使うためである。なお，安全面の配慮から，大都市から離れたところに多い。

・**水力発電所**…ダムの建造に適した川の上流の山間部に多い。

 都市から遠い沿岸の美浜原発（福井県）

参考

トイレのないマンション？

原子力発電で出た**核廃棄物**は，処理方法が確立されておらず，最終的な行き場も決まっていない。数千〜数万年も残る有害な**放射性物質**をふくんでいるため，原子力発電所は「トイレなきマンション」とたとえられる。

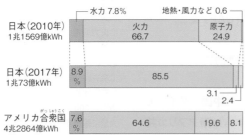

	水力	火力	原子力	地熱・風力など
日本(2010年) 1兆1569億kWh	7.8%	66.7	24.9	0.6
日本(2017年) 1兆73億kWh	8.9%	85.5	3.1	2.4
アメリカ合衆国 4兆2864億kWh	7.6%	64.6	19.6	8.1

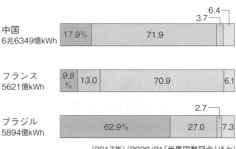

中国 6兆6349億kWh	17.9%	71.9	3.7	6.4
フランス 5621億kWh	9.8%	13.0	70.9	6.1
ブラジル 5894億kWh	62.9%	27.0	2.7	7.3

（2017年）（2020/21「世界国勢図会」ほか）

🔺 おもな国の発電量の内訳

(2) 新しいエネルギーと環境への配慮

▶日本の発電の推移と課題

① **推移**…1950年代まで**水力発電**が中心だったが，工業成長に
ともない**火力発電**に移行した。1970年代以降は原子力発電
の割合が増えたが，2011年の**福島第一原発事故**をきっかけ
に，多くの原子力発電所が停止になった。

② **課題**…資源への依存を減らすこと，環境汚染を減らすこと，
安全性を向上させることなどが課題。**再生可能エネルギー**
の利用，**リサイクル**の促進に力を入れている。

▶再生可能エネルギー

① **再生可能エネルギー**…太陽光や風力，**太陽熱，地熱，波
力，バイオマス**など，くり返し利用できるエネルギー。
自然エネルギー，クリーンエネルギーともよばれる。

② **課題**…太陽光や風力は**天候**に左右される。また，費用の
わりに発電量が多くなく，**効率性を高める**ことも課題。

▶リサイクルとエコカー

使用済みのパソコンや携帯電話から，**レアメタル**を回収し，
リサイクル（再利用）する取り組みも広がっている。また，環
境にやさしい新素材や**エコカー（ハイブリッドカー**や**電気自動
車）**の開発・普及も進められている。

> パソコンや携帯電話は，人口が密集する都市
> に多いことから，「都市鉱山」とよばれているよ。

第6章
日本の地域的特色と地域区分

くわしく

おもな国の発電量
・**アメリカ合衆国**や**中国**…石油や
天然ガスなど，**化石燃料**が豊富な
ので，**火力**が中心。
・**ブラジル**や**カナダ**…大きな河川
が流れ，**水資源**が豊富なので，**水
力**が中心。
・**フランス**…資源が乏しく，核エネ
ルギーの研究がさかんだったこと
から，**原子力**が中心。

▲太陽光パネル（沖縄県今帰仁村）

▲風力発電の風車（秋田県酒田市）

テストに出る！ つまりこういうこと

● **おもな資源の輸入先**…**石油**➡サウジアラビア，アラブ首長国連邦などの西アジア。**石炭・鉄鉱石・
天然ガス**➡オーストラリア。銅鉱➡チリ。レアメタルのマンガンやクロム➡南アフリカ共和国。

● **火力発電**…沿岸部に立地。エネルギー効率はよいが，**二酸化炭素**や有毒な排気ガスを出す。

● **水力発電**…山間部に立地。有毒な排出物は出さないが，ダム建設で周囲の生態系に悪影響。

● **原子力発電**…都市から遠い沿岸部に立地。効率よく安定して電力を得られるが，**核廃棄物**
の処理がむずかしい。事故による**危険性**が高い。

● **再生可能エネルギー**…**太陽光，風力，バイオマス**など➡くり返し利用できる。**クリーンエネ
ルギー**だが，天候に左右され，安定して電力を得られない。発電量当たりのコストが高くつく。

5 日本の農林水産業

地図で確認
日本は食料自給率が約40%と低く，農林水産業の活性化がはかられている。

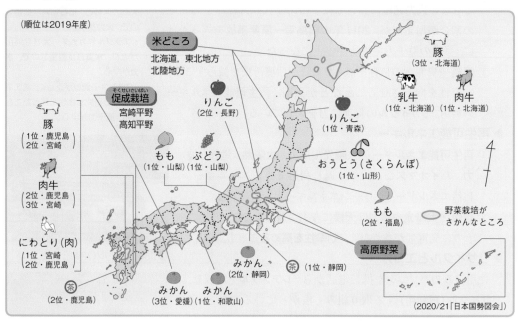

（順位は2019年度）

米どころ
北海道，東北地方
北陸地方

豚
（3位・北海道）

乳牛
（1位・北海道）

肉牛
（1位・北海道）

促成栽培
宮崎平野
高知平野

りんご
（2位・長野）

りんご
（1位・青森）

豚
（1位・鹿児島）
（2位・宮崎）

もも
（1位・山梨）

ぶどう
（1位・山梨）

おうとう（さくらんぼ）
（1位・山形）

肉牛
（2位・鹿児島）
（3位・宮崎）

もも
（2位・福島）

野菜栽培が
さかんなところ

にわとり（肉）
（1位・宮崎）
（2位・鹿児島）

高原野菜

茶（1位・静岡）

みかん
（2位・静岡）

茶（2位・鹿児島）

みかん
（3位・愛媛）

みかん
（1位・和歌山）

（2020/21「日本国勢図会」）

林　業
日本の森林は人工林が多い。

漁　業
漁獲量が減少して，輸入が増加。
とる漁業から育てる漁業への転換。

オホーツク海

にしん

さけ

リマン海流

えぞまつ

たら

日本海

青森ひば

八戸

根室

くしろ
釧路

親潮（千島海流）

ほたての
養殖

秋田すぎ

気仙沼

三陸沖
潮目で世界的な
好漁場。

ぶり

北山すぎ

石巻

ひらめ

あじ

かきの
養殖

境

木曽ひのき

かきの
養殖

さんま

長崎

たい

いいづ
焼津

ちょうし
銚子

暖　流　　寒　流

森林の総面積
に占める人工林
の割合

60%以上

50〜60%未満

50%未満

対馬海流

枕崎

真珠の養殖

まぐろ

尾鷲ひのき

黒潮（日本海流）

かつお

太　平　洋

① 日本の農業

(1) 日本の農業の特色と変化

▶農業の特色

① **稲作が中心**…米が主食の日本は，古くから稲作がさかんである。全国各地に水田が分布している。

② **規模が小さい**…一戸当たりの耕地面積がせまく，**小規模な農家**が多い。単位面積当たりの収穫量は多い**集約的農業**。

③ **兼業農家が多い**…農業以外の収入がある**兼業農家**（副業的農家・準主業農家）が多く，農業だけを営む専業農家（主業農家）は少ない。

▶農業政策の変化

① **食生活の変化**…食生活の変化で，洋食が増えた。1960年代後半，米の消費量が減り，**米余り**が深刻になった。

② **政府の生産調整**…政府は**生産調整**を行い，米の作付面積を減らす**減反政策**を始めた。稲作農家には，野菜や果実などの栽培に**転作**することをすすめた。

③ **生産調整の転換**…2018年，一律の生産調整を見直し，産地（生産者）が生産量を設定できるようになった。

(2) おもな農業地域

▶稲作

全国で広く行われているが，とくに**東北地方**の**日本海側**や**北陸地方**がさかんで，米の単作地帯になっている。生産量は，**北海道と新潟県**が1位を争っている。

▶畑作（野菜・花の栽培）

北海道の**十勝平野**は，大規模農業で栽培。高知平野や渥美半島（愛知県），宮崎平野などでは，温室やビニールハウスを使った**施設園芸農業**が行われている。

▶果樹栽培

日あたりのよい**斜面**や**盆地**で行われている。冷涼な地域（青森県，長野県）ではりんごの栽培がさかん。温暖な地域（愛媛県，和歌山県）ではみかんの栽培がさかん。

くわしく

農家の分類
　65歳未満で，年60日以上農業で働く人がいる農家のうち，①農業からの所得がおもな農家を**主業農家**，②農業以外の所得がおもな農家を**準主業農家**という。また，③年60日以上働く60歳未満の人がいない農家は**副業的農家**という。

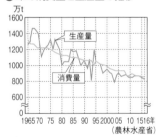

◎米の消費量と生産量の推移

（農林水産省）

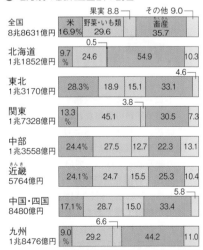

◎地方別の農業産出額の割合

	米	野菜・いも類	果実	畜産	その他
全国 8兆8631億円	16.9%	29.6	8.8	35.7	9.0
北海道 1兆1852億円	9.7%	24.6	0.5	54.9	10.3
東北 1兆3170億円	28.3%	18.9	15.1	33.1	4.6
関東 1兆7328億円	13.3%	45.1	3.8	30.5	7.3
中部 1兆3558億円	24.4%	27.5	12.7	22.3	13.1
近畿 5764億円	24.1%	24.7	15.5	25.3	10.4
中国・四国 8480億円	17.1%	28.7	15.0	33.4	5.8
九州 1兆8476億円	9.0%	29.2	6.6	44.2	11.0

（2015年）（平成27年生産農業所得統計）

▶畜産・酪農

　北海道や南九州（鹿児島県，宮崎県）では，企業的な畜産が行われている。北海道では，乳牛・肉牛の飼育と酪農がさかん。九州は肉牛・豚・にわとりを飼育している。にわとり（卵用）の飼育や酪農は，大都市近郊でも行われている。

(3) さまざまな農業の工夫

▶近郊農業

　大都市の周辺部では，新鮮さが求められる野菜や花の栽培，鶏卵の生産がさかんである。これを近郊農業という。三大都市圏の千葉県や茨城県，愛知県，兵庫県など。

▶促成栽培と抑制栽培

　他の地域と時期をずらし，価格の高い時期に出荷できるように，作物の生育を早めたり遅らせたりしている。

① 促成栽培…温室やビニールハウスを使い，作物の生育を早め，他の地域より早く出荷する。温暖な高知平野や宮崎平野，房総半島南部などで，ピーマン，きゅうり，なすなどの夏野菜を栽培。

② 抑制栽培…高原の冷涼な気候を利用し，他の地域より遅く出荷する。中央高地や浅間山の山ろくで，はくさい，キャベツ，レタスなどの高原野菜を栽培。

▲宮崎平野のビニールハウス

▲長野県野辺山原の高原野菜の栽培

 新しいスマート農業の試み

① ドローンで農薬を散布する？
　農薬や肥料の散布などに，無人航空機ドローンを活用する動きが進んでいる。人が散布するより，5分の1以下の時間で済むため，労働力不足になやむ農家にとってメリットは大きい。農林水産省も，農業用ドローンの普及拡大をはかっている。

② 工場で野菜を生産する？
　ドローンなど，新しいIT技術を使った農業をスマート農業という。野菜栽培で広がっているスマート農業が植物工場である。太陽光の代わりにLEDを，土の代わりに培養液を使い，密閉された室内（プラントファクトリー）で栽培する。気候に左右されず，安定して生産できるが，栽培可能な植物は葉もの野菜の一部や，きのこ類などに限られ，設備の建設・維持費がかかるという欠点もある。

▶農業の新しい動き

① **銘柄米（ブランド米）**…品種改良などにより，新しい品種が生み出されている。とくに地域の特徴を生かした，味のよい**銘柄米**の栽培がさかんになっている。

② **有機農業**…自然環境に配慮し，農薬や化学肥料に使用を控える**有機農業**も広がっている。水田にアイガモを放し，低農薬・低肥料で育てる**アイガモ農法**も，その１つ。

③ **地産地消**…食の安全への関心から，地元でつくった作物を地元で消費する**地産地消**の動きも広がっている。輸送にともなう二酸化炭素の排出を減らせるという利点もある。

② 日本の林業

(1) 日本の林業の特色

▶日本の森林

日本は国土の**約3分の2**が森林で，古くから林業が行われてきた。現在，森林面積のうち，**人工林が約63％**，**天然林が約37％**（2017年）を占めている。

▶林業がさかんな地域

木材の生産量は，**北海道**が全国一。東北地方の**青森ひば**，**秋田すぎ**，中央高地の**木曽ひのき**，紀伊山地の**吉野すぎ**，**尾鷲ひのき**などは，美林で知られる。

(2) 林業をめぐる状況

▶林業をめぐる状況の変化

① **輸入の増加**…1960年代後半から，**安い外国産木材の輸入**が増えた。高齢化による後継者不足，森林の荒廃などで，今世紀初めには木材自給率が20％を割った。

② **回復傾向**…近年，林業ベンチャーの参入が増えており，**木材の輸出も増加**している。海外で高品質な日本産木材の人気が高まっているためで，自給率も**37％**（2018年）まで回復した。

参考

おもな銘柄米（ブランド米）

全国で栽培されている**コシヒカリ**のほか，北海道の**ゆめぴりか**，**きらら397**，秋田県の**あきたこまち**，山形県の**つや姫**，熊本県の**ヒノヒカリ**など。

フードロス（食品の廃棄）を減らそうという取り組みも広がっているよ。

くわしく

人工林と天然林

植樹などの人の手によってできた森林を**人工林**という。1950年代に大規模な植樹が行われたことから，人工林が増えた。

これに対し，自然のままの森林を**天然林（自然林）**という。天然林のなかでも，伐採などが行われたことのない森林は**原生林**とよばれる。世界自然遺産の**白神山地**（青森県・秋田県）には，ぶなやひばの原生林が広がっている。

● 木材の生産・輸入・消費

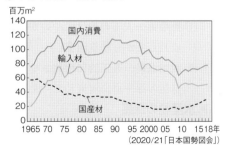

（2020/21「日本国勢図会」）

▶新しい木材

近年，じょうぶで軽い**CLT**（直交集成板）という建築用材が普及している。また，**バイオマス発電**の普及にともない，その燃料に使う**木材チップ**の生産も増加している。

③ 日本の水産業

(1) 日本の水産業の特色

▶世界有数の漁場

日本の近海は，**暖流**と**寒流**がぶつかる**潮目**（潮境）にあたり，**大陸棚**も広がっていることから，**世界有数の漁場**になっている。

▶漁獲量の変化

① **遠洋漁業の低迷**…1970年代，**排他的経済水域**の設定による漁場の縮小と燃料費の高騰から，遠洋漁業の漁獲量が減った。

② **漁業技術の向上**…**魚群探知機**など，漁業技術の向上で，沖合漁業の漁獲量が増えた。日本の水揚げ量は世界一で，1984年にピークをむかえた。

③ **漁獲量の減少**…乱獲による不漁や各国が漁業制限を設けたことで，沖合漁業の漁獲量も減少した。

④ **輸入量の増加**…外国からの水産物の輸入量が増加した。日本の水産物の自給率は，約55％（2018年）まで低下している。

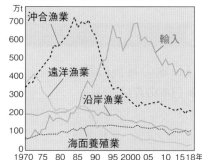

◎ 漁業種類別の漁獲量と輸入量の推移

（農林水産省資料ほか）

(2) 水産業をめぐる状況

▶とる漁業から育てる漁業へ

とる漁業から**育てる漁業**への転換がはかられている。

① **養殖業**…人工の生けすやいかだなどで，稚魚・稚貝を育て，成長してからとる漁業。

② **栽培漁業**…人工的に孵化させた稚魚・稚貝を一定期間育て，自然の海や川に放流して，成長してからとる漁業。

▶水産物の保護

日本は，さんまやあじ，くろまぐろなどを対象に，**TAC**（漁獲可能量）制度を導入し，漁獲量を制限している。

(1) 高齢化と後継者不足

▶ 高齢化と後継者不足

　農業・林業・水産業とも，労働者の**高齢化**が進んでおり，**後継者不足**が深刻になっている。若い外国人労働者への依存が高まっている。

▶ 後継者の育成

　農業では，自治体と**農業協同組合（JA）**が協力し，農業を始めたい若者を支援する取り組みを進めている。漁業では，政府が漁業学校に通う学生に補助を行っている。

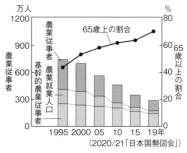

◆農業従事者の推移
（2020/21「日本国勢図会」）

(2) 食料自給率の低下

▶ 農産物の輸入自由化

　1980年代半ば，農産物の**輸入自由化**により，安い外国産の輸入が増えた。水産物の輸入増加も重なって，近年の日本の**食料自給率**（カロリーベース）は，約40%という低い水準で推移している。

▶ 自給率の向上にむけて

　農業では，規模の拡大や効率化がはかられている。耕地面積は減少しているが，**農家一戸当たりの耕地面積**は増加傾向にある。

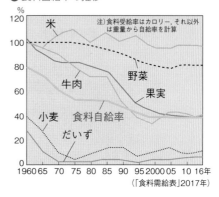

◆食料自給率の推移
（「食料需給表」2017年）

テストに出る！　つまりこういうこと

- ● **日本の農業の特色**…稲作が中心。規模が小さく，集約的な農業。**兼業農家**が多い。
- ● **農業の変化**…食生活の変化で，**米余り**➡**生産調整**による減反政策，転作。➡生産調整の見直し。
- ● **さまざまな農業**…大都市周辺➡野菜や花を栽培する**近郊農業**。温暖な地域➡ビニールハウスや温室を使い，夏野菜の**促成栽培**。冷涼な地域➡高原野菜の**抑制栽培**。稲作地帯➡**銘柄米**の栽培。
- ● **日本の林業**…国土の**約3分の2**が森林。人工林が約63%。林業の変化➡安い外国産木材の輸入が増えたが，木材の自給率は回復傾向にある。**バイオマス**の燃料，木材チップの増加。
- ● **日本の水産業**…世界有数の漁場をもつ。水産業の変化➡1970年代，漁場縮小などで遠洋漁業が低迷。1984年をピークに乱獲や漁獲制限で沖合漁業が低迷。**養殖業**や**栽培漁業**への転換をはかる。
- ● **食料生産の課題**…高齢化による**後継者不足**の解消。**食料自給率**（約40%）の向上。

📍地図で確認 ▷ 機械工業を中心に発展してきたが, 高付加価値製品への転換が進められている。

- 工業地帯・地域
- IC工場

北陸工業地域
天然ガス・石油を産出,
金属工業・食料品工業・
せんい工業が比較的多い。

阪神工業地帯
重化学工業が多く,
せんい工業も多い。
中小工場が多い。

北九州工業地帯（地域）
鉄鋼業中心で発展したが,
近年は地位が低下。

太平洋ベルト

北関東工業地域
内陸部に機械工業を
中心に工業団地を形成。

京浜工業地帯
機械工業が多い。

京葉工業地域
鉄鋼・石油化学などの
大工場がコンビナート
を形成。

東海工業地域
楽器・オートバイ
などの機械工業が
中心。

瀬戸内工業地域
化学工業が多く,
コンビナートを形成。

中京工業地帯
自動車工業などの
機械工業が多い。

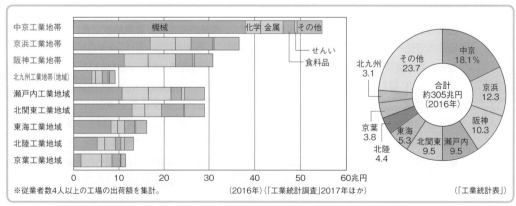

※従業者数4人以上の工場の出荷額を集計。　（2016年）（「工業統計調査」2017年ほか）　（「工業統計表」）

中京工業地帯：機械／化学／金属／その他／せんい／食料品

円グラフ：合計 約305兆円（2016年）
中京 18.1% ／ 京浜 12.3 ／ 阪神 10.3 ／ 瀬戸内 9.5 ／ 北関東 9.5 ／ 東海 5.3 ／ 北陸 4.4 ／ 京葉 3.8 ／ 北九州 3.1 ／ その他 23.7

① 日本の工業

(1)日本の工業の変化

▶ 工業の分類

工業は，大きく**軽工業**と**重化学工業**に分けられる。

① **軽工業**…製造が比較的簡単で，日常生活で使う製品を生産する工業。**せんい工業，食料品工業，印刷工業**など。

② **重化学工業**…大きな設備が必要で，重量のある製品や化学反応を利用してつくる製品を生産する工業。**金属工業**（鉄鋼業・アルミニウム工業など），**機械工業**（電気機械・輸送機械・一般機械），**化学工業**（石油化学工業など）。

▶ 日本の工業の推移

日本は軽工業から重化学工業，そしてハイテク（先端技術）産業へと発展してきた。

① **明治時代～第二次世界大戦**…せんい工業から始まり，やがて鉄鋼・造船などの重工業が成長した。
  ➡ 京浜・中京・阪神・北九州の**四大工業地帯**が形成された。

② **戦後～高度経済成長期**…重化学工業が成長。燃料・原材料を輸入し，高品質の工業製品を製造して，海外に輸出する**加工貿易**で発展した。
  ➡ 原材料・製品の輸出入に便利な**臨海部**に，京葉，東海，瀬戸内など新しい工業地域が広がり，**太平洋ベルト**が形成された。

③ **1970年代**…1973年の**石油危機（オイルショック）**で高度経済成長が終わった。
  ➡ 内陸部に**輸送機械・電気機械**の工場が進出し，北関東工業地域などが形成された。

④ **1980～90年代**…自動車や電気機械などの輸出が増えすぎたため，欧米諸国と**貿易摩擦**がおこった。とくに貿易赤字に苦しむ**アメリカ合衆国**との摩擦が激化した。
  ➡ 日本の多くの工場が海外に移転し，現地生産に力を入れたため，国内では**産業の空洞化**がおこった。**ハード**（製造業）から**ソフト**（先端技術産業）への転換が進められた。

参考

ハイテク（先端技術）産業

　機械工業の製品のなかでも，IC（集積回路）や**液晶パネル**，**スマートフォン**などは，生産に高度な技術（ハイテクノロジー）が必要なため，**ハイテク（先端技術）産業**とよばれる。日本や欧米諸国が先駆けて発展させたが，近年は，中国や韓国，台湾など東アジア諸国で急成長している。

スマートフォンの世界シェアは，中国が1位。約4割（2019年）を占めているよ。

◆日本の自動車生産量

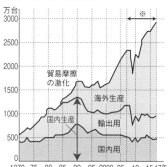

万台

貿易摩擦の激化

海外生産

国内生産

輸出用

国内用

1970 75 80 85 90 95 2000 05 10 15 17年
※2007年に海外生産の集計方法を変更しているため，2006年以前とは単純には比較できない。
（日本自動車工業会資料ほか）

産業の空洞化

　多くの工場が海外に移転することで，**国内の産業が衰退すること**。工場の縮小・閉鎖によって失業者が増え，地域の経済も疲弊する。

▶ 現在の日本の工業

IC（集積回路）などの電子部品にくわえ，インターネットの普及にともなって，ICT（情報通信技術）産業が発展している。高機能な製品や環境に配慮した製品の開発が進んでいる。

(2) おもな工業地域

▶ 四大工業地帯

早くから発展した工業地帯。京浜・中京・阪神工業地帯は，出荷額が少ない北九州工業地帯（地域）を除き，三大工業地帯といわれることが多い（142ページ）。

① 京浜工業地帯…東京湾岸に広がる総合工業地帯。重工業が中心だが，他と比べて出版・印刷業がさかんなのが特徴。

② 中京工業地帯…出荷額最大の工業地帯。豊田市の自動車や名古屋市の航空機など，機械工業（輸送機械）の割合が多いのが特徴。四日市（三重県）には，石油化学コンビナートが形成されている。

③ 阪神工業地帯…他と比べて金属工業の割合が大きいが，近年は臨海部に機械工業やハイテク産業が進出している。内陸部は中小工場が多い。

④ 北九州工業地帯（地域）…鉄鋼業で成長してきたが，第二次世界大戦後に地位が低下した。近年は，自動車工場の進出で機械工業が伸びている。

▶ 臨海部の工業地域

第二次世界大戦後，太平洋ベルトの臨海部に発達した工業地域。大消費地に近く，交通の便がよいこと，埋め立てによって工場用地を確保できたことなどから発達した。

① 京葉工業地域…京浜工業地帯に隣接し，千葉県の東京湾岸に広がる。石油化学工業の割合が高いが，君津市などで鉄鋼業（金属工業）もさかん。

② 東海工業地域…豊富な水力・木材・水産資源をもとに製紙・パルプ工業，食品加工業が発達している。浜松市では，楽器，オートバイ，自動車部品工業もさかん。

🔖 くわしく

IC（集積回路）と半導体

ICは，コンピューターやスマートフォンなどの頭脳部分。小さな基盤の上に，半導体などの回路が組みこまれている。半導体は，低温では電気を通さず，高温になると電気を通す。この性質を利用して，ICなどに利用されている。以上のように，ICと半導体は厳密にはちがうものだが，同じ電子部品として扱われることも多い。

▼ 都道府県別の製造品出荷額

製造品出荷額
- ▨ 10兆円以上
- ▨ 8〜10兆円未満
- ▨ 6〜8兆円未満
- ▨ 4〜6兆円未満
- ▨ 2〜4兆円未満
- ▢ 2兆円未満

（2016年「工業統計表」ほか）

都道府県別の製造品出荷額
（2017年）

愛知県が約47.2兆円で全国1位。日本の産業を引っぱる自動車工業によるところが大きい。2位の神奈川県（18.1兆円），3位の大阪府（17.3兆円）を大きく引き離している。

臨海部の工業地域には，火力発電所がある。天然ガスや石油のタンクもあるよ。

⬆️臨海部の工業地域（大阪府）

⬆️内陸部の工業地域（埼玉県）

③ 瀬戸内工業地域…化学工業の割合が高い。水島臨海地区（倉敷市）をはじめ，各地に**石油化学コンビナート**が形成されている。造船・自動車工業もさかん。

▶ **内陸部の工業地域**

製品の輸送に便利な高速道路沿いに，多くの工場を集めた**工業団地**が形成されている。北関東工業地域は，電気機械や自動車部品などの組立型の工業と食料品工業が中心。

▶ **高速道路・空港周辺の工業地域**

九州地方や東北地方の高速道路・空港周辺には，IC（集積回路）などを製造する電子部品工場が多く進出している。九州地方は**シリコンアイランド**，東北地方の高速道路沿いは**シリコンロード**などともよばれる。

② 日本の商業・サービス業

(1)産業の分類と変化

▶ **産業の分類**

産業は，大きく次の３種類に分類される。

① 第１次産業…自然にあるものを直接利用する産業。**農業，林業，水産業**。

② 第２次産業…地下資源の採掘や工業製品・建物などをつくる産業。**鉱業，工業，建設業**。

③ 第３次産業…生産に直接かかわらない，第１次・第２次産業以外のすべての産業。**商業**と**サービス業**（運輸業，金融・保険業，教育，飲食業など）に分けられる。

注目!

電子部品工場の進出の理由

IC（集積回路）は，小型軽量のわりに値段が高い。飛行機や長距離トラックを使って輸送しても，採算が合うため，大消費地から離れた地方の高速道路・空港沿いに工場が進出している。

（参考）

シリコンの由来

シリコンアイランドやシリコンロードは，ICT産業の企業・研究所が集積しているアメリカ合衆国の**シリコンバレー**（80ページ）にちなんで命名された。シリコン（ケイ素）は，集積回路や太陽電池などに使われる非金属元素のこと。

🔻第3次産業の内訳

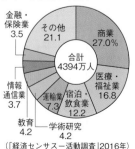

金融・保険業 3.5
その他 21.1
商業 27.0%
合計 4394万人
医療・福祉業 16.8
情報通信業 3.7
宿泊・飲食業 12.2
運輸業 7.3
教育 4.2
学術研究 4.2

（「経済センサス-活動調査」2016年）

▶産業の変化

工業成長にともない，**第1次産業から第2次産業**へと移り，さらに経済が発展すると，**第3次産業**が中心になる。日本も第二次世界大戦後，一貫して第3次産業の割合が増えた。

日本 [1960年]	28.7%	28.0	43.3
日本 [1980年]	9.6	34.8	55.6
日本 [2017年]	3.1	23.7	73.2

中国 [2016年]	27.7	28.8	43.5
インド [2012年]	47.1	24.8	28.1
イギリス [2016年]	1.1	18.4	80.0

■第1次産業 　■第2次産業 　■第3次産業

（「労働力調査」ほか）

●産業別人口の割合

(2) 日本の商業・サービス業

▶商業・サービス業

商業・サービス業は，**第3次産業**にふくまれる。情報化や高齢化が進むなか，サービス業で働く人が増えているが，商業で働く人は減少傾向にある。

▶商業とその種類

商業は，一般に形のある商品を売買する事業をいう。大きく小売業と卸売業に分けられる。

① **小売業**…客（消費者）に商品を販売するお店のこと。個人商店のほか，**デパートやスーパーマーケット，コンビニエンスストア**などもふくまれる。

② **卸売業**…生産者から商品を仕入れて，小売業者に売りわたす業者のこと。商品の**流通**を担う。

1960年代の日本や発展途上国のインドは，第1次産業の人口割合が大きいね。

(参考)

苦戦する小売業

今世紀に入り，生産者が卸売業者を通さず，小売業者に直接商品を売りわたすという動きが広がっている。**ネット通販**（インターネットを使った通信販売）の拡大によって，この傾向はさらに加速している。

コラム お金のいらない社会がやってくる？

現金（キャッシュ）を使わず，クレジットカードやプリペイドカードで支払いをするしくみは，1990年代に広がった。**クレジットカード**は，いったん銀行が客に代行して支払い，あとで決済するしくみ。**プリペイドカード**は先にまとまったお金を入金し，そこから引き出すしくみである。

2010年代には，スマートフォンなど**モバイル端末**の普及にともない，アプリを使った**電子決済**が広がった。こうした現金を使わない社会を，**キャッシュレス社会**という。北欧のスウェーデンは，国を挙げて電子決済の導入を進め，国民が現金を使う場面はほとんどなくなった。スウェーデンは，「**現金が消えた国**」などといわれている。

▶小売業の変化

① **駅前の商店街**…かつて小売業の中心は，多くの商店が集まる駅前や都市中心部の商店街だった。デパート（百貨店）も集客力があった。

② **郊外の大型店**…自動車によるショッピングが一般的になると，郊外の幹線道路沿いに，広い駐車場を備えた**大型ショッピングセンター**が進出した。また，24時間営業の**コンビニエンスストア**も増えた。

③ **通信販売**…インターネットの普及により，実際の店をもたず，宅配便などを使って商品を提供する**通信販売**の利用者が増え，**電子商取引**が急成長している。

▶サービス業とその種類

生産にも，形のある製品の販売にも，直接かかわらない産業。日本では，最も多くの人がサービス業で働いている。

① **古くからのサービス業**…医療・福祉業，宿泊・飲食業，運輸業，**金融・保険業**などのほか，教育や学術研究の業務，テレビや新聞などの報道も，サービス業にふくまれる。

② **新しいサービス業**…高齢化の進行にともない，**介護**の福祉業者が増えている。また，情報化の進展にともない，**ICT（情報通信技術）産業**が成長している。アニメーションやゲームソフトといった**情報コンテンツ産業**，スマートフォンのアプリ開発，電子決済のソフト開発など。

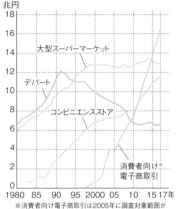

🔽小売業・電子商取引の販売額推移

※消費者向け電子商取引は2005年に調査対象範囲が変更された。

（商業動態統計調査ほか）

参考

サービス

食料品や衣類のような形のある商品を**財**というのに対し，ヘアカットや保険など，**形のない商品**を**サービス**という。サービスの元の意味は「奉仕」。私立学校や学習塾は教育というサービスを，病院は医療というサービスを，わたしたち消費者に提供している。

テストに出る！ **つまりこういうこと**

● **日本の工業の推移**…軽工業（せんい工業）から重工業へ➡戦時中，京浜・中京・阪神・北九州の**四大工業地帯**が形成➡臨海部に工業地域が拡大。**太平洋ベルト**が形成➡1980年代，**貿易摩擦**により，国内で**産業の空洞化**➡ハードからソフトへ。**ICT（情報通信技術）産業**が成長。

● **工業地帯・地域**…**京浜**➡出版・印刷に特徴。**中京**➡最大の出荷額。**自動車工業**。**阪神**➡金属から機械へ。**北九州**➡地位が低下。臨海部➡京葉，東海，瀬戸内工業地域。鉄鋼・化学工業が中心。内陸部➡北関東工業地域などに**工業団地**。機械工業が中心。空港・高速道路周辺に**IC工場**。

● **商業・サービス業（第3次産業）**…**商業**➡小売業と卸売業。駅前の商店街から郊外の**大型ショッピングセンター**へ，**電子商取引**が成長。**サービス業**➡介護・福祉業，情報コンテンツ産業が成長。

7 日本の交通・通信

📍 **地図で確認** 新幹線，高速道路，空路など高速交通網の拡大で，時間距離が大幅に短縮された。

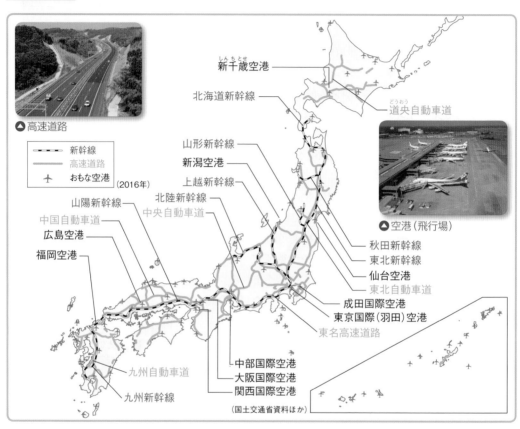

▲ 高速道路

新千歳空港

北海道新幹線

道央自動車道

▬▬▬	新幹線
▬▬▬	高速道路
✈	おもな空港

(2016年)

山形新幹線

新潟空港

上越新幹線

北陸新幹線

山陽新幹線

中央自動車道

中国自動車道

広島空港

福岡空港

▲ 空港（飛行場）

秋田新幹線

東北新幹線

仙台空港

東北自動車道

成田国際空港

東京国際（羽田）空港

東名高速道路

中部国際空港

大阪国際空港

関西国際空港

九州自動車道

九州新幹線

（国土交通省資料ほか）

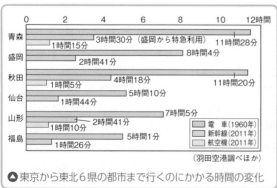

▲ 東京から東北6県の都市まで行くのにかかる時間の変化

青森　3時間30分（盛岡から特急利用）　11時間28分
1時間15分

盛岡　8時間4分
2時間41分

秋田　4時間18分　11時間20分
1時間5分

仙台　5時間10分
1時間44分

山形　2時間41分　7時間5分
1時間10分

福島　5時間1分
1時間26分

■	電車（1960年）
■	新幹線（2011年）
■	航空機（2011年）

（羽田空港調べほか）

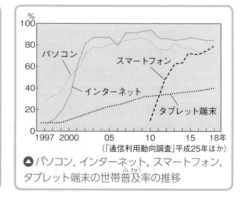

▲ パソコン，インターネット，スマートフォン，タブレット端末の世帯普及率の推移

パソコン

スマートフォン

インターネット

タブレット端末

（「通信利用動向調査」平成25年ほか）

(1)世界と日本を結ぶ交通

▶人の移動

① **日本からの出国**…**航空路線**の**拡充**により，日本と海外との間で，人の移動が増えている。しかし，今世紀に入り，日本人の海外旅行者数は横ばいになっている。

② **海外からの入国**…**海外からの入国者**が増えており，2010年代以降，出国者数を上回るようになった。これにともない，**インバウンド消費**も増加している。

▶モノの移動

海外との**貿易**も拡大している。重量のある工業製品や原材料の輸送は，**大型船**で輸送されている。小型軽量で高額な電子部品などは，**航空機**によって輸送されている。

① **日本の輸出**…自動車（輸送機械）や自動車部品をふくめると，**機械類**が約６割を占めている。

② **日本の輸入**…石油・石炭・天然ガスなど**エネルギー資源**が約２割を占めている。機械類の輸入も増えている。

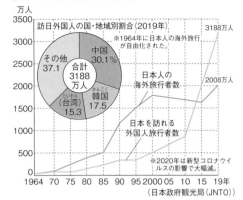

▼ 日本の出国者数・入国者数

訪日外国人の国・地域別割合（2019年）
※1964年に日本人の海外旅行が自由化された。

合計3188万人
中国 30.1%
その他 37.1
韓国 17.5
（台湾）15.3

3188万人
日本人の海外旅行者数
2008万人
日本を訪れる外国人旅行者数
※2020年は新型コロナウイルスの影響で大幅減。

1964 70 75 80 85 90 95 2000 05 10 15 19年
（日本政府観光局（JNTO））

📖 **くわしく**

インバウンド消費
訪日外国人（観光客）によって生み出された国内消費のこと。日本は「**観光立国**」をめざし，海外からの観光客を増やす**戦略**を打ち出してきた。近年は，東アジアや東南アジアからの旅行者が増えており，インバウンド消費も拡大し続けている。ただし，2020年は新型**コロナ（COVID-19）**の**影響**で，大幅に減少した。

（参考）

日本の貿易相手国（2019年）
中国とアメリカ**合衆国**が重要な貿易相手国になっている。
〔輸出相手国〕
1．アメリカ合衆国（19.8%）
2．中国（19.1）
3．韓国（6.6）
〔輸入相手国〕
1．中国（23.5%）
2．アメリカ合衆国（11.0）
3．オーストラリア（6.3）

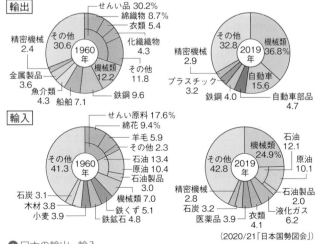

〔輸出〕
せんい品 30.2%
綿織物 8.7%
衣類 5.4
化繊織物 4.3
その他 11.8
鉄鋼 9.6
船舶 7.1
機械類 12.2
魚介類 4.3
金属製品 3.6
精密機械 2.4
その他 30.6
1960年

機械類 36.8%
自動車 15.6
自動車部品 4.7
鉄鋼 4.0
プラスチック 3.2
精密機械 2.9
その他 32.8
2019年

〔輸入〕
せんい原料 17.6%
綿花 9.4%
羊毛 5.9
その他 2.3
石油 13.4
原油 10.4
石油製品
機械類 7.0
鉄くず 5.1
鉄鉱石 4.8
小麦 3.9
木材 3.8
石炭 3.1
その他 41.3
1960年

機械類 24.9%
石油 12.1
原油 10.1
石油製品 2.0
液化ガス 6.2
衣類 4.1
医薬品 3.9
石炭 3.2
精密機械 2.8
その他 42.8
2019年

（2020/21「日本国勢図会」）

▲日本の輸出・輸入

149

(2) 日本の交通網

▶ 全国に広がる交通網

① **高速交通網**…高度経済成長期の1960年代から，新幹線，高速道路，航空の整備が進み，**高速交通網**で結ばれた。現在，**リニア中央新幹線**の建設も進められている。

② **連絡橋・トンネル**…本州と3島も，関門トンネル・関門橋（本州—九州），**青函トンネル**（本州—北海道），**本州四国連絡橋**の開通によって，鉄道・道路で結ばれている。

△ 明石海峡大橋（本四連絡橋）

▶ 国内輸送量の推移

かつては，旅客・貨物とも**鉄道**が中心だった。旅客輸送は鉄道の割合が多いが，近年は**航空機**が増えている。貨物輸送は**自動車**輸送が中心になっている。

▼ 輸送機関別の輸送量

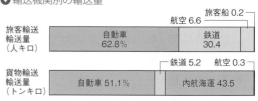

旅客輸送輸送量（人キロ）

| 自動車 62.8% | 鉄道 30.4 | 航空 6.6 | 旅客船 0.2 |

貨物輸送輸送量（トンキロ）

| 自動車 51.1% | 内航海運 43.5 | 鉄道 5.2 | 航空 0.3 |

(2017年)(2020/21「日本国勢図会」)

(3) さまざまな輸送

▶ 陸上輸送

① **自動車**…高速道路のインターチェンジ周辺に，流通の拠点となる**トラックターミナル**や**流通団地**が建設され，貨物輸送の中心になった。トラック輸送にくわえて，**宅配便**など小口の貨物輸送も増えている。

② **鉄道**…**旅客輸送**の中心。自動車とちがって，温室効果ガスを出さないことから，貨物輸送でも見直されている。地方では，本数の減少や廃線があいついでいるが，**モーダルシフト**の動きによって，貨物輸送は増えつつある。

▶ 海上輸送

貨物輸送が主。容量・重量のある工業製品は**コンテナ船**で，石油や天然ガスなどの資源は専用の**タンカー**で輸送する。横浜港や神戸港には，大規模なコンテナ埠頭が建設されている。

▶ 航空輸送

旅客・貨物輸送とも伸びている。旅客では，**LCC**（低価格の航空会社）の路線が拡大している。貨物は，高額な電子部品や医療機器，薬品の取扱量が多い。**成田国際空港**や**関西国際空港**は，アジアの**ハブ空港**としての役割も担っている。

くわしく

新しい自動車
世界各地で，環境に配慮した**ハイブリッドカー**や**電気自動車**が増えている。ブラジルでは，**バイオ燃料**を使った自動車も普及している。また，**人工知能（AI）**を搭載した自動運転車（無人カー）などの開発も進められている。

（参考）
モーダルシフト
運転手不足が深刻になっている**トラック輸送から，鉄道やフェリーなどの輸送にシフト（移行）**すること。モーダルシフトには，排気ガスをおさえ，渋滞を緩和するという利点もある。

ハブ空港とは，乗り換えや積み替えの拠点となる空港のことだよ。

② 日本の通信網

(1) 通信網の発達

▶高速通信 (情報通信) 網

　光ファイバーによる**通信ケーブル**や**人工衛星**を利用して，大量のデータを送受信できる高速通信 (情報通信) 網が整備された。**インターネット**を使って，世界じゅうの人々と情報交換（こうかん）ができる。

▶端末（たんまつ）機器の発達

　ICT (情報通信技術) の進歩により，パソコンや**スマートフォン**，タブレット端末は身近なものになった。Wi-Fiなどの無線通信を無料で使える店舗（てんぽ）や施設（しせつ）も増えている。

(2) 情報社会の課題

▶情報格差の拡大

　通信網が整備されている地域と，そうでない地域との格差が問題になっている。情報通信技術を利用できる人とできない人との間では，情報格差(デジタルデバイド)が生じている。

▶プライバシーの侵害（しんがい）

　当人の許可を得ないままインターネット上に個人情報が公開される**プライバシーの権利の侵害**や**著作権（ちょさく）の侵害**もおこっている。SNS上では，差別的な発言なども問題になっている。

海底ケーブル

　海底に敷設（ふせつ）された通信用のケーブル。世界初の海底ケーブルは，19世紀半ばに，ドーバー海峡 (英仏海峡) に電信ケーブルが敷設された。1980年代には，大容量のデータを送信できる**光ファイバー**のケーブルが開発され，太平洋や大西洋の海底にも敷設された。

参考

遠隔診断（えんかくしんだん）

　情報通信技術は**医療分野**（いりょう）でも利用されている。医師が対面で患者（かんじゃ）を診断するのではなく，ネット回線を利用し，画面やデータを見ながら診断する**遠隔診断**の動きも広がっている。

プライバシーの権利

　私生活における個人の自由を守る権利を，**プライバシーの権利**という。自分の写真や映像などを勝手に撮影（さつえい）されたりしない権利 (**肖像権**（しょうぞう）) なども，ふくまれる。

第6章 日本の地域的特色と地域区分

テストに出る！　　つまりこういうこと

- ● 日本の貿易…輸出➡**自動車と機械類**。輸入➡**石油・天然ガス**などエネルギー資源。貿易相手国➡**中国**と**アメリカ合衆国**（がっしゅうこく）。
- ● 陸上輸送…自動車➡貨物輸送の中心。**高速道路網**の整備。**宅配便**の増加。鉄道➡旅客輸送の中心。モーダルシフトで貨物輸送も増加。
- ● 海上輸送…貨物輸送が主。容量・重量のある工業製品➡**コンテナ船**。石油や天然ガス➡**専用のタンカー**。
- ● 航空輸送…旅客・貨物とも増加傾向（けいこう）。旅客➡LCCの路線拡大。貨物➡高額な**電子部品**など。
- ● 高速通信 (情報通信) 網…通信ケーブルや人工衛星を利用。**ICT (情報通信技術)** の進歩。
- ● 情報社会の課題…**情報格差**の拡大，プライバシーの権利の侵害，著作権の侵害など。

▲LCCの自動チェックイン

都道府県の主題図を読み取る

● 自然環境による地域区分

日本の標高

- 1000m以上
- 500〜1000m未満
- 500m以下

〔読み取り〕内陸部の標高が高く，中部地方の内陸部はきわだって高い。沿岸部は標高が低く，平野が広がっていることがわかる。

● 人口分布による地域区分

65歳以上の人口の割合

（2017年）
- 32%以上
- 30〜32%未満
- 28〜30%未満
- 28%未満

（「人口推計」2017年）

〔読み取り〕高齢者の割合は，東北地方・中国地方の日本海側と四国地方で高い。三大都市圏への人口流出も考えられる。

● 産業による地域区分①

第1次産業就業者数の割合

（2015年）
- 9%以上
- 6〜9%未満
- 3〜6%未満
- 3%未満

（平成27年国勢調査報告）

〔読み取り〕第1次産業は農林水産業なので，稲作のさかんな東北地方，畜産のさかんな九州地方の中・南部などで高い。

● 産業による地域区分②

第3次産業就業者数の割合

（2015年）
- 75%以上
- 70〜75%未満
- 65〜70%未満
- 65%未満

（平成27年国勢調査報告）

〔読み取り〕第3次産業は商業・サービス業なので，東京と大阪の大都市圏で高い。愛知は工業もさかんなので，高くない。

定期試験対策問題⑧ （解答→p.246）

1 日本のエネルギー 》p.134〜135

日本のおもな発電所の分布を示した右の地図を見て，次の問いに答えなさい。

(1) 地図中のa〜cの発電所の正しい組み合わせ
を次のア〜エから1つ選びなさい。

〔　　　〕

ア　a—火力，b—水力，c—原子力
イ　a—火力，b—原子力，c—水力
ウ　a—水力，b—火力，c—原子力
エ　a—水力，b—原子力，c—火力

応用 (2) 地図中の「風力発電所」「地熱発電所」について，
次の問いに答えなさい。

① 風力発電や地熱発電などを総称して何とい
うか。漢字4文字で書きなさい。

〔　　　　　　　　〕エネルギー

② 風力発電の欠点を2つ書きなさい。

〔　　　　　　　　　　　　　　〕
〔　　　　　　　　　　　　　　〕

（2017年）

● a
▲ b
☆ c
◆ 風力発電所
■ 地熱発電所

（「電気事業便覧」
2017年版ほか）

泊
東通
敦賀
柏崎刈羽
美浜
志賀
女川
大飯
福島第二
高浜
東海第二
島根
玄海
浜岡
伊方
川内

2 日本の農林水産業 》p.138, 140〜141

日本のおもな食料の自給率の推移を示した右のグラフを見て，次の問いに答えなさい。

(1) グラフ中のa・bの農産物の正しい組み合わせを次の
ア〜エから1つ選びなさい。

〔　　　〕

ア　a—果実，b—小麦　　　イ　a—だいず，b—小麦
ウ　a—だいず，b—果実　　エ　a—小麦，b—だいず

(2) グラフ中の野菜について，ビニールハウスや温室を使
い，他の産地より生育を早めて，市場に出荷する栽培方
法を何というか，書きなさい。

〔　　　　　　〕

(3) グラフ中の魚介類について，人工の生けすなどで稚魚・稚貝を育て，成長してからとる漁業
がさかんになっている。この漁業を何というか，書きなさい。

〔　　　　　　　　〕

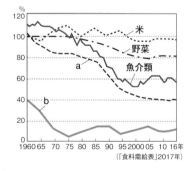

米
野菜
a
魚介類
b

1960 65 70 75 80 85 90 95 2000 05 10 16年
（「食料需給表」2017年）

3　日本の工業 >>p.143〜145

日本のおもな工業地帯・地域を示した右の地図を見て，次の問いに答えなさい。

(1)　地図中の ニニニニ で表した工業地帯・地域が集中
している帯状の地域を何というか，書きなさい。

〔　　　　　　　　　　　〕

(2)　次の各文が説明している工業地帯・地域の名称
を書きなさい。また，その場所を地図中の**ア〜キ**
から1つずつ選びなさい。

①　全国最大の出荷額をほこる。自動車，航空機
など輸送機械の割合が高い。

〔　　　　　　〕工業地帯・場所〔　　　　〕

②　水島臨海地区をはじめ，各地に石油化学コンビナートが形成されている。
<ruby>水島臨海<rt>みずしまりんかい</rt></ruby>

〔　　　　　　　　〕工業地域・場所〔　　　　〕

(3)　地図中の北関東工業地域でさかんな工業を次から2つ選びなさい。

〔　　　　〕〔　　　　〕

ア　電気機械工業　　イ　造船業　　ウ　石油化学工業　　エ　鉄鋼業　　オ　食品工業

応用 (4)　1980年代後半から，日本国内では産業の<ruby>空洞化<rt>くうどうか</rt></ruby>が問題になった。産業の空洞化とは，①ど
ういうことを理由に，②どういう<ruby>状況<rt>じょうきょう</rt></ruby>になったことをいうのか。①は「現地生産」，②は「国
内の産業」という語句を用いて説明しなさい。

①〔　　　　　　　　　　　　　　　　　　　　　　　　　　　　　〕

②〔　　　　　　　　　　　　　　　　　　　　　　　　　　　　　〕

4　日本の交通 >>p.150

日本の輸送機別の輸送量を示した右のグラフを見て，次の問いに答えなさい。

(1)　グラフ中の**ア〜ウ**は，鉄道，自動車，航空
機のどれかを表している。鉄道にあてはま
るものを1つ選びなさい。

〔　　　　　　〕

(2)　海上輸送について説明した次の文中の
（　　）a・bにあてはまる語句をそれぞれ
カタカナで書きなさい。

a〔　　　　　　〕　b〔　　　　　　〕

「海上輸送では，容量・重量のある工業製品は（　a　）船で，石油や天然ガスなどの資源は
専用の（　b　）で輸送する。<ruby>横浜<rt>よこはま</rt></ruby>港や<ruby>神戸<rt>こうべ</rt></ruby>港には，大規模な（a）専用の<ruby>埠頭<rt>ふとう</rt></ruby>が建設されて
いる。」

| 旅客輸送
輸送量
（人キロ） | ア
62.8% | イ
30.4 | ウ 6.6 | 旅客船 0.2 |

| 貨物輸送
輸送量
（トンキロ） | ア
51.1% | イ 5.2 | 内航海運
43.5 | ウ 0.3 |

(2017年)(2020／21「日本国勢図会」)

第7章

日本の諸地域

1 九州地方 >>p.158

- [ ] 中央に**九州山地**が連なり，**カルデラ**をもつ**阿蘇山**がそびえる。南部は火山灰の**シラス台地**が広がる。台風の被害が多い。
- [ ] 南西諸島は**亜熱帯気候**で，**さんご礁**の島々がうかぶ。
- [ ] **筑紫平野**で稲作と**二毛作**。**宮崎平野**でビニールハウスを使った野菜の**促成栽培**。シラス台地で**企業的な畜産**。
- [ ] **八幡製鉄所**の鉄鋼業で成長した**北九州工業地帯（地域）**は，地位が低下。近年，**IC**や**自動車**の工場が進出。
- [ ] 沖縄県は，**琉球王国**の独自の文化を継承。**米軍基地**が残る。

2 中国・四国地方 >>p.166

- [ ] 日本海側の**山陰**は雪が多い。**中国山地**と**四国山地**にはさまれた**瀬戸内**は雨が少ない。南四国は黒潮の影響で**温暖多雨**。
- [ ] **鳥取**でなし，**岡山**でももとぶどう，**愛媛**でみかんを栽培。**高知平野**で野菜の促成栽培。**広島**でかきを養殖。
- [ ] **瀬戸内工業地域**は，各地に**石油化学コンビナート**が形成。
- [ ] 農山村で**過疎**が深刻。地元の資源を生かした**地域おこし**。

3 近畿地方 >>p.174

- [ ] **大阪**は西日本の中心で，**商業**がさかん。**京都**と**奈良**は観光都市。**神戸**は，巨大な**コンテナ埠頭**をもつ貿易都市。
- [ ] **琵琶湖**から**淀川**が流れる。**紀伊半島**の南部は豪雨地帯。
- [ ] **近郊農業**が中心。**和歌山**でみかん，梅を栽培。
- [ ] **阪神工業地帯**は金属中心だったが，機械工業が成長。内陸に技術力の高い中小工場。**京都**で**西陣織**，**清水焼**など伝統工業。
- [ ] 古都の**京都・奈良**は，**歴史的景観**の保存を進める。

4 中部地方 >>p.182

- [ ] **東海**は**濃尾平野**が広がり，**木曽三川**の下流に**輪中**を形成。中央高地は，**日本アルプス（飛驒・木曽・赤石山脈）**が連なる。
- [ ] **北陸**は**豪雪地帯**。中央高地は寒暖差が大きい。東海は温暖。
- [ ] 日本最大の**中京工業地帯**は，**自動車**，**航空機**，**鉄鋼業**がさかん。

△**端島**（通称「**軍艦島**」）
　長崎沖合の人工島。明治〜昭和中期に**炭鉱**の島として栄えた。朽ちたマンション群が残る。2015年，**八幡製鉄所**などとともに世界文化遺産に登録された。

△**鳥取砂丘**と日本海
　砂丘の一部では，**かんがい施設**が整備され，**らっきょう**やすいかなどが栽培されている。

△**二寧坂（二年坂）**
　京都の清水寺に向かう坂。いつも多くの観光客でにぎわっている。**歴史的景観の保存**のため，電線は地下に埋められている。

- [ ] **東海工業地域**は，浜松で**オートバイ，楽器**。富士で製紙・パルプ。**中央高地**は，**精密機械，電気機械工業**が発達。
- [ ] 静岡で**茶とみかん**，甲府盆地で**ぶどうともも**，長野で**りんご**，中央高地で**高原野菜の抑制栽培**。北陸は**米の単作地帯**。

5 関東地方 ≫p.196

- [ ] **関東平野**に**利根川**が流れ，**関東ローム**の台地が広がる。
- [ ] 内陸部は，夏に高温になり，冬に**からっ風**が吹く。都心は，**ヒートアイランド現象**が発生し，**ゲリラ豪雨**も多い。
- [ ] 首都東京は政治の**中枢機能**が集中。都心の機能を分担する**副都心や新都心**が形成。都心は**昼間人口**が夜間人口より多い。
- [ ] **京浜工業地帯**は，**出版・印刷，情報技術産業**に特色。**北関東工業地域**は，**工業団地**に電気機械，自動車工場が集積。
- [ ] 大消費地向けの**近郊農業**が中心。野菜，鶏卵などを生産。

6 東北地方 ≫p.206

- [ ] 中央に**奥羽山脈**が連なる。三陸海岸は**リアス海岸**が続く。夏に**やませ**の影響で**冷害**がおこる。日本海側は冬に雪が多い。
- [ ] 豊作・豊漁を祈願する**伝統行事**が伝わる。**会津塗，樺細工，天童将棋駒，南部鉄器**など，伝統的工芸品の製造がさかん。
- [ ] 東北自動車道沿いに，**IC**や自動車の工場が進出。
- [ ] 穀倉地帯の**秋田平野，庄内平野**。青森で**りんご**，山形で**おうとうと西洋なし**を栽培。三陸海岸で**養殖**。沖合は**潮目(潮境)**。

7 北海道地方 ≫p.214

- [ ] かつて蝦夷地。先住民は，独自の文化をもつ**アイヌの人々**。
- [ ] **冷帯(亜寒帯)**の気候で，冬に雪が多い。南東部は夏に**濃霧**。**有珠山，十勝岳**などの火山や**洞爺湖**などの**カルデラ湖**が点在。
- [ ] 大型機械を使った**大規模な農業**で，「日本の食料庫」に。**石狩平野で稲作，十勝平野で畑作，根釧台地で酪農**がさかん。
- [ ] さけ，ますの**栽培漁業**や，ほたて，かき，こんぶの**養殖業**。
- [ ] 自然を生かした**観光業**がさかんで，**エコツーリズム**も広がる。

▲ 高原野菜の栽培

中央高地では，夏でもすずしい気候を利用して，レタスやキャベツなどの**高原野菜**を栽培している。

▲ 埋め立て地の高層マンション

東京湾岸地区の**再開発**により，高層マンションが増えている。

▲ 奥羽山脈の渓谷の村

東北地方は，山々に囲まれた**盆地や渓谷**に，多くの都市や村が形成されている。

▲ 除雪車による排雪

雪の多い北海道では，**ロードヒーティング**で雪をとかし，除雪車で効率的に排雪している。

📍 地図で確認 ▷ 朝鮮半島や中国に近く，古くから大陸との交流がさかんだった。

福岡市とプサン市（韓国）の距離は，約215km。高速船なら3時間で行けるよ。

▷ 博多駅（福岡市） 九州地方の鉄道交通の拠点。福岡市は地方中枢都市

筑紫山地

壱岐

筑紫平野
筑後川の豊かな水を利用した九州の米どころ。

五島列島

北九州工業地帯（地域）
機械・金属が中心だが出荷額は低下。

鉄鋼

シリコンアイランド
空港周辺や高速道路沿いにIC工場が進出している。

自動車工業　IC

福岡　福岡県

佐賀県

佐賀

長崎県

有明海

長崎

雲仙岳

熊本

阿蘇山

大分　大分県

筑後川

九州自動車道

熊本県

宮崎県

九州山地

八代海

八代平野
稲とい草の二毛作が行われている。

九州山地

鹿児島県

霧島山

宮崎

宮崎平野
ビニールハウスを利用した野菜の促成栽培がさかん。

ピーマン　かぼちゃ　きゅうり

メロン　肉牛

● 筑紫平野と筑紫山地（佐賀県） 九州最大の筑紫平野は稲作と二毛作。筑紫山地は低い山地

シラス台地
畑作と大規模な畜産が行われている。

鹿児島　桜島　薩摩半島

豚　にわとり　肉牛

さつまいも　茶

種子島

屋久島

大隅半島

日向灘

| 　 おもなIC工場 | ◎ 県庁所在地 |
| ✈ おもな空港 | ― 高速道路 |

● 大浦天主堂（長崎県）
幕末の1864年に建てられたカトリック教会。世界文化遺産に登録

▷ 平和祈念公園 沖縄本島南部の「沖縄戦終焉の地」。糸満市にある

沖縄県は亜熱帯気候に属する気候で，米軍基地が大きな面積を占める。

さとうきび　パイナップル

鹿児島県

薩南諸島

南西諸島

徳之島

大島（奄美大島）

沖永良部島

尖閣諸島

琉球諸島

那覇　沖縄島

大東諸島

与那国島　先島諸島

石垣島　宮古島

沖縄県

沖大東島

① 九州地方の社会と自然

(1) 歴史と都市

▶ アジアとの関係

日本列島の南西部に位置し，**九州島**と，対馬，壱岐，五島列島，南西諸島など多くの島々からなる。北部は**朝鮮半島**や**中国**に近い。沖縄県では，中世に**琉球王国**が中継貿易で栄えていた。日本の西端の**与那国島**は，台湾に近い。

▶ 地方中枢都市の福岡市

福岡市（福岡県）は，九州地方の**地方中枢都市**として栄えている。古代，大陸との窓口として**大宰府**（外交・防衛の役所）が設置され，水城や山城も築かれた。

鎌倉時代には，**元寇**に備えて，博多湾には**石塁**（石垣）も築かれた。現在は，**韓国**や**中国**からの観光客が多い。

▲ 復元された元寇の石塁（福岡市）

(2) 地形と気候

▶ 各地の地形

① **北部**…なだらかな**筑紫山地**が東西に連なる。その南を**筑紫平野**が広がり，**筑後川**が流れる。筑後川が注ぐ**有明海**には，日本最大級の**干潟**（116ページ）が広がる。

② **中部**…中央部にけわしい**九州山地**が連なり，世界最大級の**カルデラ**をもつ**阿蘇山**が立つ。阿蘇山に源を発する**白川**が，熊本平野から有明海に注ぎ，日本三大急流の**球磨川**が，八代海に注ぐ。

③ **南部**…火山の噴出物が積もった**シラス**の台地が広がる。日向灘に面する**宮崎平野**は，直線的な海岸が続く。大隅半島と薩摩半島にはさまれた鹿児島湾には，火山の**桜島**がそびえる。

④ **南西諸島**…世界自然遺産の**屋久島**は，樹齢千年をこえる縄文杉で知られる。東シナ海には**大陸棚**が広がり，奄美諸島から沖縄諸島にかけては，**さんご礁**の島が多い。

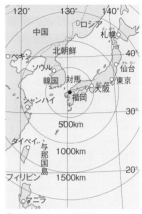

▲ 福岡市からの距離

（参考）

カルデラの形成

カルデラは火山噴火によってできたくぼ地（114ページ）。

①火山が噴火

②マグマが噴き出たため，周囲が陥没

③外輪山が形成

くわしく

シラス

火山灰や軽石など，火山の噴出物（堆積物）。鹿児島県の**笠野原台地**は，シラスが積もってできた台地で**水もちが悪い**ため，稲作には適さない。もろくて，くずれやすいため，斜面では豪雨による土砂災害もおこりやすい。

① **九州島**…北部沖合には暖流の**対馬海流**が流れ，南部沖合にも暖流の**黒潮（日本海流）**が流れている。このため，温暖で雨が多い。

② **南西諸島**…１年を通して気温が高く雨の多い**亜熱帯性気候**（121ページ）。**台風**の通り道にあたり，暴風雨や集中豪雨の被害にしばしば見まわれる。

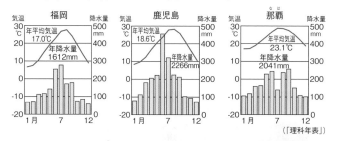

▲台風の通り道

日本に接近した多くの台風が，南西諸島から九州島を直撃しているね。

② 自然環境への適応

(1) 火山との共生

▶ **活動の活発な火山**

1990年の大噴火で多くの犠牲者を出した**雲仙岳（普賢岳）**をはじめ，阿蘇山や**桜島（御岳）**，**霧島山（新燃岳）**，久住山（九重山），火山列島の吐噶喇列島など，現在も活発に活動している火山が多い。

▶ **火山との共生**

鹿児島湾にそびえる**桜島**は，ひんぱんに噴火をおこし，大量の**火山灰**を降らせる。鹿児島市は路面清掃車（ロードスイーパー）で道路に積もった灰を除去し，市民が専用のごみ袋（克灰袋）に集めた灰を回収している。

▲2011年の霧島山（新燃岳）の噴火

▶ **火山の活用**

① **観光資源**…桜島は雄大な景色や独特の溶岩地形をつくり，鹿児島市の観光名所になっている。また，**桜島だいこん**などの特産物をもたらしている。熊本県の**阿蘇山**も観光客が多い。各地に**別府温泉**や由布院温泉，指宿温泉など，温泉街も形成されている。

▲ロードスイーパーと克灰袋

② **地熱発電**…火山活動を利用した**地熱発電**もさかん。九州地方には，国内の地熱発電所の約４割が集中している。大分県の**八丁原発電所**は，国内最大級の発電量をほこる。

(2) 暴風雨の対策

▶ 土砂災害

九州地方は，**梅雨前線の停滞**や**台風**による暴風雨にしばしば見まわれる。**土砂災害**や**洪水**の被害も多い。シラスの台地は地盤が弱く，土砂が一気に流れ下る**土石流**も発生しやすい。

▶ 防災・減災の取り組み

土砂災害を防ぐため，ダムを建設したり植林を行ったりしている。また，多くの自治体は，**ハザードマップ**（123ページ）や**防災ガイドマップ**を作成している。崖くずれや地滑りの危険地域にある建物の移転を支援する自治体もある。

③ 九州地方の産業

(1) 九州地方の農業

▶ 筑紫平野

① **稲作**…筑紫平野は九州一の稲作地帯で，古くから**筑後川**の下流域には**クリーク**（網目状の水路）がめぐらされている。また，冬に裏作の小麦を栽培する**二毛作**も行われている。

② **畑作**…トマトやいちごなどの栽培もさかん。

▶ 北部の果樹栽培

熊本県や佐賀県，長崎県の山の斜面や丘陵地では，**みかん**の栽培が行われている。また，**いちご**の栽培もさかんで，「あまおう」「さがほのか」などのブランドいちごは，アジア諸国にも輸出されている。

▶ 宮崎平野の促成栽培

宮崎平野では，冬でも温暖な気候を利用して，ビニールハウスや温室を利用した**施設園芸農業**が行われている。**ピーマン，きゅうり**など，夏野菜の出荷を早める**促成栽培**が中心。温室では，マンゴーも栽培している。

八丁原発電所

大分県南西部の九重町にある**地熱発電所**。地熱発電は，化石燃料を使わず，二酸化炭素も排出しない，クリーンな**再生可能エネルギー**。地下からくみ上げた蒸気を利用して発電する。蒸気を取り出した残りの熱水は，また地下にもどす。総出力量（1・2号機の合計）は，110000kW（キロワット）。

△八丁原発電所

促成栽培

促成栽培とは，温暖な気候を利用して作物の生育を早め，他の産地とは時期をずらして出荷する栽培方法である。ビニールハウスや温室を使う施設園芸農業によって行われる。

温暖な地域で温室を使う理由

宮崎平野は温暖なので温室などを使う必要がないように思える。しかし，冬期は気温が下がるため，屋外の畑（露地栽培）では育たない。温室を使うのは，ほかの地域より**暖房代**が安くすむからである。

▶南部の畑作・畜産

① **工芸作物**…笠野原台地など，シラスの台地は稲作に適さない。ダムやかんがい設備が整ったことで，**さつまいもや茶，たばこなど工芸作物**の栽培がさかんになった。

② **企業的な畜産**…鹿児島県と宮崎県は，**肉牛・豚・にわとり**などの畜産もさかんである。農家と提携した**企業**による，大規模で効率のよい畜産が行われている。

肉牛 250万頭	北海道 20.5%	鹿児島 13.5	宮崎 10.0	熊本 5.0	岩手 3.5	その他 47.5

豚 916万頭	鹿児島 13.9%	宮崎 9.1	北海道 7.6	群馬 6.9	千葉 6.6	その他 55.9

にわとり 1億3823万羽	宮崎 20.4%	鹿児島 20.2	岩手 15.7	青森 5.6	北海道 3.6	その他 34.5

(2019年)(2020/21「日本国勢図会」)

◉家畜の都道府県別頭数の割合

(2)九州地方の水産業

▶有明海

干満の差が大きい遠浅の海で，**のりの養殖**がさかん。諫早湾の**干拓事業**による，漁業への影響が心配されている。

▶東シナ海

大陸棚が広がる**東シナ海**は，世界有数の漁場になっている。長崎県は沿岸・沖合漁業がさかん。鹿児島県西部の沿岸は，**ぶりの養殖**がさかんで，南部の**枕崎**は**かつお**の水揚げ量が多い。

▼シラスの分布

▲霧島山 / 宮崎市 / 鹿児島市 / 桜島 / 御岳 / 笠野原 / 薩摩半島 / 大隅半島 / 枕崎 / 開聞岳

シラス / ▲ おもな火山

(参考)

ブランドの畜産

地域特産の**安全で味のよいブランド肉**をアピールし，安い外国産の肉に対抗している。九州の地域ブランドの代表は，以下の通り。

・阿蘇あか牛 (熊本県)
・**かごしま黒豚** (鹿児島県)
・さつま地鶏 (鹿児島県)
・**みやざき地頭鶏** (宮崎県)
・アグー豚 (沖縄県)
・石垣牛 (沖縄県八重山列島)

九州地方は，魚介類のブランドも多いよ。呼子のイカ(佐賀県)，関さば (大分県)，城下かれい (大分県) などが有名だよ。

コラム　諫早湾の干拓事業

有明海には干潟が広がっており，**ムツゴロウやワラスボ**など，めずらしい生き物が生息している。

1990年代末，有明海に面する**諫早湾**(長崎)に，内湾を仕切る**潮受け堤防**が築かれた。干拓による農地拡大が目的だったが，ギロチンとよばれた堤防が築かれてから，のりの生育が悪化するなど，干拓事業は地元の水産業に大きな影響をあたえている。

(3) 九州地方の工業

▶ 北九州工業地帯 (地域)

① **鉄鋼業で成長**…明治時代の1901年, 官営の八幡製鉄所が開業。筑豊炭田の石炭と中国から輸入した鉄鉱石をもとに, **鉄鋼業**が成長した。

② **地位の低下**…1960年代の**エネルギー革命**をきっかけに, 炭田が閉山。主力の鉄鋼業が衰え, 四大工業地帯のなかでの地位も低下した。

③ **自動車工業**…1990年代以降, 宮若市 (旧宮田町／福岡県) と苅田町 (福岡県), 中津市 (大分県) に**自動車関連工場**が進出した。電子部品工業も成長していることから, **機械工業**が中心になっている。

▶ IC (集積回路) 工場の進出

1970年代, 空港や高速道路沿いに**IC (集積回路)**などの電子部品工場が進出した。アメリカのシリコンバレーにちなみ, 九州地方は**シリコンアイランド**とよばれるようになった。

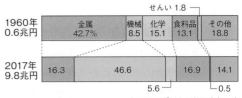

1960年 0.6兆円	金属 42.7%	機械 8.5	化学 15.1	食料品 13.1	その他 18.8

せんい 1.8

2017年 9.8兆円	16.3	46.6	16.9	14.1

5.6　0.5

(2020/21「日本国勢図会」ほか)

🔺 九州工業地帯 (地域) の工業生産の変化

凡例
- 🔩 鉄鋼
- ▢ IC (半導体)
- 🚗 自動車
- ─ 高速道路
- ━ 新幹線
- ✈ おもな空港

🔺 九州地方のおもな工場の分布

---

④ 公害と環境対策

(1) 公害の拡大

▶ 水俣病

水俣病は, **四大公害病**の1つ。1950年代, 水俣湾 (熊本県) の化学工場から出た排水にふくまれていた**メチル水銀** (有機水銀) が原因で発生した。水俣湾の魚を食べた住民が, 手足のしびれや視覚障害などを訴え, 死者も多く出た。

▶ 北九州市の大気汚染・水質汚濁

北九州工業地域の中核都市である**北九州市**は, 高度経済成長期の1960年代, 工場の煤煙による**大気汚染**や, 洞海湾の**水質汚濁**が深刻化した。

参考

九州各地のさまざまな工業

　長崎県の**長崎市**と**佐世保市**では, 古くから**造船業**が発達している。また, 佐賀県は焼き物づくりがさかんで, **有田焼**や**唐津焼**が有名。**延岡市** (宮崎県) の**化学工業**, **久留米市** (福岡県) の**ゴム工業**なども歴史は古い。新しい工業では, 大分市に石油化学コンビナートを中心とした**大分臨海工業地域**が形成されている。また, 鹿児島県の**喜入**には, 大規模な**石油備蓄施設**が建設されている。

▶環境対策

① 水俣市の取り組み…水俣湾の水質改善をはかり，住民もごみの分別やリサイクルに取り組んだ。また，「もやい直し」を合い言葉に，こわれた人間関係も回復させた。

② 北九州市の取り組み…公害対策基本法（1967年制定）などにのっとり，有害物質の排出を規制。その過程で蓄積した技術をもとに，大規模なリサイクル工場を建設した。

▶持続可能な社会

水俣市と北九州市は環境改善の取り組みが評価され，ともに**環境モデル都市**や**エコタウン**に登録された。また，「持続可能な開発目標（SDGs）」の達成に向けて取り組む**SDGs未来都市**にも認定されている。

⑤ 南西諸島の自然と文化

(1) 歴史と自然

▶沖縄県の歴史

① 琉球王国…15〜17世紀，琉球王国が中国や東南アジア，日本との**中継貿易**で栄えた。

② 沖縄県の設置…江戸時代に薩摩藩（鹿児島県）に支配され，明治時代初めに琉球藩となり，1879（明治12）年に沖縄県になった。

③ 激戦の舞台…第二次世界大戦末期，アメリカ軍が上陸し，激しい地上戦がくり広げられた。県民の4人に1人が犠牲になったといわれる。

④ 米軍基地…1972年に返還されるまで，アメリカ合衆国の統治下におかれた。現在も，沖縄島の約15%の土地が米軍の軍事施設に利用されている。

▶南西諸島の自然

1年じゅう温暖で，雨の多い**亜熱帯**の気候。2〜3月でも暖かいため，沖縄島をはじめとする南西諸島の島々は，プロ野球やJリーグのキャンプ場に利用されている。

参考

環境マイスター制度

水俣市は，「安心安全で環境や健康に配慮したものづくり」を行っている市民を**環境マイスター**に認定している。現在，お茶・みかん農家，木工・和紙職人など，32人（2019年）が活動している。この環境マイスター制度は，全国に広がっている。

注目!

持続可能な開発目標（SDGs）

経済発展と環境保護を両立させた開発のあり方を示す目標で，2015年に**国連サミット**で採択された。**貧困の撲滅，健康・福祉の増進，質の高い教育の確保，男女の平等，資源の保全**など，17の目標からなる。2030年までの達成をめざす世界共通の目標になっている。

さとうきび畑
パイナップル畑
その他の農地用
住宅地など
森林
公園・あき地など
アメリカ軍用地

▲沖縄島の土地利用

日本にある米軍基地の約4分の3（面積）が，沖縄県に集中しているんだ。

▶ 暴風雨と水不足

① **台風対策**…伝統的な住宅は台風による**暴雨風から守る**ため，まわりに**さんごの石垣**を築いている。ただし近年は，コンクリートの建物が増えている。

② **水不足対策**…大きな川や湖がないため，水不足におちいりやすい。屋上に**給水タンク**を設置している家も多い。また，農業用水の確保のため，地下ダムも建設されている。

△沖縄の伝統的な家

(2) 産業と文化

▶ 南西諸島の産業

① **観光業**…さんご礁の広がる海，マングローブやハイビスカスなどの美しい自然と，**首里城**などの琉球王国の史跡や独自の文化を生かした**観光業**がさかんである。

② **農業**…温暖な気候を利用し，**さとうきびやパイナップル**を栽培してきたが，近年は**ゴーヤや花**の栽培が増えている。

△給水タンクを設置した建物

▶ 沖縄県の文化

芭蕉布や琉球びんがた，琉球漆器などの伝統的工芸品や，**三線**による琉球民謡，エイサー踊りなどの古い文化が残る。

沖縄では，リゾート開発による土壌流出，さんご礁の死滅（白化現象）などが問題になっているんだ。

テストに出る！ ■ **つまりこういうこと**

● **福岡市**…九州地方の**地方中枢都市**。古くから大陸の窓口で，韓国・中国からの観光客が多い。

● **地形**…北部➡**筑後川**が**筑紫平野**を流れ，**有明海**に注ぐ。中部➡**九州山地**が連なり，**カルデラ**の**阿蘇山**がたつ。南部➡火山灰の**シラス台地**が広がる。南西諸島➡**さんご礁**の島が東シナ海にうかぶ。

● **温暖な気候**…1年を通して温暖で雨が多い。**台風**の通り道にあたる。南西諸島は，**亜熱帯気候**。

● **自然災害**…火山噴火➡**雲仙岳**，**霧島山**，**桜島**など。**地熱発電**に利用。暴風雨➡**土砂災害や洪水**。

● **農業**…**筑紫平野**➡**稲作**，二毛作。**宮崎平野**➡野菜の**促成栽培**。笠野原（シラス台地）➡**企業的な畜産**。豚，肉牛，にわとり。

● **工業**…**八幡製鉄所**を中心に鉄鋼業で成長。**北九州工業地帯**が形成➡1960年代，地位が低下➡**電子部品**，**自動車工業**が成長。

● **環境対策**…水俣湾で**水俣病**が発生。**北九州市**で大気汚染・水質汚濁が深刻➡環境改善を進め，**環境モデル都市**，**エコタウン**へ。

● **沖縄県**…かつて**琉球王国**が繁栄。戦後，米国の統治下。1972年の返還後も**米軍基地**が残る。自然を生かした**観光業**がさかん。

△普天間飛行場（沖縄県）

2 中国・四国地方

📍 **地図で確認** 山陰，瀬戸内，南四国の３つの地方は，地形・気候や産業が異なる。

◀ **鳥取砂丘（鳥取県）**
全国有数規模の砂丘。東西約16km，南北約２km。山陰海岸国立公園にふくまれ，鳥取県の観光名所

▶ **岡山駅前の桃太郎像（岡山県）** 桃太郎伝説は全国に伝えられているが，岡山県は特産品の吉備団子とももでアピール

砂丘地帯の農業
かんがい設備を導入して，果実・野菜類を栽培。

なし　メロン　らっきょう

◎ 県庁所在地
● 中国自動車道沿いのおもな工業団地

中国山地
過疎が問題。

瀬戸内工業地域
臨海用地と水運を利用した臨海工業地域。

水島コンビナート

中国地方も四国地方も，東西に山地が連なっていることに注目しよう。

みかん
日あたりのよい傾斜地を利用してみかんの栽培がさかん。

瀬戸内の漁業
養殖や栽培漁業がさかんだが，赤潮の害も。

かき　たい

高知平野
ビニールハウスで野菜類を促成栽培，都市へ出荷。

きゅうり　なす　ピーマン

宍道湖　松江　大山　鳥取　鳥取県
島根県　中国山地　岡山県　岡山　小豆島
広島広島県　中国自動車道　香川県　高松　吉野川
山口県　山口　瀬戸内海　徳島　徳島県
関門海峡　松山　愛媛県　四国山地　高知県　高知
四万十川

🐾 **道後温泉本館（愛媛県）**
明治時代に建てられた木造三層の共同浴場。国の重要文化財に指定

🐾 **讃岐平野のため池（香川県）**
雨の少ない香川県には，１万4000以上のため池がある。農業用水に利用

🐾 **鞆の浦（広島県）** 福山市南部の海岸で，「潮待ちの港」として有名。近世には，朝鮮通信使の寄港地

① 中国・四国地方の社会と自然

(1) 地方区分と都市

▶ 地方区分

　行政上は, **中国地方**と**四国地方**に分けられる。また, 自然環境のちがいや経済的なつながりから, 日本海に面した**山陰地方**, 中国山地と四国山地にはさまれた**瀬戸内地方**, 太平洋に面した**南四国地方**の3つに区分される。

▲中国・四国地方の地域区分

▶ 中心都市の広島市

① **地方中枢都市**…毛利輝元が広島城を築き, その後, 浅野氏の城下町として発展した。明治時代, 太田川下流の**三角州**に都市が形成され, 中国地方の**地方中枢都市**となった。岡山市とともに, **政令指定都市**にも指定されている。

② **平和記念都市**…戦前から軍事都市で, 第二次世界大戦末期の1945年8月6日, **原子爆弾**が投下され, 約20万人の市民が犠牲になった。

③ **原爆ドーム**…元は産業奨励館で, 平和記念公園にある。原爆の爆心地に近く, 当時の被爆のようすをとどめており, 1996年には, 「人類の負の遺産」「平和の象徴」として**世界文化遺産**に登録された。

▲原爆ドーム

(2) 地形と気候

▶ 各地の地形

① **山陰地方**…全国有数の規模の**鳥取砂丘**が日本海に面している。島根県東部の**中海**と**宍道湖**は, どちらも汽水湖。日本海には, **隠岐諸島**や**竹島**がうかぶ。

② **瀬戸内地方**…ゆるやかな**中国山地**の南側, けわしい**四国山地**の北側にあたる。瀬戸内海には, 小豆島(香川県), 因島(広島県)など, 多くの島々がうかぶ。

政令指定都市

　政令(内閣が制定する命令)によって指定された都市。**人口50万人以上の都市**で, **社会福祉や都市計画**などに関して, 都道府県と同じ権限をもつ。「区」をもうけることもできる。現在(2020年), 全国で20の都市が指定されている。

地方中枢都市は文字通り, 地方の政治・経済・文化の中心都市のことをいうよ。

汽水湖

　海とつながっていて, **淡水と海水が混ざった湖**。中海, 宍道湖のほか, 浜名湖(静岡県), 十三湖(青森県), サロマ湖(北海道)なども汽水湖である。

第**7**章 日本の諸地域

167

③ **南四国地方**…中央に**高知平野**が太平洋に面して広がる。南西部に**足摺岬**，南東部に**室戸岬**がつき出る。西部は，四国山地に源を発する**四万十川**が土佐湾に注ぐ。

▶各地の気候

① **山陰地方**…冬は北西の季節風の影響で，雪が多い。内陸部の寒さはきびしいが，沖合を流れる暖流の**対馬海流**の影響で，沿岸部の気温は低くない。

② **瀬戸内地方**…1年を通して温暖。季節風が2つの山地にさえぎられるため，降水量が少ない。水不足になやまされてきた**讃岐平野**（香川県）には，ため池や用水路が多くつくられている。

③ **南四国地方**…沖合を暖流の**黒潮（日本海流）**が流れているため，1年じゅう温暖。**南東の季節風**や梅雨，台風の影響を受けやすく，**雨も多い**。

📖 **くわしく**

四万十川
　全長196kmは，**吉野**川に次いで四国で2番目に長い。透明度が高く，景観もよいことから，「**最後の清流**」といわれる。

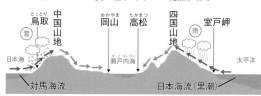
→冬の湿った風　→夏の湿った風　→乾燥した風

鳥取　中国山地　岡山　高松　四国山地　室戸岬
雪　日本海　瀬戸内海　雨　太平洋
対馬海流　日本海流（黒潮）

▲ 季節風と降水量の関係

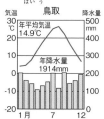
鳥取
年平均気温 14.9℃
年降水量 1914mm

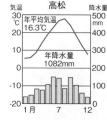
高松
年平均気温 16.3℃
年降水量 1082mm

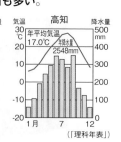
高知
年平均気温 17.0℃
年降水量 2548mm

（「理科年表」）

参考

豪雨には要注意！
　瀬戸内地方は，他の地方と比べると降水量が少ない。しかし，**2018年西日本豪雨**では，岡山県・広島県・愛媛県の各地で，洪水や土砂くずれによる大きな被害が出た。雨の少ない地方でも，梅雨前線が長く停滞したり，台風が直撃したりすると豪雨に見まわれることがある。

② 交通網の整備

(1)高速道路と連絡橋の整備

▶高速交通網

① **高速道路網**…1970年代，**中国自動車道**が開通し，中国内陸部が東西に結ばれた（全通は1983年）。その後，瀬戸内と山陰を結ぶ**米子自動車道**や**浜田自動車道**，瀬戸内と南四国を結ぶ**高知自動車道**も開通した。

② **新幹線網**…1975年に**山陽新幹線**が全通し，新大阪駅から博多駅まで結ばれた。

▲山陽新幹線（岡山駅）

▶ 本州と九州を結ぶ交通

　山口県下関市と福岡県北九州市の間に，**関門海峡**が横たわる。1942年に軍事物資を輸送するため，海底鉄道トンネルの**関門トンネル**が開通した。現在は，3つのトンネルと1本の橋で結ばれている。

▶ 本州と四国を結ぶ交通

　本州と四国を結ぶ交通路は，かつてはフェリーなどの海上交通だけだったが，**本州四国連絡橋**(本四連絡橋)の3つのルートが開通し，道路と鉄道で結ばれた。

① **児島・坂出ルート**…1988年に**瀬戸大橋**が完成し，倉敷市(岡山県)と坂出市(香川県)が，道路・鉄道で結ばれた。

② **尾道・今治ルート**…1999年に尾道市(広島県)と今治市(愛媛県)を結ぶ自動車専用道路が全通した。瀬戸内の島々を結んでおり，**瀬戸内しまなみ海道**とよばれる。

③ **神戸・鳴門ルート**…1985年に大鳴門橋，1998年に**明石海峡大橋**が開通し，神戸市(兵庫県)と鳴門市(徳島県)が道路で結ばれた。

△高速道路網と本州四国連絡橋

(2) 人々の生活の変化

▶ 地域をこえた結びつき

① **人の移動**…移動時間が短縮されたため，近畿地方と四国地方を結ぶ**高速バス**が増えた。例えば，徳島市から大阪市へ買い物に，反対に大阪市から徳島市へ観光に行く人がそれぞれ増えた。

② **製品の移動**…中国自動車道の開通で，内陸部に**工業団地**や**トラックターミナル**(トラックステーション)などの**流通センター**がつくられた。

③ **農作物・水産物の輸送**…高知平野の野菜や愛媛県のまだいなど，四国地方の産物が，**保冷トラック**によって近畿地方に輸送される量が増えた。

△下津井港(倉敷市)から見た瀬戸大橋

橋の上段が道路，下段が鉄道の線路だ。鉄道が通っているのは，瀬戸大橋だけだよ。

▶地域内のつながり

　浜田自動車道の開通で，山陰地方から広島などに買い物に行く人が増えた。瀬戸大橋の開通で，自動車や鉄道を使って通勤・通学する人が増えた。

▶交通網整備の問題点

① **フェリーの廃止**…瀬戸内海の島々を結ぶ**旅客船やフェリーが廃止・減便**になったため，不便になった地域も多い。

② **ストロー現象**…中国・四国地方の住民が大阪大都市圏に出かける機会が増えたため，地元の商業が低迷している。また，地方の人口が大都市に流出する**ストロー現象**もおこっている。

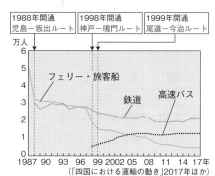

▲本州－四国地方の1日当たりの移動者数

③ 中国・四国地方の産業

(1) 中国・四国地方の農業・水産業

▶山陰地方

① **日本なし**…鳥取市の丘陵地では，**日本なし**が栽培されている。ブランドの「**二十世紀なし**」として，海外にも輸出されている。

② **鳥取砂丘**…鳥取砂丘では，**防砂林**や**スプリンクラー**などのかんがい設備によって，**らっきょう**，**ながいも**，**すいか**，**メロン**などが栽培されるようになった。

③ **沿岸・沖合漁業**…境港市（鳥取県）は，日本海岸有数の漁獲量をほこる。あじ，いわし，さば，いかなど，**沿岸・沖合漁業**が中心だが，冬は**ずわいがに**の水揚げ量が多い。

▶瀬戸内地方

① **岡山平野**…岡山平野は稲作がさかん。丘陵地では，**もも**や**マスカット（ぶどう）**が栽培されている。

② **瀬戸内の島々**…日あたりのよい斜面では，かんきつ類の栽培がさかん。広島県は**レモン**，愛媛県は**みかん**の生産量が全国有数である（178ページ）。

📖 くわしく

ストロー現象

　交通網の発達の結果，地方の人々や産業が，ストローで吸い寄せられるように，大都市に集められていく現象。**ストロー効果**ともいう。

▲鳥取砂丘のらっきょうの収穫

（参考）

さまざまなかんきつ類

　1990年代，**貿易の自由化**により，**外国産の安いオレンジ**が輸入されるようになった。これに対抗するため，愛媛県はみかんだけでなく，品種改良によって，**伊予かん**，**デコポン**，**せとか**など新しいかんきつ類を生み出した。

③ **瀬戸内海の養殖**…おだやかな瀬戸内海は，**養殖**に適している。**愛媛県のまだい**と**広島県のかき**は，ともに生産量全国一をほこる。また，**わかめやのり**の養殖もさかんである。

▶ **南四国地方**

① **高知平野**…温暖な気候を生かし，**なすやピーマン**を栽培している。冬から春は，ビニールハウスを使った**促成栽培**（161ページ）を行い，夏は**露地栽培**を行っている。

② **かつお・まぐろ漁**…高知県では，伝統的な**かつお漁**やまぐろ漁が行われている。

(2)中国・四国地方の工業

▶ **瀬戸内工業地域**

① **埋め立て地に形成**…第二次世界大戦後，**塩田**の跡地や**埋め立て地**に工業用地を整備した。1960年代，阪神・京浜など他の工業地帯から多くの工場が移転し，**重化学工業**を中心に急速に成長した。

② **鉄鋼業**…**倉敷市**（岡山県）や**福山市**（広島県）には，鉄鉱石から一貫して鉄鋼をつくる製鉄所がつくられた。

③ **大規模なコンビナート**…倉敷市の**水島地区**，岩国市（広島県），**周南市**（旧徳山市／山口県），新居浜市（愛媛県）に，石油化学コンビナートが形成された。

▶ **そのほかの工業**

広島市と倉敷市は，**自動車工業**が発達している。下松市（山口県）では，鉄道車両が製造されている。宇部市（山口県）は，古くからセメント工業がさかん。

▶ **伝統工業と地場産業**

伝統的工芸品では，**備前焼**（岡山県），萩焼（山口県），熊野筆（広島県），**土佐和紙**（高知県）などが有名。さまざまな工業が発達している**倉敷市**は，ジーンズや学生服などの一大産地でもある。**今治市**（愛媛県）は造船業がさかんだが，近年はブランド品の**タオル**の生産に力を入れている。

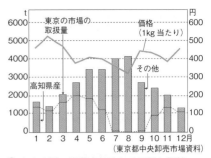
▲東京市場へ出荷されるなすの量と価格

促成栽培のメリット

他の産地で出荷量が少ない時期に市場に出せば，値くずれせず，**大きな利益を得られる**。**宮崎平野や房総半島南部（千葉県）**などでも，夏の野菜を冬から春にかけて出荷している。

瀬戸内工業地域が発達した理由

①塩田の跡地や埋め立て地など，**工業用地を確保しやすかった**。
②海上輸送が発達していて，**原材料の輸出入に便利**だった。
③**太平洋ベルトにあり，人口が多く，労働力を得やすかった**。

（参考）
観光都市の倉敷市

倉敷市は，運河を中心に古い町並みが残っている。**大原美術館**や**倉敷アイビースクエア**（近代化産業遺産）などもあり，観光都市としても発達している。

▶倉敷アイビースクエア

④ 過疎化と地域おこし

▶過疎の進行

　中国山地や四国山地の農山村，瀬戸内海の離島では，**過疎化の進行**によって，交通機関の廃止・減便や学校の統廃合などが問題になっている。65歳以上の住民が半数をこえる**限界集落**（127ページ）も増えている。

▶さまざまな地域おこし

　世界文化遺産の**石見銀山**（島根県）や名物の**讃岐うどん**（香川県）などをアピールして，観光客をよび寄せている。また，地元の資源・自然を生かした**町おこし・村おこし**を進めている。

① **徳島県上勝町**…地元の高齢者がインターネットを利用して，料理用の**つまもの**（笹や野草）を大都市の料亭やレストランに販売している。

② **高知県馬路村**…地元の**ゆず**を販売。ポン酢や柚子胡椒などにも加工して，ブランド化に成功した。

③ **瀬戸内の島々**…**直島**（香川県）は自然や歴史を生かした**芸術の島**として，国内外から観光客をよんでいる。**角島**（山口県）は，映画やCMの**ロケ地**として人気を集めている。

△水木しげるロード（境港市）

参考
ゲゲゲの鬼太郎で町おこし
　鳥取県の境港市は，人気漫画「ゲゲゲの鬼太郎」の作者**水木しげる**の出身地。商店街では，記念館をつくったり，各所に妖怪のオブジェを配置したりして，観光客を集めている。

テストに出る！　つまりこういうこと

● **広島市**…中国・四国地方の**地方中枢都市**。太田川の三角州に発達。第二次世界大戦末期に**原子爆弾**が投下➡**平和記念都市**として，核兵器の悲惨さを訴える。**原爆ドーム**は世界文化遺産。

● **地形と気候**…山陰➡**日本海**に面した**鳥取砂丘**。冬に雪が多い。瀬戸内➡**中国山地と四国山地**にはさまれ，温暖で雨が少ない。南四国➡**太平洋**に面し，**黒潮（日本海流）**の影響で，温暖多雨。

● **農業と漁業**…鳥取県は**なし**，岡山県はももやぶどう，広島県はレモン，愛媛県は**みかん**。高知平野は野菜の**促成栽培**。瀬戸内では，広島県の**かき**，愛媛県のまだいなど，**養殖**がさかん。

● **瀬戸内工業地域**…海上輸送が便利な沿岸部に**石油化学コンビナート**が形成。倉敷市や福山市では鉄鋼業，**広島市**では**自動車工業**が発達。

● **地域おこし**…農山村や離島では，**過疎化**が進行➡地元の資源・自然を生かした**町おこし・村おこし**を進めている。

△瀬戸内の島々（広島県尾道市）

連絡橋開通の影響をとらえる

● 中国・四国地方の交通網の拡大

中国自動車道
山陽自動車道
しまなみ街道
松江　鳥取
岡山
山口　広島
高松
松山　徳島
香美　大鳴門橋
高知　明石海峡大橋
瀬戸大橋

― 1980年までに開通
― 1981年〜1990年に開通
― 1991年〜2000年に開通
― 2001年以降に開通

◎ 瀬戸大橋

◎ 明石海峡大橋

〔地図〕中国・四国地方の1990年の高速道路と，2017年の高速道路およびその交通量を表している。

〔グラフ〕**グラフ1**は，本州と四国間の自動車の交通量の推移を示している。**グラフ2**は，香美市（高知県）と岡山市の所要時間の推移を示している。なお，所要時間に乗りかえ時間はふくんでいない。

〔読み取り〕本州四国連絡橋の３ルートのうち，1990年は**瀬戸大橋**による「児島－坂出ルート」だけが開通していた。1998年に**明石海峡大橋**が完成したことで，淡路島をはさむ「神戸－鳴門ルート」が全通した。これによって，1999年から大鳴門橋の交通量が大幅に増えた。しまなみ海道の「尾道－今治ルート」は，近畿地方の大都市圏に近い前述の２つのルートと比べると，交通量は少ない。

グラフ1　本州－四国の自動車交通量

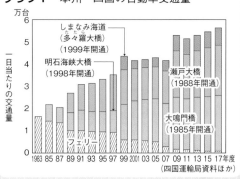

万台
6
5
4
3
2
1

一日当たりの交通量

しまなみ海道
（多々羅大橋）
（1999年開通）

明石海峡大橋
（1998年開通）

瀬戸大橋
（1988年開通）

大鳴門橋
（1985年開通）

フェリー

1983 85 87 89 91 93 95 97 99 2001 03 05 07 09 11 13 15 17年度
（四国運輸局資料ほか）

グラフ2　香美市（高知県）－岡山市の所要時間

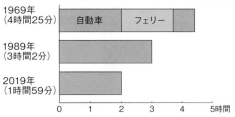

1969年
（4時間25分）　自動車　フェリー

1989年
（3時間2分）

2019年
（1時間59分）

0　1　2　3　4　5時間

3 近畿地方

📍 地図で確認 大阪は商業都市，神戸は国際貿易都市，奈良と京都は歴史的都市の性格をもつ。

◀ 京都の古い町並み（京都府）
京都市の産寧坂（三年坂）。京都観光の「目玉」清水寺に通じる参詣道

▶ 琵琶湖（滋賀県）県の面積の6分の1を占める。「近畿の水がめ」であり，日本最大の湖

新幹線
高速道路
✈ おもな空港
◎ 県庁所在地

◯① 京都府
丹波高地
京都盆地
京都
大津
神戸　堺 大阪
大阪平野
大阪府
関西国際空港
淡路島
和歌山
播磨盆地

若狭湾
兵庫県
琵琶湖
滋賀県
鈴鹿山脈
奈良盆地
奈良県
紀伊山地
潮岬
和歌山県
三重県
津

② 奈良・京都
古い都の風土を残す国際的観光都市で，世界文化遺産にも指定。

④ 志摩半島
リアス海岸。英虞湾で真珠の養殖。

⑤ みかん
みかん　真珠

⑥ 紀伊山地
日本三大美林の1つに数えられる大林業地帯。和歌山・新宮・桜井などに製材業が発達。
材木

近畿地方は，関西地方ともよばれるよ。関東地方に対する呼称だね。

◀ 中華街の南京町（兵庫県）
「国際貿易都市」神戸の居留地に近い，華僑がつくった町

① 琵琶湖
近畿圏の水源として琵琶湖疏水・宇治川・淀川などから取水。水質汚濁への対策が急がれる。

③ 大阪大都市圏
大阪を中心に人口の集中する都市圏を形成している。重化学工業を中心に阪神工業地帯が発達。中小工場が多い。地盤沈下の問題も目立つ。都市周辺では野菜・草花を中心に近郊農業がさかん。関西国際空港がある。

◀ 大阪市の繁華街（大阪府）
江戸時代に開削された道頓堀。「天下の台所」大阪の古くからの中心街

▶ 紀伊山地（和歌山県）すぎやひのきの人工林が広がる。古代から山岳信仰の対象

① 近畿地方の社会と自然

(1)歴史と都市

▶古代の都

古代，近畿地方は畿内とよばれ，政治の中心だった。4～6世紀にはヤマト政権が誕生し，その後，平城京（京都市）や平安京（奈良市）などの条坊制の都が開かれた。

▶「天下の台所」

大阪市は商都として発展し，江戸時代には「天下の台所」とよばれた。現在，大阪大都市圏の中心都市である。大阪市に隣接する堺市は，中世から豪商の自治都市として栄えた。

▶国際貿易都市

神戸市（兵庫県）は平安時代後期，平清盛によって大輪田泊（兵庫港）が開かれた。幕末に開港されると，外国人居留地がつくられ，その後，国際貿易都市として発展した。

(2)自然環境

▶地形と気候

① 北部…日本海に面してリアス海岸（117ページ）の若狭湾が続く。なだらかな丹波高地が広がる。冬は雪が多い。

② 中部…日本最大の湖である琵琶湖から流れた淀川が，大阪平野を通って大阪湾に注ぐ。京都盆地，播磨平野，奈良盆地などの平地が広がる。温暖な気候だが，盆地は内陸性の気候で寒暖の差が大きい。

③ 南部…紀伊半島にけわしい紀伊山地が広がる。東部の志摩半島には，リアス海岸が発達している。太平洋に面した潮岬（紀伊半島南部）は日本有数の多雨地域。

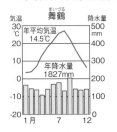
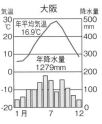
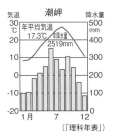

（「理科年表」）

参考

条坊制

道路を碁盤目状に通した都市の区画。唐（中国）の都の長安にならって，日本でも藤原京から平城京，平安京で採用された。京都市の町並みには，いまも条坊制の名ごりがある。

くわしく

外国人居留地

幕末の1858年に日米修好通商条約（安政の五カ国条約）が締結されると，神戸（兵庫港）や横浜港が開港された。港の周辺には，外国人の居住・商業活動を認める外国人居留地がつくられ，貿易の拠点となった。大正時代になると，海運会社や商社の西洋建築のビルが建てられた。

▲西洋建築のビル（神戸市）

潮岬の沖合には，黒潮（日本海流）が流れている。湿った空気をふくむ風が紀伊山地にぶつかって，大量の雨を降らせるんだ。

第7章

日本の諸地域

175

▶「近畿の水がめ」

琵琶湖は日本最大の湖で，滋賀県の面積の**約6分の1**を占める。明治時代には，**琵琶湖疏水**という用水路が引かれた。琵琶湖から流れ出る**淀川**とともに，京阪神の約1700万人の生活を支え，琵琶湖は「**近畿の水がめ**」とよばれる。

▶琵琶湖の環境保全

① **琵琶湖の汚染**…南部を中心に開発が行われ，**工場廃水や家庭排水**が流れこんだことで，**富栄養化**が進んだ。1970年代から，**赤潮やアオコ**が発生するようになった。

② **水質浄化と保全**…りんをふくむ**合成洗剤**の使用を禁じた**富栄養化防止条例**を制定したり，りんを養分に育つ**ヨシ**（アシ）を植えたりして，水質改善に取り組んだ。

③ **ラムサール条約**…1993年には，**ラムサール条約**（国際湿地条約）に登録された。環境は改善されつつあるが，水質悪化はまだおさまっていない。

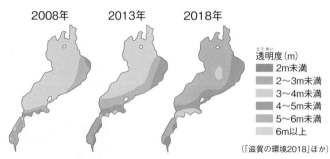

2008年　2013年　2018年

透明度(m)
- 2m未満
- 2～3m未満
- 3～4m未満
- 4～5m未満
- 5～6m未満
- 6m以上

（「滋賀の環境2018」ほか）

🔺 琵琶湖の水質の変化

🔻 ラムサール条約の登録湿地

サロベツ原野
阿寒湖
与那覇湾
円山川下流域・周辺水田
大沼
瓢湖
釧路湿原
宮島　宍道湖　三方五湖
尾瀬
谷津干潟
串本沿岸海域　琵琶湖

登録湿地数50か所（2019年）

🔺 琵琶湖疏水（京都府）

淀川

琵琶湖から流れ出る唯一の川。全長 約75km。滋賀県では瀬田川，京都府では宇治川とよばれる。大阪府で淀川と名を変え，大阪平野を通って大阪湾に注ぐ。古代から，京都と大阪（難波）を結ぶ，重要な交通路だった。

赤潮を引きおこすりんの規制

産業廃水や生活排水が流れこむと，湖水の栄養分が増える。とくに，農薬や合成洗剤にふくまれる栄養分のりんが増えると，**プランクトン**が異常に発生し，湖水を赤くにごらす**赤潮**や，青くにごらす**アオコ**を引きおこす。1977年，琵琶湖で大規模な淡水赤潮が発生したため，県民の間で，粉石けんの使用をよびかける運動がおこった。滋賀県もこれに応じ，1979年に**富栄養化防止条例**を制定して，りんをふくむ合成洗剤の使用を禁じた。

② 大阪大都市圏とニュータウン

(1)大阪大都市圏（京阪神大都市圏）

▶大阪大都市圏

　大阪平野の**大阪市**を中心に，**京都市**，**神戸市**などをふくむ大都市圏を**大阪大都市圏**という。西日本の中心で，東京大都市圏に次いで，人口が多い。

▶住宅地の開発

① **商業の中心**…古くから大阪市は**卸売業**がさかんで，各地に**問屋街**がつくられた。工業も成長し，昭和時代の高度経済成長期まで，東京都とならぶ経済の中心だった。

② **私鉄による開発**…大正から昭和時代にかけて，**私鉄の沿線**に住宅地が開発され，**ターミナル駅**には百貨店や遊園地などがつくられた。

③ **ニュータウンの建設**…昭和時代の1960年代以降，郊外の丘陵地に**千里・泉北・須磨**などの**ニュータウン**が建設された。また，埋め立て地の**ポートアイランド**や**六甲アイランド**などにも，住宅地・商業地がつくられた。

(2)地位の低下と再生

▶地位の低下

　東京の一極集中により，本社を大阪から東京に移転する企業が増え，大阪の経済的な地位が低下した。人口も横浜市（神奈川県）にぬかれ，全国3位になった。また，郊外の**ニュータウン**では，**建物の老朽化や住民の高齢化**も進んでいる。

▶再生の取り組み

① **ベイエリアの再開発**…1994年，泉州沖の人工島に**関西国際空港**が開港。大阪湾岸の**再開発**が進められ，咲洲や舞洲などの埋め立て地にイベント場などがつくられた。

② **ハイテク産業の誘致**…内陸には，大学や先端技術の企業・研究所が集積する**関西文化学術研究都市**（けいはんな学研都市）がつくられた。また，**2025大阪・関西万博**など，国際イベントの誘致による活性化もはかられている。

大阪市，京都市，神戸市の3市は，鉄道で30～40分ほどで結ばれているんだ。

△千里ニュータウン（大阪府）

くわしく

関西国際空港

　日本で初めての**24時間空港**で，アジアの**ハブ空港**として期待された。開港から長らく路線が増えず，経営難に苦しんだが，2010年代以降，海外からの旅行者が増加したこと（**インバウンド需要の増大**）や**格安航空会社（LCC）**の専用ターミナルが完成したことなどで利用者が増えた。

△関西国際空港のLCCターミナル

(1) 近畿地方の農業・水産業

▶農業

①**近郊農業**…淡路島（兵庫県）の**たまねぎ**，レタスなど，大消費地向けの近郊農業が中心である。滋賀県は稲作がさかんで，**近江米**として出荷している。

②**果樹栽培**…和歌山県の有田川沿いでは，みかんの栽培がさかんで，生産量は全国一。また，**梅**や**柿**の生産量も，和歌山県が全国一（2018年）である。

③**工芸作物**…京都府南部では，茶の栽培がさかんで，ブランドの**宇治茶**として全国に出荷している。中心地の和束町は，茶畑の景観の保存に努めている。

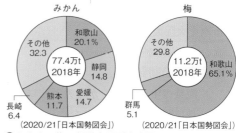

▲みかん，梅の都道府県別生産量

（2020/21「日本国勢図会」）

▶水産業

日本海は，冬の**ずわいがに**が有名だが，枯渇が問題になっており，漁獲の時期やとる大きさや量を制限している。志摩半島（三重県）の**英虞湾**は，真珠の養殖の発祥地と知られる。また，**かき**や**のり**の養殖もさかんである。

【参考】

近畿の地域ブランド

　農作物では，九条ねぎ，賀茂なす，聖護院だいこんなど**京野菜**が有名。畜産物では，**丹波牛(神戸牛)**や松阪牛，近江牛などの人気が高い。水産物の代表は，**明石市(兵庫県)**のたこやたい，三重県の**伊勢えび**など。

信仰の対象「熊野古道」

　紀伊山地の山々は，古代から**山岳信仰**の聖地としてあがめられた。その中心になったのが，熊野本宮大社，熊野速玉大社，熊野那智大社の**熊野三山**である。平安時代には，**空海**が**高野山**に金剛峯寺を建て，**真言宗**を開いた。その後も，密教の修行の場だけでなく，浄土信仰の対象として，複雑で多様な宗教世界が築かれていったのである。

　2004年，こうした「山や森などの自然を神仏の宿る所とする信仰が形づくった景観」が評価され，熊野三山と高野山，吉野大峯などの霊場が，「**紀伊山地の霊場と参詣道**」として**世界文化遺産**に登録された。

(2) 近畿地方の林業

▶吉野すぎと尾鷲ひのき

温暖多雨な**紀伊山地**は，古くから**林業**がさかん。森林の多くは**人工林**で，とくに奈良県の**吉野すぎ**，三重県の尾鷲ひのきは，高級木材として知られる。

▶林業の課題と対策

① 課題…1970年代以降，**安い外国産の木材**におされ，国内産の木材の需要が減った。働き手の**高齢化**や**後継者不足**なども進行しており，管理が行き届かず，荒れる森林が増えている。

② 対策…国・自治体は「**緑の雇用**」プロジェクトをはじめ，後継者育成を支援している。森林には地球温暖化を防ぐ役割があるため，「**環境林**」として保全する動きも進んでいる。

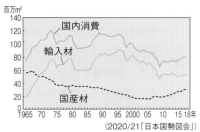

▲木材の生産・輸入・消費

現在（2017年）の木材のおもな輸入先は，アメリカ合衆国とカナダだよ。

(3) 近畿地方の工業

▶阪神工業地帯

① **せんいから重工業へ**…明治時代にせんい工業がおこり，日本の工業の中心となった。第二次世界大戦後，**鉄鋼業**や**石油化学工業**が成長し，守口市・門真市（大阪府）では**電気機械工業**が発達した。

② **臨海工業地域の拡大**…兵庫県南部の埋め立て地に**播磨臨海工業地域**が，大阪湾南部の埋め立て地に**堺・泉北臨海工業地域**がそれぞれ形成された。

③ **地位の低下**…1980年代以降，鉄鋼・化学工業が伸びなやみ，京浜や中京と比べて，地位が低下した。

④ **機械工業の成長**…今世紀に入り，沿岸部に液晶パネルの生産工場が増えた。しかし，その多くが撤退したため，**太陽光パネル**や**蓄電池**など，先端技術を使った機械製品の生産が増えている。

▲阪神工業地帯の工業生産の変化

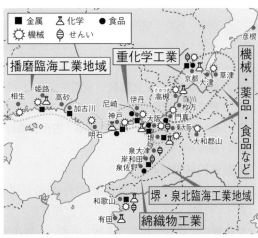

▲阪神工業地帯のおもな工業都市

179

▶ 特徴のある工業

① **ハイテク産業**…京都府南部は，ゲームソフトや**ファインセラミックス（ニューセラミックス）**などをつくるハイテク産業が成長している。**大阪府**の**堺市**では，鉄砲づくりの伝統を生かし，**自転車**を製造している。

② **高い技術力をもつ中小企業**…大阪府内陸部の**東大阪市**には，高い技術力をもつ**中小企業**が多く，提携して**人工衛星**も開発した。精度の高い部品は，海外からの注文も多い。

▶ 伝統工業

歴史ある京都や奈良は，**伝統的工芸品**の生産がさかんで，京都は**西陣織**や**清水焼**，**京友禅**など，奈良は奈良墨や神具など，滋賀は**信楽焼**が有名である。

▶ 地場産業

大阪府南部の**泉州地域**は**タオル**や毛布，八尾市はさまざまな日用雑貨を生産している。兵庫県南東部の灘・伊丹地区は古くから**酒造業**，神戸市は靴の製造がさかんである。

④ 観光と古都の歴史的景観

▶ 観光と豊富な史跡

① **世界的な観光地**…近畿地方は古代に都がおかれたことから，各地に史跡や古い町並みが残っており，国内外から多くの観光客が集まる。とくに京都は**国際観光都市**として名高く，外国人宿泊数は350万人をこえる（2017年）。

② **豊富な史跡・文化遺産**…京都や奈良の寺社の多くは，**世界文化遺産**に登録されている。このほか，**姫路城**（兵庫県）や大仙古墳がある**百舌鳥・古市古墳群**（大阪府）も登録されている。

▶ 歴史的な町並み

条坊制で区画された京都市には，木造低層で奥行きの長い**町家（京町家）**が多く残っている。「古都京都の文化財」として**世界文化遺産**に登録された二条城，清水寺，賀茂神社（上賀茂神社，下鴨神社）をはじめ，歴史的な寺社も多い。

くわしく

ファインセラミックス

セラミックスとは，**陶磁器**，**ガラス**，**セメント**のこと。熱に強い，高密度，電気を通さないなどといった優れた性質をもったセラミックスを**ファインセラミックス**という。調理用具から医療器具，自動車部品，電子機器まで幅広い分野で使われている。

注目！

阪神工業地帯の地位低下の原因

阪神工業地帯は1960年代，**大気汚染や地盤沈下**など多くの公害が発生したが，環境改善をはかって乗りこえた。しかし，1980年代に入って地位が低下した。背景には，自動車工業のような総合工業がないこと，**工場用地の不足**や設備の**老朽化**が進んだことなどが挙げられる。また，液晶パネル工場の撤退などは，**アジアの新興国**に市場をうばわれたことが大きな原因である。

 姫路城（兵庫県）

参考

姫路市の取り組み

兵庫県姫路市は，**姫路城**を中心とした町づくりを進めている。美しい景観を保つため，姫路駅と姫路城を結ぶ大通りは，**無電柱化**をはかった。また，看板や広告物の色などにも制限を設けている。

▶歴史的景観の保存

① **国の取り組み**…京都や奈良，鎌倉（神奈川県）などの古い都市を対象とした**古都保存法**（1966年）を制定している。また，価値の高い文化財を**重要文化財**に指定し，そのなかでもとくに優れたものを**国宝**に指定している。

② **京都市の取り組み**…1972年に**市街地景観整備条例**を制定し，その後も，古都の景観を損なわないよう，建物の高さやデザインなどに規制を設けている。歴史的な建造物の修理・保全に対しては，補助金が出されている。

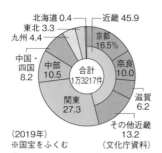

北海道 0.4
東北 3.3
九州 4.4
近畿 45.9
京都 16.5%
奈良 10.0
滋賀 6.2
その他近畿 13.2
関東 27.3
中部 10.5
中国・四国 8.2
合計 1万3217件
（2019年）
※国宝をふくむ
（文化庁資料）
●重要文化財の割合

参考

奈良県の世界文化遺産
　斑鳩町の**法隆寺**は，1993年に「法隆寺地域の仏教建造物」として，日本で初めて世界文化遺産に登録された。その後，1998年に「古都奈良の文化財」として，**東大寺・興福寺・春日大社・春日山原始林・元興寺・薬師寺・唐招提寺・平城宮跡**の8つの資産も登録された。

●景観に配慮した建物・ごみ箱（京都市）

第7章 日本の諸地域

テストに出る！　つまりこういうこと

● **大阪大都市圏**…**大阪**➡西日本の中心都市。商業がさかん。**京都**➡平安京がおかれた古都。国際観光都市。**奈良**➡平城京がおかれた古都。**神戸**➡古くからの港町。国際貿易都市。

● **地形と気候**…北部➡日本海に面し，冬に雪が多い。中部➡**琵琶湖**から**淀川**が流れる**大阪平野**，内陸の京都盆地，奈良盆地に人口が集中。南部➡太平洋に面し，温暖多雨。南端は豪雨地帯。

● **農業と漁業**…大都市圏向けの**近郊農業**が中心。和歌山県は，**みかん**，梅，柿の栽培がさかん。**リアス海岸**が続く志摩半島は，**真珠**やかきの養殖。

● **紀伊山地の林業**…人工林の**吉野すぎ**，**尾鷲ひのき**。後継者不足。

● **阪神工業地帯**…せんい工業で始まり，戦後，鉄鋼業・石油化学工業で発展。近年は太陽光パネルや蓄電池などの**機械工業**が成長。東大阪市は高い技術力をもつ中小工場が多い。京都市は，**西陣織**や清水焼など伝統工業。

● **歴史的景観の保存**…京都や奈良は，史跡や古い町並みが残り，世界文化遺産も多く，世界的な国際観光都市。➡**市街地景観整備条例**を制定し，建物の高さ・色なども規制。

●異人館街（神戸市）

4 中部地方

📍 地図で確認 北陸，中央高地，東海の3つの地方は，自然環境や産業が大きく異なる。

▶ 佐渡金山跡（新潟県） 日本海にうかぶ佐渡島の金鉱山の跡地。江戸時代に大量の金・銀を産出

🔺 飛驒山脈の山々　3000m級の山々が連なる北アルプス

① 北陸地方
漆器　織物
水田単作地帯で日本の穀倉。伝統的な工業が発達。輪島の漆器，小千谷の絹織物など。

② 用水の建設
明治用水。愛知用水。豊川用水。

③ 輪中
木曽川・長良川・揖斐川の下流。

◎ 県庁所在地
✈ おもな空港
⚓ おもな港

⑦ 中央高地の農業
八ヶ岳で高原野菜の栽培。長野盆地でりんご。甲府盆地でぶどう。

りんご　ぶどう

キャベツ　レタス

高峻な日本アルプスから広大な平野や盆地と，起伏に富んだ地形が見られるよ。

⑥ 茶
静岡県は日本一。

🔺 名古屋市（愛知県）
中部地方の中心都市。名古屋駅とその周辺の高層ビル群

製紙　楽器　オートバイ　茶

楽器・オートバイ…浜松
製紙・パルプ…富士・富士宮

石油化学　自動車　陶器　毛織物

④ 中京工業地帯
日本最大級の生産高。機械工業中心で，せんい，陶磁器の生産もさかん。豊田・鈴鹿の自動車工業，名古屋・東海の鉄鋼業，四日市で石油化学工業。

⑤ 東海工業地域

◀ 輪中（岐阜県） 濃尾平野の西部，3つの川の下流にあたる低湿地帯。周りを堤防に囲まれた独特の集落

▶ 世界文化遺産の富士山　信仰の対象，芸術の源泉として評価され，2013年に世界文化遺産に登録

① 中部地方の社会と自然

(1) 地域区分と都市

▶地域区分

中部地方は，次の3つの地方に区分される。

① **東海地方**…**太平洋**に面した地域。東から静岡県，愛知県，岐阜県の南部。

② **中央高地**…**3000m級の山々**が連なる内陸の地域。東から山梨県，長野県，岐阜県の中・北部。

③ **北陸地方**…**日本海**に面した地域。北から新潟県，富山県，石川県，福井県。

◆中部地方の地域区分

三重県は近畿地方の県だ。でも，北部は名古屋市との結びつきが強いので，東海地方にふくめることもあるよ。

▶名古屋大都市圏

① **名古屋市**…愛知県の県庁所在地である**名古屋市**は，中部地方の政治・経済・文化の中心。江戸時代に，**尾張藩の城下町**として発展した。

② **名古屋大都市圏**…政令指定都市の名古屋市を中心に，岐阜県南部と三重県の伊勢湾沿岸部にかけて，**名古屋大都市圏**が形成されている。

③ **交通の中心**…**東海道新幹線**が通り，**東名・阪神高速道路**で首都圏や大阪大都市圏と結ばれている。**名古屋港**は日本有数の貿易港で，伊勢湾の埋め立て地には**中部国際空港**が開港。現在，**リニア中央新幹線**の建設も進んでいる。

(2) 中部地方の地形

▶東海地方の地形

西部は，**伊勢湾**を囲むように**濃尾平野**が広がる。知多半島，渥美半島が伊勢湾につき出る。中央部に**浜名湖**。東部は，**伊豆半島**が太平洋につき出る。中央高地から**大井川**，**天竜川**，**木曽川**，**長良川**，**揖斐川**が流れる。

▶中央高地の地形

① **高峻な山脈**…**日本アルプス**とよばれる**飛驒山脈**（北アルプス），**木曽山脈**（中央アルプス），**赤石山脈**（南アルプス）が連なり，**富士山**，**浅間山**，**御嶽山**などの活火山もそびえる。

◆中部国際空港（愛称「セントレア」）

参考

輪中

濃尾平野の西部を流れる**木曽三川**（**木曽川**，**長良川**，**揖斐川**）の下流の**低湿地帯**。または，これらの川にはさまれた集落のこと。水害を防ぐため，輪中の集落は**堤防**で囲まれている（左ページ）。

② **人口の多い盆地**…けわしい山地の間に, **甲府盆地**, **松本盆地**, **長野盆地**などが点在しており, 人口の多い都市が形成されている。長野県中部には, 天竜川が源を発する**諏訪湖**がある。

▶北陸地方の地形

日本海に面して**越後(新潟)平野**が広がり, 日本最長の**信濃川**や**阿賀野川**が流れる。富山平野には, 黒部川と神通川が流れる。金沢平野の北の**能登半島**が日本海につき出ており, 若狭湾(福井県)には**リアス海岸**が発達している。

△甲府盆地(山梨県)

(3)中部地方の気候

▶東海地方の気候

太平洋側の気候。沖合を暖流の黒潮(日本海流)が流れているため, 全般に温暖。夏は, **南東の季節風**の影響で**雨**が多い。冬は乾燥して, 晴れた日が多い。

▶中央高地の気候

中央高地(内陸性)の気候。1年を通して降水量が少なく, **昼夜・夏冬の気温差が大きい**。盆地は, **フェーン現象**(120ページ)によって, しばしば高温になる。**軽井沢**などの高原都市は, 夏でもすずしく, **避暑地**になっている。

▶北陸地方の気候

日本海側の気候。冬は, **北西の季節風**の影響で**雪**が多い。世界有数の豪雪地帯になっている。しばしば雪害に見まわれるが, **雪どけ水**は, 生活用水や農業用水, 水力発電のダムの水源として利用される。

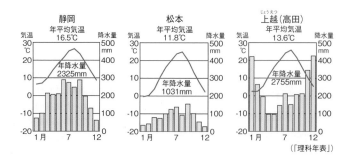

静岡
年平均気温
16.5℃
年降水量
2325mm

松本
年平均気温
11.8℃
年降水量
1031mm

上越(高田)
年平均気温
13.6℃
年降水量
2755mm

「理科年表」

くわしく

甲府盆地

山梨県中部の盆地。面積は約375km²。**フォッサマグナ**(114ページ)のなかに位置し, 四方を八ヶ岳連峰, 秩父山地, 富士山などの山々に囲まれている。縁辺部には, 多くの**扇状地**(103ページ)が発達しており, ぶどうやももがさかんに栽培されている。

参考

雁木

豪雪地帯に見られる雪よけの屋根をつけたアーケード。新潟県の各地には, 連なる民家や商店が木造の軒をつき出す, 古い雁木の通りが残っている。秋田県や青森県では, **こみせ**とよばれる。

△雁木(新潟県長岡市)

② 中部地方の工業

(1)中京工業地帯

▶中京工業地帯

伊勢湾岸に広がる工業地帯。**日本最大の工業地帯**で，ほかの工業地帯・地域に比べて，**機械工業の割合が大きい**。とりわけ**自動車**や航空機など，輸送機械の比重が高い。

① **せんい工業のおこり**…江戸時代，濃尾平野で栽培されていた綿花を使い，名古屋市でせんい工業がおこった。また，伝統的な窯業（陶磁器の生産）もさかんだった。

② **自動車工業の成長**…明治時代に自動織機が発明され，その技術を土台に愛知県の**豊田市**（旧拳母市）で自動車の生産が始まった。第二次世界大戦後，自動車工業は急成長した。

③ **臨海部の発展**…伊勢湾沿岸の**東海市**（愛知県）に**製鉄所**，**四日市市**（三重県）に大規模な**石油化学コンビナート**がつくられた。

④ **日本最大の工業地帯へ**…内陸部の自動車工業と臨海部の重化学工業が一帯となって成長し，全国一の工業地帯に成長した。

▶自動車工業

豊田市には，大規模な**自動車組み立て工場**があり，ジャスト・イン・タイム方式で製造されている。周辺には，部品を供給する**関連工場**も多い。自動車は，**岡崎市**（愛知県）や**鈴鹿市**（三重県）でも製造されており，名古屋港や三河港から輸出されている。

▶特徴のある工業

名古屋市は，**航空機産業**が発達している。**瀬戸市**（愛知県）や**多治見市**（岐阜県）では，古くから陶磁器の生産が行われてきた。近年は，**ファインセラミックス**（180ページ）の新しい製品開発に力を入れている。

参考

企業城下町

豊田市には，自動車会社やその関連会社に勤める人が多い。自動車会社は，病院や学校なども経営している。この豊田市のように，1つの大企業が地域の経済・社会に大きな影響をもっている都市を**企業城下町**という。

▲石油化学コンビナート（三重県四日市市）

▲中京工業地帯の工業生産の変化

			金属 9.3%			食料品 8.9	
1960年 1.7兆円		機械 26.9	化学 9.5		せんい 29.7	その他 15.7	
2017年 57.8兆円	9.4	69.4		6.2	9.5		

4.7　0.8

（2020/21「日本国勢図会」ほか）

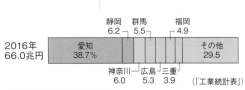

▲輸送機械工業の出荷額

	静岡 6.2	群馬 5.5	福岡 4.9	
2016年 66.0兆円	愛知 38.7%			その他 29.5

神奈川 6.0　広島 5.3　三重 3.9

（「工業統計表」）

▲中京工業地帯と東海工業地域

(2)その他の工業地域

▶東海工業地域

　静岡県の沿岸部には，東海工業地域が形成されている。**浜松市は，オートバイや楽器の製造がさかん。富士市**は，富士山の豊富なわき水を利用した**製紙・パルプ工業**が発達している。

	金属 7.8%			せんい 0.7	
2017年 16.9兆円		機械 51.7	化学 11.0	食料品 13.7	その他 15.1

（2020/21「日本国勢図会」）

▲東海工業地域の工業生産額

▶中央高地の工業

①　**製糸から精密機械へ**…長野県の諏訪盆地では，かつて製糸業が行われていたが，第二次世界大戦後は，時計やカメラなどをつくる**精密機械工業**が発達した。

②　**電気機械工業の成長**…高速道路に近い**松本市や伊那市**（長野県）などには，パソコン，プリンター，産業用ロボットなどの電気機械や電子製品の工場も多く進出している。

▶北陸工業地域

①　**重化学工業**…富山県では，豊富な水資源と電力を利用した**アルミニウム工業**や化学工業，新潟県では，石油精製工業が発達している。

注目!

東海工業地域が発展した理由

　首都圏と名古屋大都市圏，大阪大都市圏とを結ぶ東名・名神高速道路や東海道新幹線など，**日本の大動脈**が通っており，交通の便がよいことが大きい。また，**水資源**が豊富なこと，労働力を得やすいこと，気候が**温暖**なことなども挙げられる。

　山梨県の忍野村では，無人の自動化された工場で，大量の産業用ロボットが製造されているんだ。

注目!

精密機械・電子部品の生産がさかんになった理由

　中央高地で精密機械や電子部品の生産がさかんになったのは，**きれいな水や空気があるから**。とくに精密機器の洗浄には，清潔な水が欠かせない。

② **地場産業**…富山県の**売薬**は，古くから知られる。新潟県の**燕市**では**洋食器**，**三条市**では**金物・刃物**が，福井県の**鯖江市**では**眼鏡フレーム**が製造されている。多くは，中小企業の分業によって生産されている。

③ **伝統産業**…冬の農閑期に発達した伝統工業もさかんである。おもな伝統的工芸品には，新潟県の**小千谷縮**，富山県の**高岡銅器**，石川県の**輪島塗**，**九谷焼**，**加賀友禅**，金沢箔（金箔），福井県の**越前和紙**などがある。

地場産業と伝統産業

地域の企業が原材料などの調達や生産技術などで密接に結びつき，地域独自の製品をつくっている産業を**地場産業**という。そのなかでも，手工業の時代から受けつがれてきた古い技術を使い，伝統的工芸品などをつくる産業を**伝統産業**という。

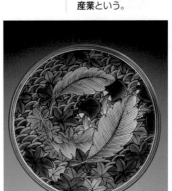

🔺北陸地方の地場産業と伝統的工芸品のおもな産地

🔺九谷焼

▶ 原子力発電所

福井県の**若狭湾沿岸**は，敦賀原発や美浜原発など，多くの原子力発電所が集まり，「**原発銀座**」とよばれる。また，新潟県には，7基の原子炉をもつ**柏崎刈羽原発**があり，東海地方の沿岸部には，**浜岡原発**（静岡県）がある。

東海地方は，大地震がおこる可能性が高く，津波の対策なども進められているよ。

③ 中部地方の農業・水産業

(1) 東海地方の農業・水産業

▶ 濃尾平野の農業

① **近郊農業**…大都市向けの野菜栽培を中心とした**近郊農業**がさかん。愛知県の**キャベツ**や**トマト**の生産量は，全国有数である。木曽川，長良川，揖斐川の下流域の**輪中**では，**稲作**が行われている。

② **渥美半島**…豊川用水の整備によって，水不足が解消された。温室やビニールハウスで野菜や花，メロンを栽培する**施設園芸農業**がさかんで，とくに**電照菊**の栽培が有名である。

③ **知多半島**…愛知用水の整備によって，水不足が解消された。渥美半島と同じく施設園芸農業が中心である。また，鶏卵の生産量も多い。

▲電照菊の栽培（愛知県田原市）

▶ **静岡県の農業**

① **茶の栽培**…静岡県は，茶の生産量が全国一である。南西部の**牧ノ原**は，明治時代に士族によって開墾された。霜が降りにくく，水はけがよいことから，茶の栽培の中心になっている。近年は，輸出にも力を入れている。

宮崎 4.6
その他 12.5
静岡 38.6%
三重 7.7
7.7万t 2019年
鹿児島 36.6

（2020/21「日本国勢図会」）
▲茶の生産量の割合

② **みかんの栽培**…駿河湾沿いの，日あたりのよい南向き斜面では，みかんが栽培されている。しかし，輸入オレンジの増加や産地間競争の激化などのため，近年は，**温室メロン**や**いちご**の生産が増えている。

▶ **東海地方の水産業**

① **浜名湖**…汽水湖の**浜名湖**（静岡県）では，**あさりとうなぎ**の漁獲量が多い。浜名湖に近い愛知県一色町も，うなぎの養殖がさかんである。

② **遠洋漁業の基地**…静岡県の**焼津港**の水揚げ量は，銚子港（千葉県）に次いで，全国2位（2017年）である。日本最大の遠洋漁業の基地で，**まぐろやかつお**の水揚げが多い。

③ **水産加工業**…焼津港やその近くの清水港には，冷凍倉庫や魚市場，かまぼこ工場，缶詰工場などが立ちならび，**水産加工業**が発達している。

📖 **くわしく**

電照菊

温室のなかで**電灯を照らして栽培する菊**。菊は，日照時間が短くなると開花する。その性質を利用し，夜も電灯を照らして開花時期を遅らせることで，秋から冬に出荷している。愛知県の菊の生産量は全国一（2019年）で，**渥美半島**が栽培の中心。

（参考）

外国人の乗組員

遠洋漁業の航海は，数か月から1年以上におよぶこともあり，若い働き手が減っている。高齢化も重なって，後継者不足が深刻化しているため，近年は，**アジア人の乗組員**が増えている。

▲清水港の冷凍倉庫

(2) 中央高地の農業

▶ 養蚕から果樹栽培へ

明治時代から昭和時代の初めごろまで，中央高地は養蚕がさかんで，扇状地では，カイコを育てるため，そのえさとなる桑を栽培していた。しかし，化学せんいの普及で製糸業が衰退したため，ほとんどの農家が果樹栽培に転換した。

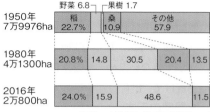

1950年 7万9976ha	稲 22.7%	桑 10.9	その他 57.9		

野菜 6.8 — 果樹 1.7

1980年 4万1300ha	20.8%	14.8	30.5	20.4	13.5
2016年 2万800ha	24.0%	15.9	48.6		11.5

(平成29年耕作及び作付面積統計ほか)

🔺 山梨県の農産物の作付面積の推移

▶ 果樹栽培

① **甲府盆地のぶどう**…山梨県の**甲府盆地**には，多くの**扇状地**が形成されており，**ぶどうやもも**が栽培されている。**ワイン**づくりもさかんで，醸造所やワイン倉庫は観光名所になっている。

② **長野のりんご**…長野県は，りんごの栽培がさかんで，青森県に次いで生産量は全国2位(2019年)。また，盆地ではぶどう，もも，西洋なしの栽培もさかんである。

③ **観光農園**…高速道路の整備や上越新幹線の開通などにより，首都圏との行き来が便利になった。これにともなって，近年，ぶどう狩りやりんご狩りなどを楽しめる**観光農園**が増えている。

▶ 高原野菜の栽培

八ヶ岳山ろくの**野辺山原**(長野県)などの高原地帯では，**レタス**や**キャベツ**などの**高原野菜**の栽培がさかんである。夏でもすずしい気候を生かした**抑制栽培**(138，192ページ)により，他の産地と時期をずらして，大都市の市場に出荷している。

 注目!

扇状地で果樹栽培がさかんな理由
扇状地は，**日あたり**や**水はけ**がよく，果物づくりに適している。また，中央高地の甲府盆地や長野盆地は内陸性の気候で，**昼夜の気温差が大きい**。これも，品質のよい果物の成長に適している。

第**7**章 日本の諸地域

レタスやキャベツは冬の野菜なのに，長野県は夏に出荷しているんだ。

🔺 ぶどうの生産量の割合

山梨 23.9%
長野 17.8
山形 9.2
岡山 8.8
福岡 4.2
その他 36.1
17.5万t 2018年
(2020/21「日本国勢図会」)

🔺 ももの生産量の割合

山梨 34.8%
福島 21.4
長野 11.7
山形 7.1
和歌山 6.6
その他 18.4
11.3万t 2018年
(2020/21「日本国勢図会」)

🔺 りんごの生産量の割合

青森 58.9%
長野 18.8
岩手 6.3
山形 5.5
福島 3.4
その他 7.1
75.6万t 2018年
(2020/21「日本国勢図会」)

(3)北陸地方の農業

▶日本の穀倉地帯

北陸地方は，日本有数の穀倉地帯である。雪が多く，冬は耕作ができないため，**米の単作地帯**になっている。また，秋の長雨を避けて，出荷時期を早める**早場米**の産地としても有名。

▶農家の工夫

① **土地改良**…かつて湿地帯だった**越後平野**は，用水路や排水施設が整備され，稲作が可能になった。また，各地で**干拓**などの土地改良も進められた。

⬛越後平野の水田

② **品種改良**…寒さに強い品種，味のよい品種の開発を進めた。**コシヒカリ**は，こうした**品種改良**によって北陸地方で開発された品種で，**銘柄米**として全国に広がった。

③ **食品加工**…食生活の欧米化により，米の消費量が減少するなか，米を原料にしたせんべいなどの**米菓**や切り餅，**日本酒**などの生産もさかんになっている。

▶花や野菜の栽培

富山平野では，古くから**チューリップ**の**球根**の栽培がさかん。**金沢市**（**石川県**）の砂丘では，**スプリンクラー**などの**かんがい施設**の整備により，**すいか**や野菜の栽培が行われている。

単作

同じ耕地で1種類の作物を，1年間に1回だけ栽培することを**単作**（**一毛作**）ともいう。なお，同じ耕地で1年間に2種類の異なる作物を栽培することを**二毛作**という。二毛作は，九州北部の**筑紫平野**（161ページ）で行われている。

北陸地方が日本を代表する穀倉地帯になった理由
①豊富な雪どけ水があること。
②広い平野があること。
③夏の日照時間が長いこと。

農家の工夫としては，冷たい雪どけ水の水温を上げるため，**ぬるめ**という細い水路を通して，田に水を送ってきた。現在，用水路の**パイプライン化**も進めている。また，稲は暖かい地方の作物だが，**品種改良**によって寒さに強い品種を開発した。こうした農家の努力によって，北陸地方は日本を代表する穀倉地帯になったのである。

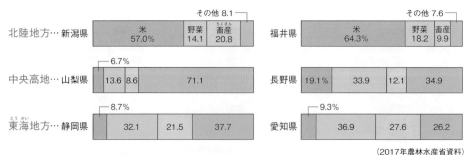

⬛中部地方のおもな県の農業生産額の割合

（2017年農林水産省資料）

④ 中部地方の特徴のある都市

▶ 公害を克服した四日市

　石油化学コンビナートが形成された四日市市では，1960年代，**大気汚染**の広がりで**四日市ぜんそく**という公害病が発生した。国や市は，工場に煤煙を除去する装置導入を義務づけたり，工業地帯と居住地とを区分したりして，公害を克服した。

▶ 観光都市の金沢市

　金沢市は**加賀藩**の旧城下町で，**武家屋敷**や古い町家が残っており，魅力的な伝統的工芸品も多い。**北陸新幹線**の開通によって，近年，首都圏からの観光客が増えている。

▶ 多文化共生をめざす浜松市

　浜松市には，オートバイや自動車部品の工場が集まっている。多くの**外国人労働者**が働いており，そのうちブラジル人（日系ブラジル人）が約4割を占めている。市は**多文化共生**をかかげ，外国人が地域にとけこめるよう支援している。

▲ 煤煙の噴出量が減った工場

（2018年10月1日現在）
▲ 浜松市の外国人数の割合

テストに出る！ つまりこういうこと

● **名古屋大都市圏**…東海道新幹線，東名・阪神高速道路で首都圏と大阪大都市圏と結ばれる。
● **地形**…東海➡**濃尾平野**が広がり，天竜川や木曽三川（木曽川・長良川・揖斐川）が流れる。木曽三川の下流域には**輪中**が形成。中央高地➡**日本アルプスの飛騨山脈，木曽山脈，赤石山脈**が連なる。北陸➡**越後平野**に信濃川と阿賀野川，富山平野に神通川などが流れる。沖合を**対馬海流**が流れる。
● **気候**…東海➡温暖な**太平洋側の気候**。中央高地➡降水量が少なく，寒暖差が大きい**内陸性の気候**。北陸➡**北西の季節風**の影響で雪が多い。世界有数の**豪雪地帯**。
● **工業**…東海➡日本最大の**中京工業地帯**。豊田市で**自動車**。四日市市に**石油化学コンビナート**が形成。静岡県沿岸部に**東海工業地域**。浜松市で**オートバイ，楽器**。富士市で**製紙・パルプ**。中央高地➡精密機械工業とパソコン，プリンターなどの**電気機械工業**。北陸➡**北陸工業地域**はアルミニウム工業がさかん。**地場産業**や**伝統産業**も発達。
● **農業**…東海➡濃尾平野は近郊農業。渥美半島で**電照菊**などの施設園芸農業。静岡県では**茶とみかん**を栽培。中央高地➡**甲府盆地でぶどう**，ももを栽培。長野県で**りんご**を栽培。高地では，レタス，キャベツなどの**高原野菜を抑制栽培**。北陸➡米の**単作地帯**。**早場米**の産地。銘柄米を出荷。

▲ 豊田市の自動車組み立て工場

中部地方の産業の特徴をつかむ

● 中京工業地帯の特徴

〔グラフ〕右のグラフは，太平洋ベルトにふくまれるおもな工業地帯・地域の品目別生産額の割合（2017年）を示している。

〔読み取り〕割合を示しているので，金額を比べるときには，総生産額にも注目しなければならない。

〔考察〕**中京工業地帯**は，他の工業地帯と比べて，**機械工業の割合がきわめて大きい**。機械類には，**豊田市の自動車**など輸送機械が多くを占めている。

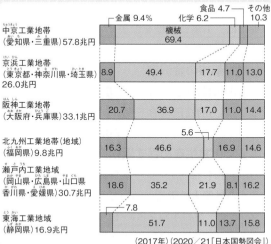

おもな工業地帯・地域の生産額の割合

● 高原野菜の抑制栽培

〔グラフ〕右の折れ線グラフは，東京都中央卸売市場へのレタスの月別出荷量を示している。

〔読み取り〕冬の野菜の**レタス**が，どの県からいつ出荷されているのか，とくに**夏の出荷量が多い長野県**に注目する。

〔考察〕温暖な地方では，レタスは秋から春にかけてしか育てられない。長野県は，**夏でもすずしい高原でレタスを栽培する**ことで，他の産地と時期をずらして市場に出荷している。これを**抑制栽培**という。

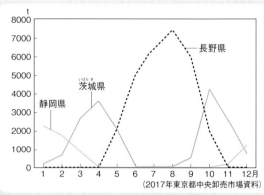

東京都中央卸売市場へのレタスの月別出荷量

レタスの都道府県別の生産割合

1　九州地方，中国・四国地方の自然と産業　>>p.158〜163, 166〜171

右の地図を見て，次の問いに答え
なさい。

(1)　地図中の**X，Y**のうち，暖流の
向きを正しく示しているのはど
ちらですか。また，その海流の名
称を書きなさい。

記号〔　　　　〕

名称〔　　　　〕

(2)　地図中の**▲**の火山の周辺には，
噴火(ふんか)によってできた巨大(きょだい)なくぼ
地がある。この火山の名称とく
ぼ地の名称を書きなさい。

火山〔　　　　〕

くぼ地〔　　　　〕

(3)　地図中の@〜@の都市の雨温図
を，右の**ア〜エ**から１つずつ選
びなさい。

@〔　　　〕　⑥〔　　　〕

©〔　　　〕　@〔　　　〕

(4)　右の３枚の写真は，ある都市に
ある建造物を撮影(さつえい)したものであ
る。その都市の場所を地図中の
カ〜コから１つ選びなさい。

〔　　　　〕

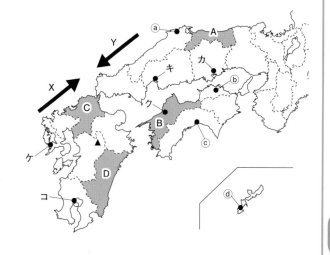

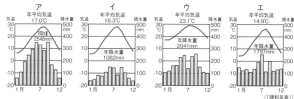

(5)　地図中の🔴で示した**A〜D**
の県について説明した次の各文
中の(　　　)にあてはまる語をそれぞれ書きなさい。

A　この県の沿岸部には，日本最大級の(　　　)砂丘(さきゅう)が広がっている。

B　この県の南向きの斜面(しゃめん)や島々では，(　　　)の栽培(さいばい)がさかんである。

C　この県の宮若市(みやわか)や苅田町(かんだ)には(　　　)の生産工場が進出している。

D　この県の太平洋に面した平野では，野菜の(　　　)栽培がさかんである。

2 中国・四国地方の交通 >>p.169〜170

右の四国地方の地図を見て，次の問いに答えなさい。

(1) 四国地方には，県名と県庁所在地名が異なる県が2つある。それらの県名と県庁所在地名を書きなさい。

〔　　　　　〕県〔　　　　　〕市
〔　　　　　〕県〔　　　　　〕市

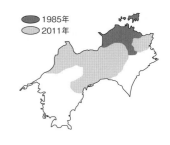
■ 1985年
□ 2011年

応用 (2) 右の地図は，岡山県倉敷市（おかやま）（くらしき）から3時間以内に自動車で到達できる範囲（はんい）の変化を示している。こう変化した理由を述べた次の文中の〔　　〕にあてはまる内容を書きなさい。

〔鹿児島・改〕

「四国側の高速道路などが整備され，1988年には〔　　　　　　　　　　　〕したから。」

3 近畿（きんき）地方の産業と社会 >>p.174〜181

近畿地方2府5県の統計をまとめた右の表を見て，次の問いに答えなさい。〔長野・改〕

(1) 表中のア〜エから，①兵庫県（ひょうご）と②奈良県（な）（ら）にあてはまるものを1つずつ選びなさい。

①〔　　　　　〕②〔　　　　　〕

応用 (2) 右の資料Ⅰは，表中の滋賀県（しが）が1979年に制定した条例の概要である。資料Ⅱは，赤潮（あかしお）の発生日数と滋賀県の下水道の普及率（ふきゅう）の推移を示したものである。これらから読み取れることを次からすべて選びなさい。

〔　　　　　〕

項目 面積	面積 (km²)	人口 (千人)	製造業 出荷額等 (億円)	海面漁業 生産額 (億円)	重要 文化財 (件)
滋賀県	4017	1412	78229	−	823
京都府	4612	2591	58219	38	2188
大阪府	1905	8813	173490	44	678
ア	5774	1791	105552	507	188
イ	8401	5484	157988	499	468
ウ	3691	1339	21181	−	1327
エ	4725	935	26913	134	394

（「データでみる県勢2020年版」などより作成）

資料Ⅰ

　琵琶湖の富栄養化の進行は，流域に住む人々の生活や生産活動によって引きおこされている。そのため，りんをふくむ合成洗剤（せんざい）の滋賀県内での使用・販売（はんばい）を禁止する。

ア 琵琶湖（びわ）では，1970年代後半に赤潮の発生日数が最も多く，その後，2000年から2009年までの発生日数の合計が5日となるまで減少していった。

イ 下水道の普及率が低かったころは，赤潮の発生日数が多いが，下水道の普及率が高まるにつれて，赤潮の発生日数がおさえられていった。

ウ 琵琶湖流域に住む人々の生活を規制したことは，赤潮の発生日数の減少につながった。

資料Ⅱ

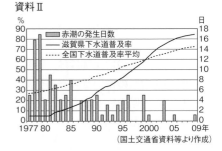

□ 赤潮の発生日数
― 滋賀県下水道普及率
┄ 全国下水道普及率平均

（国土交通省資料等より作成）

エ　条例ができて，赤潮の発生日数は減少し，下水道の普及率が全国平均をこえると，赤潮は発生しなくなった。

応用 (3) 表中の京都府では，各地で歴史的な景観を保全する取り組みが進められている。右の写真は，2005年と現在のものである。景観を保存するため，何をどうしたのか，10字以内で書きなさい。

〔　　　　　　　　　　　　　　〕

2005年

現在

4　中部地方の自然と産業 》》p.182～191

右の中部地方の地図を見て，次の問いに答えなさい。

(1) 地図中のXで示した「日本の屋根」ともよばれる3つの山脈をまとめて何というか，書きなさい。〔和歌山・改〕

〔　　　　　　　　　　　　〕

(2) 地図中のYで示した ⬤ の工業地域を何というか，書きなさい。

〔　　　　　　　　　〕工業地域

(3) 地図中のZで示した地域は，3つの川の下流にあたり，周りを堤防で囲まれている。これについて，次の問いに答えよ。

① このような集落を何というか，書きなさい。

〔　　　　　　　　　　　　　〕

応用 ② 集落の周りを堤防で囲んでいる理由を，簡潔に説明しなさい。

〔　　　　　　　　　　　　　　〕

(4) 右の資料Ⅰは，地図中のaとbの港の輸出額の内訳である。資料中の（ ＊ ）に共通してあてはまる品目を次から1つ選びなさい。〔和歌山・改〕

〔　　　　　　　　〕

ア　食料品　　イ　半導体
ウ　自動車　　エ　鉄鋼

(5) 右の資料Ⅱは，地図中のA～Dの県の人口と農作物に関する統計資料である。このうち，Cの県にあてはまるものを資料中のア～エから1つ選びなさい。

〔　　　　　〕

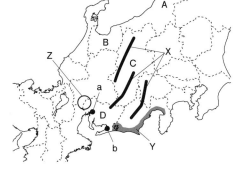

資料Ⅰ

a
12.5兆円
自動車部品 17.5　　内燃機関 4.2
（ ＊ ）25.0%　　その他 48.9
金属加工機械 4.4

b
2.6兆円
（ ＊ ）94.7%　　その他 5.3

(2018年)(財務省「貿易統計」)

資料Ⅱ

	人口（万人）	産出額（億円）		
		米	野菜	果実
ア	105.0	451	59	22
イ	753.7	301	1193	197
ウ	224.6	1417	352	79
エ	206.3	472	840	625

(「データでみる県勢2020年版」から作成)

📍地図で確認 首都の東京都を中心に交通・通信網が発展し、日本の人口の約3分の1が住む。

◀ 嬬恋村（群馬県）キャベツやはくさいなど高原野菜の栽培がさかん。利根川上流の村

▶ 首都圏外環放水路（埼玉県）春日部市の地下につくられた巨大トンネル。洪水でたまった水を江戸川に放流

関東地方は、面積の半分を平野（関東平野）が占めているんだ。

① 近郊農業
はくさい ピーマン
ねぎ きゅうり

◎ 都県庁所在地
○ おもな都市
⚓ おもな港
✈ おもな空港

③ 鹿島臨海工業地域
掘り込み式工業港。鉄鋼・石油化学工業。

② 北関東工業地域
かつては日本一の養蚕地帯で製糸業・織物業が栄えた。今日では機械工業が発達。

④ 首都
日本の政治・経済・文化の中心。人口集中や公害などによる問題も多い。

⑤ 京浜工業地帯
機械の比重が大きい。出版・印刷もさかん。 自動車 出版・印刷

⑥ 京葉工業地域
京浜工業地帯と連なる。鉄鋼・火力発電・石油化学のコンビナートが発達。

阿武隈高地
茨城県
宇都宮
栃木県
常総台地
水戸
赤城山
前橋
浅間山
群馬県
中禅寺湖
筑波研究学園都市
霞ヶ浦
埼玉県
関東平野
さいたま
荒川
利根川
成田国際空港
下総台地
八王子
東京都
東京湾
千葉
相模原
川崎
千葉県
神奈川県
九十九里浜
箱根山
横浜
相模湾
東京国際空港
房総半島
伊豆諸島

小笠原諸島

◀ みなとみらい21（神奈川県）横浜市の湾岸エリアに開発された新都心

◀ 江の島海岸（神奈川県）浮世絵にも多く描かれた。美しい砂浜が広がる古くからの景勝地

▶ 東京都の都心 高層ビルが林立する都心。人口の都心回帰によって、高層マンションも増加

① 関東地方の社会と自然

(1) 成り立ちと都市

▶成り立ち

　12世紀末，源頼朝が鎌倉市（神奈川県）に鎌倉幕府を開いた。1603年には徳川家康が江戸幕府を開き，江戸時代の後期には，町人を担い手とする文化（化政文化）が栄えた。明治時代になると，江戸は東京と改称され，日本の首都になった。

▶関東地方の都市

① 横浜市…神奈川県の県庁所在地で，政令指定都市。江戸時代は宿場町だったが，幕末に神奈川港が開港され，国際貿易都市として発展した。市のなかでは日本最多の人口約375万人（2019年）をほこる。

② さいたま市…2001年，浦和市・大宮市・与野市が合併して発足。埼玉県の県庁所在地で，政令指定都市。首都機能の一部を担うさいたま新都心が形成されている。

(2) 関東地方の自然

▶関東地方の地形

① 広大な平野…日本最大の関東平野が広がる。流域面積日本一の利根川が西から東に流れ，太平洋に注ぐ。下流は水郷地帯。荒川，多摩川なども流れ，その流域には低地が広がる。また，武蔵野や下総台地など台地も多い。

② 火山と関東ローム…関東平野の北には越後山脈と阿武隈高地，西には関東山地が連なる。浅間山，箱根山などの火山も多い。武蔵野や下総台地は，関東ロームという赤土の層からなる。

③ 海岸線…東京湾は埋め立てによる人工海岸が続き，自然海岸は残っていない。房総半島の太平洋側には，自然の砂浜海岸の九十九里浜が続く。

④ 離島…太平洋には，東京都に属する伊豆諸島と小笠原諸島がうかぶ。また，日本の東端の南鳥島，南端の沖ノ鳥島も東京都に属する。

▲さいたまスーパーアリーナ

さいたま新都心

　旧国鉄大宮操車場の広大な跡地につくられ，2000年5月に「街びらき」が行われた。国のいくつかの出先機関や多目的アリーナ，ショッピングモールなどが集まり，行政分野だけでなく，防災の拠点としても重要な役割を担う。

関東ローム

　富士山や箱根山などからの火山噴出物の総称。南九州のシラスは灰白色で水もちが悪いが，ロームは赤土で粘り気がある。稲作に適していないため，ロームの台地では畑作が行われている。

▲関東ローム（神奈川県相模原市）

第7章　日本の諸地域

197

▶関東地方の気候

① **太平洋側の気候**…関東平野の大部分は，温暖で夏に雨が多い**太平洋側の気候**。内陸の熊谷市(埼玉県)や館林市(群馬県)は，夏にしばしば高温になる。冬は，冷たく乾燥した北西風の**からっ風**が吹きこむ。

② **豪雨と都心の高温**…関東地方は，局地的な大雨の**ゲリラ豪雨**に見まわれることも多い。都心の東京23区や横浜市では，周辺部より気温が高くなる**ヒートアイランド現象**がしばしば発生する。

③ **小笠原諸島の気候**…太平洋の**小笠原諸島**は，高温多雨な**亜熱帯性**の気候。独特の生態系をもっており，周辺の海域と合わせて**世界自然遺産**に登録されている。

■ 4.0～℃
■ 3.0～
■ 2.0～
■ 1.0～

さいたま
東京
千葉
横浜

*都市がないと仮定した状態との気温差
(2012年8月の20時における数値)を示す。
(気象庁資料をもとに作成)

▲ 都心の気温変化量

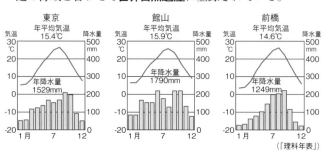

東京	館山	前橋
年平均気温 15.4℃	年平均気温 15.9℃	年平均気温 14.6℃
年降水量 1529mm	年降水量 1790mm	年降水量 1249mm

(「理科年表」)

ヒートアイランド現象の理由

ヒートアイランドは，「熱の島」という意味。都心はエアコンや自動車から排出される熱が多いため，「熱の島」のように周囲より高温になる。また，**コンクリートのビルやアスファルトの道路が多い**ことから，熱をためやすい。

特別区

東京都の23区は，市と近い権限をもち，**条例の制定，独自の税金の徴収**などが認められている。区長は，区民の直接選挙によって選ばれる。

② 東京大都市圏

(1) 日本の首都・東京

▶中枢機能が集中

東京都は，**23の特別区**と周辺の市・郡からなる。23区の都心の千代田区には，**国会議事堂**や**最高裁判所**，**中央官庁**など，国の政治の**中枢機能**が集中している。

▶世界都市

外国の大使館も多く集まっており，世界各国と深く結びついている。ニューヨーク(アメリカ合衆国)やロンドン(イギリス)とならび，**世界都市**といわれる。

東京は外国人が多い。都心の中央区，港区，新宿区は，住民の10人に1人が外国人なんだよ。

▲ 国会議事堂(東京都千代田区)

▶ 副都心

都心の西側の**新宿**，**渋谷**，**池袋**などの鉄道のターミナル周辺は，都心の機能を補っており，**副都心**とよばれる。新宿には，東京都庁がある。

▶ さまざまな中心

多くの人や企業，情報が集まる東京は，成長を続けており，さまざまな分野で東京への**一極集中**が進んでいる。

① **経済・商業の中心**…**日本銀行**や大企業の本社，東京証券取引所などが集まる。東京駅周辺には**オフィス街**が形成されている。また，百貨店や大型商業施設も多い。

② **情報・通信の中心**…新聞社やテレビ局，出版社などの**マスコミ**のほか，通信会社，広告会社など，情報通信産業の企業も多い。

③ **文化・教育の中心**…美術館や博物館，劇場などの**文化施設**，大学や専門学校などの**教育機関**も多く，学術面でも日本の中心になっている。

④ **イベントの中心**…国際的な会議や見本市，オリンピック・パラリンピックなどの大規模なスポーツイベントなども多く開催されている。

⑤ **交通の中心**…**東京駅**を中心に，JR線や地下鉄，私鉄が網の目のように走っている。2016年には**新宿高速バスターミナル**が完成した。東京湾の埋め立て地には，空の窓口である**東京国際(羽田)空港**がある。

(2) 東京大都市圏のくらし

▶ 東京大都市圏

東京と結びつきの強い周辺都市をふくめて**東京大都市圏**という。都心から約70kmの範囲には，**横浜市**，**川崎市**，**相模原市**(以上神奈川県)，**さいたま市**，**千葉市**の5つの**政令指定都市**がふくまれており，約3000万人が住んでいる。中部地方の山梨県とも，結びつきが強い。

大企業の所在地 1.1万社 (2016年)	東京都 41.1%	大阪府 9.5	愛知県 5.7	神奈川県 5.3	福岡県 3.0	その他 35.4
大学生・ 短期大学生数 303万人 (2018年)	東京都 25.5%	大阪府 8.4	愛知県 6.6	神奈川県 6.6	京都府 5.5	その他 47.4
外国公館の所在地 355施設 (2019年)	東京都 38.6%	大阪府 11.3	愛知県 8.2	福岡県 7.9	北海道 7.3	その他 26.7
情報通信業の 従事者数 152万人 (2016年)	東京都 51.1%	大阪府 8.5	神奈川県 7.6	愛知県 4.9	福岡県 3.3	その他 24.6

(「経済センサス-活動調査」2016年ほか)

 東京都の一極集中

 国立競技場

参考

国立競技場

2020東京オリンピック・パラリンピックに向けて建設された新しい国立競技場。日本の伝統的な木造建築の要素が取り入れられている。なお，解体された旧国立競技場は，1963年の東京オリンピック・パラリンピックのメイン競技場だった。

関東地方1都6県と山梨県は，法律上は首都圏とよばれるんだ。

▶東京大都市圏の拡大

① **ニュータウンの建設**…1960年代以降，郊外の丘陵地にニュータウンが建設され，**ドーナツ化現象**で郊外の人口が増加。交通網の整備にともない，郊外から**東京への通勤・通学者**が増え，東京大都市圏はさらに拡大していった。

② **新都心の開発**…**過密**を解消するため，1970年代に職住隣接の**筑波研究学園都市**（茨城県つくば市），1980年代に**幕張新都心**（千葉市〜習志野市），**横浜みなとみらい21**，**さいたま新都心**（197ページ）が開発された。

③ **臨海地区の再開発**…近年は，**東京湾岸**の**再開発**によって，埋め立て地に多くの高層マンションが建設されている。

▶東京大都市圏の交通

① **陸上交通**…東京は交通の中心でもあり，鉄道網は東京駅から放射状に全国に広がっている。**東京駅**は**東海道新幹線**や**東北新幹線**のターミナルになっている。

② **航空交通**…**東京国際（羽田）空港**は**国内線**が中心だが，近年，国際線が増えている。成田市（千葉県）にある**成田国際空港**は国際線が中心で，世界との玄関口になっている。成田国際空港は，貨物の取り扱い量も多い。

③ **海上交通**…東京湾岸の**横浜港**，**東京港**，**千葉港**は，国内有数の貿易港である。近年，**常陸那珂港**（茨城県）が自動車の輸出港としての地位を高めている。

昼間人口と夜間人口

昼間人口は，通勤・通学で他の地域に出ていく人を除いた人口。夜間人口は，その地域に住んでいる人口。都心は昼間人口が多く，郊外の都市は夜間人口が多い。205ページ参照。

（参考）

都心回帰の現象

1960〜70年代には，都心より郊外の人口が増える**ドーナツ化現象**がおこった。しかし，近年は都心に人口がもどる**都心回帰**の現象がおこっている。都心の再開発で，多くのマンションが建設されたことによる。128ページ参照。

🔺横浜港

【コラム】 ## 地下トンネルは何のため？

人口が密集している東京大都市圏は，台風による大雨やゲリラ豪雨など，**集中豪雨による水害**のおそれが高い。アスファルトの道路は水を吸収できないためである。

そのため，東京都は地下に**巨大な地下調整池**をつくり，あふれた水を一時的にたくわえるようにしている。掘り込み式・地下箱式・地下トンネル式の3つの型があり，東京都はこれまで計28の調整池を整備してきた（2020年時点）。右の地下トンネル式の調整池は，内径が約12〜13m。**大阪市や福岡市**などの大都市にも，同様の地下調整池がつくられている。

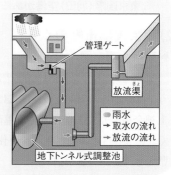

管理ゲート

放流渠

●雨水
→取水の流れ
→放流の流れ

地下トンネル式調整池

▶観光産業

東京ディズニーランド(千葉市浦安市),**東京スカイツリー**,お台場海浜公園,雷門で有名な**浅草**,横浜の湾岸地域や中華街などには,国内外から多くの観光客が訪れる。

▶東京大都市圏の課題

過密にともない,交通渋滞,通勤ラッシュ,地価の高騰,ごみ処理場不足などの**都市問題**が深刻である。2011年の東日本大震災では**帰宅難民**が問題になり,**首都直下地震**も心配されている。また,ニュータウンでは,**住民の高齢化**が進んでいる。

▲ 浅草の雷門(台東区)

地方への分散は,長年の課題。でも,なかなか進んでいないんだ。

③ 関東地方の工業

(1) 東京湾岸の工業

▶京浜工業地帯

東京湾岸を中心に,早くから形成された工業地帯。埋め立て地の拡大にともない成長した**総合工業地帯**で,かつては全国一の出荷額をほこった。しかし,中京工業地帯に抜かれ,その地位はやや低下している。

① **重工業**…臨海部は,鉄鋼,金属,化学などの重工業が中心。**石油化学コンビナート**も形成されている。

② **情報通信**…出版社や新聞社が多いため,**出版・印刷業**がさかんである。近年は,アニメ制作,ソフト開発など,情報通信産業が成長している。

③ **食料品工業**…内陸部では,新鮮さが求められる生菓子や輸送費がかさむビールなどの生産がさかんである。

④ **中小工場**…川崎市に隣接する東京都の**大田区**は,電気機械の下請けの工場が多く,「ものづくりの街」として知られる。**高度な技術をもつ中小工場**が多い。

ベイエリアの変化

東京湾岸の埋め立て地には,火力発電所や多くの工場が建てられていた。しかし,**再開発によって高層マンションや商業施設,市場(豊洲市場)**などに変わり,工場は他の工業地域や海外に移っていった。

🏭 鉄鋼	🚗 自動車
⚙ 機械	⚗ 石油・化学
📖 印刷	📱 情報通信機械

大田原市
上三川町
日立市
伊勢崎市 太田市 小山市 ひたちなか市
高崎市
深谷市 熊谷市 土浦市
川越市 鹿島市
狭山市 さいたま市 神栖市
府中市
日野市 東京23区 千葉市
相模原市 川崎市 市原市
横浜市 袖ケ浦市
藤沢市 君津市
小田原市 横須賀市

▲関東地方の工業地帯

201

▶ 京葉工業地域

　京葉工業地域は，東京湾岸の東京から**千葉県北部**（浦安市・船橋市・君津市など）に連なる**臨海工業地域**。火力発電所を中心に1950年代以降，**鉄鋼**や**石油化学**などの**重化学工業**が発達した。大規模な**石油化学コンビナート**も建設されている。

京浜は「東京と横浜」から，京葉は「東京と千葉」から，それぞれ命名されたんだね。

京浜工業地帯 （東京・神奈川） 26.0兆円	金属8.9% 機械 49.4	化学 17.7	食料品 11.0	せんい 0.4 その他 12.6	
京葉工業地域 （千葉） 12.2兆円	21.5	13.1	39.9	0.2 15.8	9.5
北関東工業地域 （群馬・栃木・茨城） 30.7兆円	13.9	45.0	9.9	0.6 15.5	15.1

(2017年) (2020/21「日本国勢図会」)

🔺 京浜工業地帯，京葉・北関東工業地域の出荷額割合

(2) その他の工業地域

▶ 北関東工業地域

① **内陸型の工業地域**…関東北部（埼玉県，群馬県，栃木県，茨城県）を通る**関越自動車道**や**東北自動車道**，**北関東自動車道**など，おもに高速道路のインターチェンジ周辺に形成された工業地域。大規模な**物流センター**もつくられている。

② **組立型の工業**…かつては**せんい工業**が中心だったが，各自治体が**工業団地**をつくり，機械工業を中心とする多くの工場を誘致した。電気機械，自動車など**組立型の工業**や部品製造，印刷業，食品工業などが中心である。

③ **外国人労働者**…工場で働く外国人労働者が多い。なかでも，**大泉町**（群馬県）は**日系ブラジル人**が多く住んでおり，ポルトガル語の案内書をつくるなど，**多文化共生**をめざした町づくりを進めている。

▶ 鹿島臨海工業地域

　茨城県南東部の鹿島灘沿岸（鹿嶋市と神栖市）に形成された**臨海工業地域**。Y字型の**掘り込み式**の港がつくられ，1960年代以降，**鉄鋼業**や**石油化学工業**など重工業が発達した。

▶ 伝統工業

　桐生織（群馬県桐生市），**結城紬**（茨城県結城市），**益子焼**（栃木県益子町），**箱根寄木細工**（神奈川県箱根町）などが知られる。

注目!

北関東工業地域が発展した理由

　海に面していないが，**高速道路の開通**によって，製品・部品の輸送が便利になったことが大きい。さらに2011年に**北関東自動車道**が全通したことで，**常陸那珂港**（茨城県）への輸送も可能になった。また，京浜・京葉で，市街地の拡大にともなう工場用地の不足，大気汚染などの公害の拡大などによって，工場が移転してきたことも挙げられる。

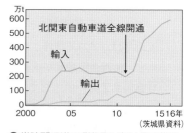

🔺 常陸那珂港の貨物取り扱い量の推移

④ 関東地方の農業・水産業

(1)関東地方の農業

▶関東平野の農業

日本最大の消費地があるため，新鮮な野菜づくりを中心とした近郊農業がさかんである。

① **野菜づくり**…産地の専門化が進んでいる。茨城県のはくさいや**レタス**，千葉県の**だいこん**や**ねぎ**などは，全国1・2の生産量をほこる。**ほうれんそう**も，千葉県，埼玉県，群馬県，茨城県が上位を占めている。

② **畜産**…新鮮さが求められる**牛乳**や**鶏卵**を生産する畜産もさかんに行われている。採卵用のにわとりの飼育頭数は，茨城県と千葉県が上位を占めている。

③ **工芸作物・特産品**…群馬県の**こんにゃく**，千葉県の**らっかせい**，栃木県の**かんぴょう**など，工芸作物の生産もさかんである。栃木県はいちごの生産量が全国一（2019年）で，おもにブランド品「**とちおとめ**」が栽培されている。

▲関東平野の野菜栽培

レタスは，茨城県では露地栽培，群馬県では，出荷時期をずらす抑制栽培が中心だ。

第7章 日本の諸地域

（2020/21「日本国勢図会」）
▲はくさいの生産量の割合

（2020/21「日本国勢図会」）
▲キャベツの生産量の割合

（2020/21「日本国勢図会」）
▲レタスの生産量の割合

（2020/21「日本国勢図会」）
▲だいこんの生産量の割合

（2020/21「日本国勢図会」）
▲ねぎの生産量の割合

（2020/21「日本国勢図会」）
▲いちごの生産量の割合

▶ 自然を生かした農業

① 施設園芸農業…房総半島(千葉県)や三浦半島(神奈川県)では，冬でも温暖な気候を生かして，温室やビニールハウスを使った野菜や花の栽培がさかんである。

② 高原野菜…群馬県の嬬恋村など，山間部や高原地帯では，冷涼な気候を生かして，キャベツやレタスなどの高原野菜が栽培されている。長野県の高原地帯と同じく，抑制栽培(189，192ページ)も行われている。

(2)関東地方の水産業

▶ 全国一の漁港

千葉県の銚子港は，全国一(2019年)の水揚げ量をほこる。江戸時代にいわし漁がさかんになった。あじ，さば，かつお，まぐろなど，魚種も豊富である。

▶ 東京湾の漁業

東京湾では，古くからのりの養殖が行われてきた。水質悪化で水揚げ量は激減したが，1980年代以降に改善され，あさり，しゃこなどを多く漁獲している。

(参考)

関東地方の観光業

関東地方は観光業もさかんで，東京大都市圏の観光地(201ページ)以外にも見所は多い。
・自然…箱根(神奈川県)，江の島(神奈川県)，草津(群馬県)，華厳の滝や那須高原(栃木県)，小笠原諸島(東京都)など。
・歴史…鶴岡八幡宮や鎌倉大仏(神奈川県)，日光東照宮(栃木県)，川越(埼玉県)，佐原(千葉県)，潮来(茨城県)，小田原城(神奈川県)など。

▲ 小笠原諸島(父島)

テストに出る！ **つまりこういうこと**

● 地形…日本最大の関東平野が広がり，利根川や荒川，多摩川が流れる。浅間山，箱根山など火山も多い。赤土の関東ロームが積もった台地が広がる。太平洋には，世界自然遺産の小笠原諸島。

● 気候…温暖で夏に雨が多い太平洋側の気候。内陸部は，夏に高温。冬はからっ風が吹きこむ。都心では，ヒートアイランド現象が発生。局地的大雨のゲリラ豪雨も多い。

● 首都・東京…23の特別区。国会議事堂など，政治の中枢機能が集中。新宿，渋谷，池袋は副都心。

● 東京大都市圏…郊外にニュータウン建設(ドーナツ化現象)➡さいたま新都心など，新都心の開発➡都心に高層マンションが建設(都心回帰)。

● 京浜工業地帯…総合工業地帯で，出版・印刷業に特色。高度な技術をもつ中小工場も多い。東京湾岸に，重化学工業が中心の京葉工業地域が拡大。

● 北関東工業地域…関越自動車道などの高速道路沿いに工業団地が造成。電気機械，自動車部品など，組立型の工業が中心。

● 近郊農業…大消費地向けに野菜，鶏卵などを生産。房総半島や三浦半島では施設園芸農業。高地の嬬恋村では高原野菜の抑制栽培。

▲ 芦ノ湖(箱根)

大都市圏の人口の特徴をつかむ

図解で確認

● 関東地方の人口移動

地図1 東京都23区の昼夜間人口

- 豊島（1.4）
- 台東（1.5）
- 板橋（0.9）
- 北（1.0）
- 足立（0.9）
- 荒川（0.9）
- 葛飾（0.8）
- 練馬（0.8）
- 中野（1.0）
- 文京（1.6）
- 墨田（1.1）
- 江戸川（0.8）
- 杉並（0.9）
- 新宿（2.3）
- 中央（4.3）
- 江東（1.2）
- 世田谷（0.9）
- 港（3.9）
- 目黒（1.1）
- 品川（1.4）
- 渋谷（2.4）
- 大田（1.0）
- 千代田（14.6）

（2015年「国勢調査」）

地図2 東京都23区への通勤・通学者の分布

- 群馬県
- 栃木県
- 茨城県
- 埼玉県
- 越谷市
- 柏市
- さいたま市
- 松戸市
- 船橋市
- 東京都
- 八王子市
- 東京23区
- 千葉市
- 相模原市
- 調布市
- 川崎市
- 藤沢市
- 横浜市
- 神奈川県
- 千葉県
- 横須賀市
- 30km / 50km / 70km
- 100000人 / 50000人 / 5000人

（2015年「国勢調査」）

〔地図〕地図1は，東京都特別区（23区）の**昼間人口と夜間人口**を示している。（ ）内の数字は，夜間人口を1.0としたときの昼間人口の割合を表している。**地図2**は，23区への通勤・通学者の分布を示している。

〔読み取り〕地図1を見ると，千代田区，中央区，港区など，都心は昼間人口が多い。反対に，周辺の世田谷区や練馬区などは，夜間人口が多い。都心は**オフィス街**が広がっているのに対し，郊外には**住宅衛星都市（ベッドタウン）**が形成されているからである。**地図2**を見ると，横浜市や川崎市，さいたま市など，都外からの通勤・通学者が多いことがわかる。

● おもな都市の昼夜間人口

〔グラフ〕夜間人口を100としたときの，おもな都市の昼間人口の比率を示している。この比率を**昼夜間人口比率**という。

〔読み取り〕東京23区だけでなく，**大阪市**や**名古屋市**，**福岡市**など，大都市圏の中心都市は昼夜間人口比率が高い。オフィスや学校が集まる大都市は，昼間人口が夜間人口より多いことがわかる。

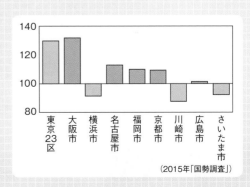

（東京23区・大阪市・横浜市・名古屋市・福岡市・京都市・川崎市・広島市・さいたま市）

（2015年「国勢調査」）

6 東北地方

📍 地図で確認 東北地方は，稲作にもとづく伝統的な文化・生活を受けついでいる。

◀ 弘前平野（青森県）　青森県は全国のりんご生産の約6割を占める。弘前平野が栽培の中心

▶ 松島（宮城県）　リアス海岸が連なる三陸海岸南部。日本三景の1つ

北海道新幹線

青函トンネル

りんご　ほたて

東北自動車道

東北新幹線

津軽平野

青森県

十和田湖

白神山地

秋田新幹線

秋田県

岩手県

親潮（千島海流）

北上高地

北上川

三陸海岸

▲ 赤れんが郷土館（秋田県）
秋田市にある旧秋田銀行本店。国の重要文化財

穀倉地帯
秋田・庄内・仙台平野などは，代表的な米の単作地帯。

出羽山地

秋田

岩手山

奥羽山脈

盛岡

米

最上川

山形県

東北地方は，古くは陸奥の国。「みちのく」ともよばれるよ。

山形盆地
おうとうの栽培がさかん。

おうとう

宮城県

蔵王山

仙台

黒潮（日本海流）

三陸沖の漁業
リアス海岸のため良港が多く，沖合は寒流と暖流がぶつかる潮目でよい漁場。

かき　わかめ

▲ 庄内平野（山形県）
区画された大きな水田が広がる平野。全国有数の米どころ

山形新幹線

山形

磐梯山

福島

阿武隈高地

猪苗代湖

福島県

もも

福島盆地

🏭 おもなIC工場
✈ おもな空港
◎ 県庁所在地

━━ 新幹線
━━ 高速道路

◀ 酒田港（山形県）　江戸時代，河村瑞賢が西廻り航路の拠点として開く。最上川の河口

▶ 仙台市（宮城県）　東北地方の地方中枢都市。仙台城跡から見た広瀬川と市街地

(1) 歴史と都市

▶ 蝦夷と平泉

① **古代の陸奥**…古代，東北地方には**蝦夷**とよばれる人々が住んでいた。平安時代，朝廷は征夷大将軍の**坂上田村麻呂**を派遣し，**多賀城**(宮城県)などを拠点に蝦夷を征伐した。

② 「黄金都市」平泉…**奥州藤原氏**が**平泉**(岩手県)を拠点に一帯を支配した。2011年には，**中尊寺**を中心に「**平泉—仏国土(浄土)を表す建築・庭園及び考古学的遺跡群—**」として世界文化遺産に登録された。

▶「杜の都」仙台市

仙台市(宮城県)は，東北地方の**地方中枢都市**。**東北新幹線**で首都圏と結ばれる。プロ野球やJリーグのチームも本拠地をおいている。江戸時代，**伊達政宗**が仙台藩の城下町として開いた。緑が豊かなので，「**杜の都**」(木立の森の都)とよばれる。

(2) 自然環境

▶ 東西の地形

中央部を**奥羽山脈**が，南北に約500km連なる。奥羽山脈には，**岩手山**，**蔵王山**，**磐梯山**などの火山がたつ。山地が多いため，人口は盆地と平野に集まっている。奥羽山脈を境に，太平洋側と日本海側に分けられる。

① **太平洋側**…奥羽山脈の東に**北上盆地**，さらにその東に広がる**北上高地**が太平洋にせまる。**三陸海岸**の中南部は，**リアス海岸**が続く。**北上川**が北上盆地から**仙台平野**を流れて太平洋に注ぐ。南には**阿武隈高地**が連なる。

② **日本海側**…奥羽山脈の西に**出羽山地**が連なる。山地の間には，**横手盆地**，**山形盆地**，**会津盆地**などが点在する。日本海に面して，**津軽平野**，**秋田平野**，**最上川**が流れる**庄内平野**が広がる。海岸は単調で，砂浜海岸が多い。青森県と秋田県の県境には，カルデラ湖の**十和田湖**があり，ぶな林が世界自然遺産に登録された**白神山地**が連なる。

▲ 平泉の中尊寺 (岩手県)

奥の覆い堂のなかの**金色堂**に，黄金の**阿弥陀仏**や藤原三代の遺体がおさめられているよ。

(参考)

三陸海岸の由来

古くは，青森県を**陸奥**，岩手県を**陸中**，宮城県を**陸前**といった。この3つの国に連なることから，**三陸海岸**と名づけられた。

最上川

山形県内だけを流れる川。米沢盆地，新庄盆地を通り，**庄内平野**から日本海に注ぐ。全長229km。**日本三大急流**の1つ。松尾芭蕉の句「**五月雨をあつめて早し最上川**」でも知られる。江戸時代には，酒田港への舟運に利用された。

▲ 最上川の川下り (山形県)

▶東西の気候

① **太平洋側**…夏はすずしい。冬は日本海側より温和で，雪も多くない。初夏，湿った北東風のやませが吹くと，冷気や霧のために日照時間が短くなり，低温になる。しばしば，冷害が発生する。

② **日本海側**…夏は晴天の日が多い。冬は，**対馬海流**の上空を吹く**北西の季節風**の影響で，雪が多い。

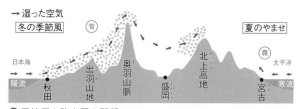

◯ 季節風と降水量の関係

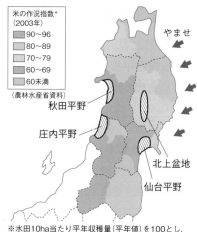

米の作況指数＊ (2003年)	
	90～96
	80～89
	70～79
	60～69
	60未満

（農林水産省資料）

※水田10ha当たり平年収穫量（平年値）を100とし，その年の収穫量を示す指数を「作況指数」という。

◯ 冷害がおこった年の作況指数

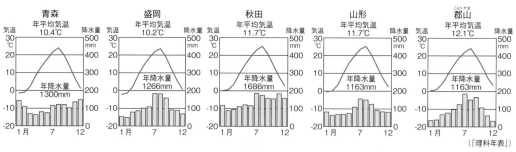

（「理科年表」）

---

② 年中行事と伝統的な生活

(1)年中行事

▶伝統的な民俗行事

東北地方の各地には，地域の自然や歴史を反映した伝統的な民俗行事が受けつがれている。**豊作・豊漁の祈願**から始まったとされる行事が多い。

① **なまはげ**…豊作・豊漁のじゃまになるなまけ者をこらしめる男鹿半島（秋田県）の行事。「**男鹿のナマハゲ**」として国の**重要無形文化財**に指定されている。2018年には，全国の来訪神行事とともに，「**来訪神―仮面・仮装の神々**」としてユネスコの**無形文化遺産**に登録された。

（参考）

ユネスコ無形文化財「来訪神―仮面・仮装の神々」

おもに正月，仮面・仮装の者が神さまの姿に扮し，地域の民家を訪問する行事。「来訪神」として，なまけ者をいましめ，人々の幸福を祈願する。遊佐の小正月行事（山形県遊佐町），米川の水かぶり（宮城県登米市），能登のアマメハギ（石川県輪島市），甑島のトシドン（鹿児島県薩摩川内市），宮古島のパーントゥ（沖縄県宮古島市）など，北から南まで8県・全10件が登録されている。

② **チャグチャグ馬コ**…馬の飼育がさかんだった岩手県の伝統行事。農作業に欠かせない馬への感謝の気もちから始まった。「**南部馬方節**」などの民謡も残る。

③ **かまくら**…秋田県の**横手市**などで，旧暦の小正月（1月中旬）に開かれる子どもの行事。雪でつくった高さ2mほどの室のなかに**水神**をまつる。餅やみかん，甘酒などを供え，客にふるまう。

④ **御田植祭**…会津美里町（福島県）の伊佐須美神社の祭り。毎年6月，約70人の早乙女（苗を植えつける役の女性）が歌に合わせ，神聖な御神田に**田植え**をする。

▶ **東北三大祭り**

　8月上旬（旧暦では七夕の時期）には，豊作祈願から始まった**東北三大祭り**が開かれる。地域の人々を結びつける役割を担う一方，**観光資源**としての役割も強くなっている。

① **青森ねぶた祭**…青森市で行われる祭り。**ねぶた**という紙貼りの人形を飾った山車を引いて練り歩く。青森県内の各地でも行われ，弘前市では「ねぷた」とよばれる。

② **秋田竿燈まつり**…秋田市で行われる祭り。稲穂に見立てた数十個の輝く提灯をつけた竿（**竿燈**）を手にもち，町を練り歩く。

③ **仙台七夕まつり**…仙台市で行われる祭り。豊作と冷害克服の祈願から始まった**七夕**の行事で，第二次世界大戦後に復興し，仙台市の一大観光イベントとして定着している。

▲青森ねぶた祭

伝統的な祭りも，時代によって変わっていく。ねぶたを内側から照らす明かりは，ろうそくから電球，そしてLEDへと変化したんだって。

(2) 住居と食生活

▶ **伝統的な食べもの**

　秋田県では，**いぶりがっこ**が県民に好まれている。囲炉裏の上にだいこんをつるして燻したあと，米ぬかなどに漬けこんでつくる漬け物で，冬の保存食になっている。**きりたんぽ鍋**や岩手県の**わんこそば**なども人気。

（2018年）

県 ＼ 日	8月1日	2日	3日	4日	5日	6日	7日	8日
青森県		青森ねぶた祭						
		弘前ねぷたまつり						
岩手県	盛岡さんさ踊り							
宮城県						仙台七夕まつり		
秋田県			秋田竿燈まつり					
山形県					山形花笠まつり			
福島県		福島わらじまつり						

▲東北地方のおもな夏祭り

209

▶伝統的な住居

　伝統的な囲炉裏をもつ家も多い。南会津郡の**大内宿**（福島県）は江戸時代の宿場町で，茅葺き屋根の住居が連なっている。**角館**（秋田県）には，江戸時代の**武家屋敷**の町並みが残っている。どちらも，多くのアジア人観光客でにぎわっている。

⬣ 茅葺き屋根の大内宿

⬣ アジアからの観光客でにぎわう角館の武家屋敷

参考
曲家

　かつて岩手県には，馬屋と人が生活する母屋がL字に結ばれた**曲家（南部曲家）**が多く見られた。馬が人々のくらしに欠かせなかったことがうかがえる。

母屋　馬屋

③ 東北地方の産業

(1) 東北地方の工業

▶地場産業と伝統工業

　東北地方は冬に雪が多い。そのため，**農家の副業**として，木材や鉄など地域の資源を利用した地場産業が発達した。

① **地場産業**…会津若松市（福島県）では，地場産業として，16世紀から**漆器（会津塗）**や酒造りが行われている。石巻市雄勝町（宮城県）では，地域で産出する**雄勝石**を使った硯，屋根材（スレート）などを製造している。

② **伝統的工芸品**…漆器は，会津塗のほかに**津軽塗**（青森県）が伝統的工芸品に指定されている。木工は，**樺細工**と**大館曲げわっぱ**（以上秋田県），**天童将棋駒**（山形県），宮城伝統こけし（宮城県）など。**山形鋳物**や鉄瓶で知られる**南部鉄器**（岩手県）も指定。

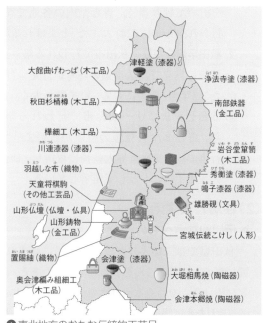

大館曲げわっぱ（木工品）
津軽塗（漆器）
浄法寺塗（漆器）
秋田杉桶樽（木工品）
南部鉄器（金工品）
樺細工（木工品）
川連漆器（漆器）
岩谷堂箪笥（木工品）
羽越しな布（織物）
秀衡塗（漆器）
天童将棋駒（その他工品）
鳴子漆器（漆器）
山形仏壇（仏壇・仏具）
雄勝硯（文具）
山形鋳物（金工品）
宮城伝統こけし（人形）
置賜紬（織物）
会津塗（漆器）
奥会津編み組細工（木工品）
大堀相馬焼（陶磁器）
会津本郷焼（陶磁器）

⬣ 東北地方のおもな伝統的工芸品

▶伝統工業の課題

　職人の高齢化による**後継者不足**が課題。**南部鉄器**は，大量生産できるアルミニウム製品におされて，生産が減少した。近年，新しいデザインの製品や電子調理器に対応した製品などを開発するとともに，海外にも**販路**を拡大している。

▶新しい工業

① **工業団地の誘致**…冬の出かせぎ者を減らすため，東北各地の自治体が**工業団地**をつくり，多くの工場を誘致した。工業団地は東北自動車道など，**高速道路のインターチェンジ周辺**に多くつくられている。

② **機械工場の進出**…北上市（岩手県）や大衡村（宮城県），会津若松市，郡山市（以上福島県）の工業団地には，**IC（集積回路）**，**電子部品**などのハイテク産業や**自動車**，**電気機器**などの機械関連の工場が進出している。

(2)東北地方の農業・水産業

▶さかんな米づくり

　東北地方は北陸地方とならぶ**穀倉地帯**で，全国の米の生産量の4分の1以上を占める。**庄内平野**や**秋田平野**，**北上盆地**，**仙台平野**が中心である。

① **農家の工夫**…寒冷でやませの被害も多い東北地方では，**品種改良**によって**冷害**に強い品種を開発してきた。また，ビニールハウスで苗をつくったり，水田を深く掘ったり，田植えを早めて霜が降りる秋の前に収穫したりしている。

② **銘柄米の栽培**…近年，**ひとめぼれ**（宮城県），**あきたこまち**（秋田県），**つや姫**（山形県），**まっしぐら**（青森県）など，味のよい**銘柄米**の栽培に力を入れている。

東北地方（東北自動車道沿い）は，シリコンロードともよばれるよ。145ページを読んでね。

▲北上工業団地（岩手県北上市）

注目！

東北地方に多くの工場が進出した理由

　1980年代に東北自動車道が全通し，東北新幹線も開通した。また，秋田自動車道，山形自動車道なども整備された。**関東地方との交通の便がよくなったこと**が最大の理由である。

参考

減反政策の影響

　食の洋風化にともない，1960年代後半から，米が余るようになった。米の生産量を減らすため，政府は**減反政策**を進め，農家に転作をうながした（137ページ）。減反政策は2018年に廃止されたが，東北地方の多くの稲作農家が，だいずやそばなどに転作した。

804.4万t (2016年)	東北 26.9%	中部 21.5	関東 15.4	九州 10.5		近畿 8.5

中国・四国10.0

北海道 7.2

（「作物統計」平成28年産）

▲米の地方別の収穫量割合

▶果樹栽培

青森県は，**りんご**が生産量が全国一（189ページ）で，**津軽平野**が中心。山形県は，**おうとう（さくらんぼ）**と**西洋なし**の生産量が全国一で，**山形盆地**が中心。福島県は，**もも**の栽培（189ページ）がさかんで，**福島盆地**が中心。

（2020/21「日本国勢図会」）

▲おうとうの生産量の割合

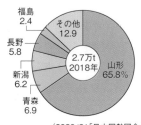

（2020/21「日本国勢図会」）

▲西洋なしの生産量の割合

▶畜産

岩手県では，古くから馬を飼育してきた。現在は，北上高地で，肉牛や乳牛の飼育がさかんで，**酪農**も行われている。

▶水産業

① **三陸海岸の養殖**…三陸海岸は**リアス海岸**が続き，天然の良港になっている。波もおだやかなので，**わかめ**，**かき**，**ほたて**などの**養殖**が行われている。

② **潮目（潮境）**…三陸海岸の沖合は，暖流の黒潮（日本海流）と寒流の親潮（千島海流）がぶつかる**潮目（潮境）**にあたるため，魚の量・種類ともに豊富。

④ 東日本大震災と復興に向けて

▶巨大地震の頻発地帯

東日本の太平洋沖は，北アメリカプレートと太平洋プレートの境界にあり，**巨大地震**にしばしば見まわれてきた。

▶東日本大震災

2011年3月11日に発生した**東北地方太平洋沖地震**は，三陸沿岸部を中心に巨大な**津波**を引きおこし，**福島第一原子力発電所**から放射性物質が漏れるなど，大きな被害が生じた（**東日本大震災**）。

JAPAN GEOGRAPHICAL INDICATION

日本 地理的表示 GI

参考

GIマークでピーアール！

農林水産省の**地理的表示保護制度**により，地域の特性に合わせて生産された，高い品質の産物（いわゆる**特産品，地域ブランド**）につけられるマーク。東北地方では，あおもりカシス，十三湖産大和しじみ（青森県），前沢牛（岩手県），東根さくらんぼ，洋なしラ・フランス，米沢牛（以上山形県）などが登録されている。

リアス海岸は，津波の被害を拡大させやすい。とくに深い湾の奥は，波が高くなりやすいんだ。

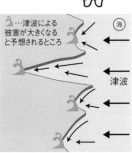

…津波による被害が大きくなると予想されるところ

海

津波

▲リアス海岸と津波の関係

▶ 先人たちの教訓

① **反省の碑**…岩手県宮古市では，1896（明治29）年の**明治三陸地震**，1933（昭和8）年の**昭和三陸地震**の津波で多くの犠牲者を出した。この反省から，「ここより下に家をたてるな」と刻んだ碑が残されている。

② **津波てんでんこ**…三陸の各地では，「津波てんでんこ」という言葉が継承されている。津波がおこったら，「みなてんでんばらばらに，すばやく逃げろ」という教えである。

▶ 防災・減災に向けて

東日本大震災により，三陸沿岸部の多くの市町の人口が減少した（仙台市は人口流入によって増加）。復興をめざして，各地で**防潮堤**のかさ上げ，道路の強化，津波避難施設の建設などによる**防災環境都市**づくりが進められている。また，いくつかの地域では，高台への集落の移転も進められているが，漁業従事者やその地域で育った高齢者からは反対の声も強い。

（2010〜18年の増減率）
（「住民基本台帳人口」2018年ほか）
🔺 被災したおもな市町の人口推移

テストに出る！ ┃ **つまりこういうこと**

- ●「杜の都」**仙台市**…東北地方の地方中枢都市。**東北新幹線**で東京都と結ばれる。
- ● **地形と気候**…中央部に**奥羽山脈**が連なる。太平洋側➡三陸海岸は**リアス海岸**が続く。夏に**やませ**の影響で冷害。日本海側➡**最上川**が流れる**庄内平野**などが広がり，盆地も点在。冬に雪が多い。
- ● **年中行事**…豊作・豊漁祈願の伝統行事が多く残る。なまはげ，チャグチャグ馬コ，かまくらなど。東北三大祭り➡**青森ねぶた祭**，**秋田竿燈まつり**，**仙台七夕まつり**。
- ● **伝統的工芸品**…農家の副業として発達。**津軽塗**，**会津塗**，樺細工，**天童将棋駒**，**南部鉄器**など。
- ● **新しい工業**…高速道路のインターチェンジ周辺に**工業団地**を造成。**集積回路（IC）**，**電子部品**，**自動車**などの工場が集積。
- ● **農業**…穀倉地帯➡秋田平野や**庄内平野**，仙台平野。**銘柄米**を栽培。果物➡青森県の**りんご**，山形県の**おうとう**と**西洋なし**，福島県の**もも**。
- ● **水産業**…三陸海岸で**養殖**。沖合は**潮目（潮境）**で，好漁場。
- ● **震災と復興**…2011年，**東北地方太平洋沖地震（東日本大震災）**が発生。津波による被害➡教訓の碑や「津波てんでんこ」。

🔺 在来線と山形新幹線（新庄駅）

北海道地方は寒冷だが，農水産業がさかんで，「日本の食料庫」とよばれる。

地図で確認

◀ 四季彩の丘（美瑛町） 起伏の多い丘が続く平原に，色とりどりの鮮やかな花が咲く観光花畑

▶ 流氷（網走市） 北海道の冬の風物詩。2月中旬〜3月上旬，オホーツク海に面した東岸に接近

🔵 小樽運河（小樽市）
北海道の開拓の拠点となった港町。歴史的な赤レンガの倉庫がならぶ運河

稚内　宗谷岬
天塩川
オホーツク海
北見山地

石狩平野
泥炭地を農業地に改良し，稲作を行う。

天塩山地
上川盆地
サロマ湖
羅臼岳
知床半島
網走
旭川
屈斜路湖
摩周湖
大雪山
日本海
十勝岳　石狩山地
石狩川
根室
小樽
札幌
帯広
日高山脈
十勝川

根釧台地
パイロットファームや新酪農村で大規模な酪農。
乳牛　肉牛

洞爺湖
支笏湖
有珠山
室蘭

苫小牧
パルプ・製紙業・重化学工業。掘り込み式工業港を建設。
パルプ　製紙

釧路
北洋漁業の根拠地。
さけ　ます
太平洋

渡島半島
函館

十勝平野
機械化された畑作地帯。てんさい・豆類・じゃがいも・飼料作物が中心。
だいず　じゃがいも　てんさい

🔵 北海道庁旧本庁舎（札幌市）
明治時代に建てられた煉瓦づくりの庁舎。愛称は「赤れんが庁舎」

北方領土は，ロシア連邦に不法占拠されている。道東では，返還運動がさかんだよ。

千島列島
シムシル島
太平洋
ウルップ島

日本固有の領土であり，1945年以来，ロシア連邦に返還を求めている区域

国後島
択捉島
色丹島
歯舞群島

1956年の日ソ共同宣言により，日本にひきわたすことが決まったが，いまだ実現されない区域

凡例
◎ 道庁所在地
── 新幹線
── 高速道路
✈ おもな空港
⚓ おもな港

① 北海道地方の社会と自然

(1)北海道の歴史

▶先住民アイヌの人々

江戸時代まで，北海道は蝦夷地とよばれた。先住民のアイヌの人々が狩猟・漁労生活を営み，独自の文化を発展させていた。江戸幕府の鎖国政策の下，**松前藩**が渡島半島に拠点をおき，アイヌの人々と交易を行っていた。

▶屯田兵による開拓

明治時代になると，札幌に**開拓使**という役所がおかれ，**屯田兵**によって原野・森林の開拓や炭鉱の開発が進められた。札幌には**札幌農学校**が開かれ，アメリカから**クラーク博士**が招かれた。日本海に面した**小樽市**が石炭の積出港として栄え，北海道の経済・金融の中心都市となった。

▶炭鉱の閉山と観光業

戦後，**石狩炭田**（空知炭田や夕張炭田）が栄えたが，1960年代以降，つぎつぎと閉山に追いこまれ，**炭鉱の町**は**過疎化**が進んだ。その後は，雄大な自然を生かした**観光業**が成長している。

(2)おもな都市

▶道庁所在地の札幌市

札幌市は北海道の中心都市として発展し，1972年には**冬季オリンピック**が開催された。このころ，人口も100万人をこえ，**政令指定都市**に指定された。現在の人口は，約196万人（2019年）。道内では，人口・産業の札幌への**一極集中**が進んでいる。

▶旭川市と函館市

① **旭川市**…北海道の中央部，**上川盆地**にある道内第2の都市。碁盤目状に整然と区画された**計画都市**で，約34万人（2019年）が住む。

② **函館市**…**津軽海峡**に臨む道内第3の都市。幕末に結ばれた**日米和親条約**で，函館港（当時は箱館港）が開港され，貿易港・北洋漁業の基地として発展した。

▲復元されたアイヌの家（チセ）

クラーク博士

アメリカの農学者・教育学者。明治政府から「お雇い外国人」として**札幌農学校**（現在の北海道大学）に招かれた。キリスト教精神にもとづく教育を行い，**内村鑑三**，**新渡戸稲造**らを育てた。退任の際の「**少年よ，大志を抱け**（Boys, be ambitious）」が知られる。

▲クラーク像（札幌市）

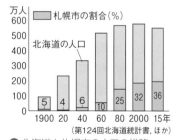

▲北海道と札幌市の人口の推移

第7章
日本の諸地域

215

▶北方領土

　東の沖合にうかぶ歯舞群島, 色丹島, 国後島, 択捉島の四島。日本固有の領土だが, 第二次世界大戦後にソ連に占拠され, そのまま**ロシア連邦**に引きつがれた。

択捉島は, 日本の北端の島だ。約7000ある日本の島のなかで, 面積もいちばん広い。

(3)自然環境

▶雄大な自然

　北海道は, 日本の面積の約2割を占める。四国と九州の合計面積よりも広い。

① **火山とカルデラ湖**…中央部に北見山地, 石狩山地, **日高山脈**が連なる。**有珠山**, 十勝岳, 羅臼岳などの火山がそびえ, **洞爺湖**, 摩周湖, 屈斜路湖などの**カルデラ湖**が点在する。

② **平野と河川**…西部には, 稲作のさかんな**石狩平野**や上川盆地が広がる。石狩平野には, かつて**蛇行**していた**石狩川**が流れる。中南部には, 畑作のさかんな**十勝平野**。東南部には, 酪農のさかんな**根釧台地**と釧路平野が広がる。

③ **海洋と流氷**…北東沖には, **オホーツク海**が広がる。沿岸部には, 冬に**流氷**がおし寄せてくる。オホーツク海につき出た**知床半島**と沿岸海域は, 手つかずの大自然が残っており, **世界自然遺産**に登録されている。

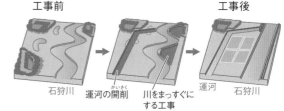

工事前　　　　工事後

石狩川　運河の開削　川をまっすぐにする工事　運河　石狩川

▲ 蛇行の改修工事(石狩川)

くわしく

蛇行

　蛇のようにくねくね曲がった流れのこと。**石狩川**は**蛇行**の激しい川だったが, 水運や水田に利用するため, まっすぐな流れに改修された。かつては全長365kmで日本第2の長流だったが, 現在は全長268km。流路には, 多くの**三日月湖**が残っている。

▶冷帯(亜寒帯)の気候

　北海道は冷帯(亜寒帯)に属し, **寒冷**で雨が少ない。梅雨の影響を受けず, 台風の被害も少ない。

① **中央部**…内陸部はとくに気温が低く, -20℃を下回ることもある。

② **日本海側**…対馬海流の上空を吹く**北西の季節風**の影響で, 冬に雪が多い。

③ **太平洋側**…夏に濃霧が発生することがある。気温が上がらず, 日照時間も短くなる。

稚内
佐呂間町
旭川
帯広
札幌
釧路
函館

　　　最深積雪が1m以上　　流氷がおし寄せる所
最低気温の記録…-41.0℃ (1902年1月　旭川)
最高気温の記録… 39.5℃ (2019年5月　佐呂間町)

(気象庁資料, ほか)

▲ 北海道の気候

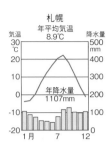

札幌
年平均気温
8.9℃

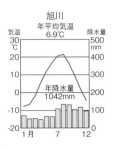

旭川
年平均気温
6.9℃

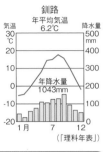

釧路
年平均気温
6.2℃

「理科年表」

② 自然への適応

(1) 寒さや大雪と生きる

▶住宅の工夫

① **寒さ対策**…寒さを防ぐため，玄関を**二重扉**に，窓を**二重窓**にしている。冬はストーブが欠かせないため，屋外に暖房用の灯油タンクを設置している家も多い。

② **積雪対策**…屋根は，雪が積もらない構造になっている。かつては三角屋根の建物が多かった。しかし，除雪作業による転落事故を避けるため，近年は，**屋根の中央部を低くし，雪をとかして排出するしくみの建物**が増えている。

▶道路の工夫

① **ロードヒーティング**…都市の道路では，地下に埋めた排水パイプに温水を流す**ロードヒーティング**で雪をとかす。電熱線を埋めこんだ道路や流雪溝を設けた道路も多い。

② **矢羽根と防雪柵**…豪雪地帯の道路の両脇には，吹雪のなかでも見えるように，**道路の端であることを示す標識(矢羽根)**が立てられている。また，風上側に**防雪柵**を設置している道路も多い。

▶都市の工夫

都市では，大型の除雪車を用いて，効率的に**除雪作業**を行っている。大都市の**札幌市**には，雪でも外出できるように，暖房が完備された**地下街**や地下道がめぐらされている。また，**地下鉄**の路線も整備されている。

第7章 日本の諸地域

注目！

季節風がもたらす雪と濃霧

・冬…水分をふくんだ**北西の季節風**が，中央の山地・山脈にぶつかって，ふもとに雪を降らせる。そのため，**日本海側**で雪が多い。

・夏…水分をふくんだ**南東の季節風**が，寒流の親潮(千島海流)に冷やされて，**太平洋側**に濃霧を発生させる。

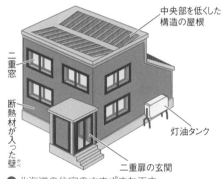

中央部を低くした構造の屋根

二重窓

断熱材が入った壁

灯油タンク

二重扉の玄関

▲北海道の住宅のさまざまな工夫

注目！

縦型の信号機のなぞ

北海道には，**縦型で少し前に傾いた信号機**が多い。雪が積もらないようにするための工夫である。同じ理由で，**看板なども上部をとがらせたもの**が多い。

▲縦型の信号機

217

▶雪を利用する

　雪を役立てようとする利雪（りせつ）の動きもおこっている。北海道の「空の玄関口」新千歳空港では，貯蔵庫にたくわえた雪の冷気を，空港ターミナルの夏の冷房（れいぼう）に利用している。米作がさかんな石狩平野（いしかりへいや）の沼田町（ぬまた）では，大量の雪を入れた室（むろ）に収穫（しゅうかく）した米を貯蔵し，「雪中米（せっちゅうまい）」として出荷している。

(2)火山と生きる

① **火山の噴火**（ふんか）…北海道には活発な火山が多い。2000（平成12）年の有珠山（うす）の噴火では，ふもとの洞爺湖（とうや）周辺の町が大きな被害（ひがい）を受けた。

▲有珠山の噴火（2000年）

② **防災対策**…観測体制の整備，ハザードマップを利用した防災訓練などが進められている。**十勝岳**（とかちだけ）のふもとには，火山噴出物（ふんしゅつぶつ）の流出を防ぐため，砂防（さぼう）ダムがつくられている。

③ **観光資源**…火山のふもとには，温泉街が形成されている。有珠山のふもとの**洞爺湖温泉**や羊蹄山（ようてい）のふもとの**ニセコ温泉**，火口群の地獄谷（じごくだに）で有名な**登別温泉**（のぼりべつ）などは，国内外から多くの観光客を集めている。

くわしく

新千歳空港

　1988年に開港した空港。札幌市（さっぽろ）の南東約40km，千歳市（ちとせ）と苫小牧市（とまこまい）にまたがる。空港の雪冷熱システムは，冷房用全体のエネルギーの約3割をまかなっている。旅客の利用者数はとても多く，「羽田（はねだ）—新千歳」便は，「羽田—福岡（ふくおか）」便とトップを競っている。

参考

偶然（ぐうぜん）**がつくった絶景**

　十勝岳のふもとに防砂目的でつくられた堰堤（えんてい）（小規模ダム）は，近年，「青い池」として観光客の人気を集めている。青く見える水がたまったのは偶然の産物だが，立ち枯れのカラマツとあいまって，幻（げん）想的な風景をつくり出している。

▲白金青い池（しろがね）（美瑛町）（びえい）

コラム
アイヌ文化の保護・継承（けいしょう）に向けて

　北海道には，「サッポロペッ」（乾いた大きな川／札幌），「モルエラニ」（小さい坂／室蘭）（むろらん）など，**アイヌの言語に由来する地名**が多い。しかし，アイヌの人々は長く迫害（はくがい）され，さらに1899年の北海道旧土人（どじん）保護法の制定で，独自の文化・風習も否定された。

　世界じゅうで**民族の多様性**を求める声が高まるなか，日本でもアイヌの文化を保護・継承しようとする動きがおこり，1997年に**アイヌ文化振興法**（しんこう）が制定された。2019年には，「（アイヌの人々は）北海道の先住民族である」と初めて法律（ほうりつ）に明記され，2020年には，アイヌ文化発信の拠点（きょてん）として，国立アイヌ民族博物館や慰霊施設（いれいしせつ）などを集めた民族共生象徴空間（しょうちょう）（**ウポポイ**）が開業した。

▲ウポポイ（白老町）（しらおい）

③ 北海道地方の産業

(1)北海道の農牧業

▶大規模な農業

広大な農地で，**大型の農業機械**を使い，大規模に行われている。農家一戸当たりの**耕地面積**は約28haで，全国平均の**約10倍**。農業生産額は全国一で，水産業もさかんなことから，北海道は「**日本の食料庫**」とよばれる。

① **増産する稲作**…北海道の米の生産量は全国2位（2019年）。中心の**石狩平野**はかつて**泥炭地**だったが，**客土**による土地改良などで，全国有数の水田地帯へと変わった。**品種改良**で，寒さに強く味もよい**銘柄米**も栽培されている。

② **さかんな畑作**…てんさい（さとうだいこん），**あずき**，**じゃがいも**，**小麦**，**たまねぎ**，**だいず**，**とうもろこし**などの生産量は全国一。寒さと乾燥に強い作物が大半である。

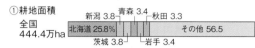

①耕地面積
全国 444.4万ha
北海道 25.8% / 新潟 3.8 / 青森 3.4 / 秋田 3.3 / その他 56.5
茨城 3.8 / 岩手 3.4

②農家一戸当たりの耕地面積
北海道 28.2ha
全国 2.9

③耕地面積の種類別割合
北海道 114.5万ha　田 19.4%　畑 80.6
牧草地 44.0
全国 444.4万ha　田 54.4　畑 45.6
牧草地 13.5
（2017年農林水産省資料）

くわしく

泥炭地と客土

泥炭地は，腐敗した草木が積もった湿地で，農作に適していない。石狩平野では，ほかの土地から肥えた土を運び入れる**客土**によって，泥炭地を農地に改良した。

第7章 日本の諸地域

（2020/21「日本国勢図会」）
○ てんさいの生産量の割合
398.6万t 2019年　北海道 100%

（2020/21「日本国勢図会」）
○ じゃがいもの生産量の割合
226.0万t 2018年　北海道 77.1%　その他 22.9

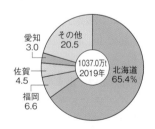
（2020/21「日本国勢図会」）
○ 小麦の生産量の割合
1037.0万t 2019年　北海道 65.4%　その他 20.5 / 愛知 3.0 / 佐賀 4.5 / 福岡 6.6

（2020/21「日本国勢図会」）
○ たまねぎの生産量の割合
115.5万t 2018年　北海道 62.1%　その他 19.4 / 兵庫 8.3 / 佐賀 10.2

（2020/21「日本国勢図会」）
○ だいずの生産量の割合
21.8万t 2019年　北海道 40.6%　その他 38.4 / 滋賀 3.6 / 福岡 4.1 / 秋田 6.4 / 宮城 6.9

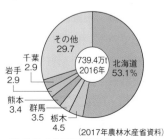
（2017年農林水産省資料）
○ 生乳の生産量の割合
739.4万t 2016年　北海道 53.1%　その他 29.7 / 千葉 2.9 / 岩手 2.9 / 熊本 3.4 / 群馬 3.5 / 栃木 4.5

③ **十勝平野の輪作**…畑作の中心の**十勝平野**は，土砂が積もった低地と**ロム層**（197ページ）の台地からなる。畑の作物をつくる力を維持するため（**連作障害を防ぐため**），何種類もの作物を交替で栽培する**輪作**が行われている。農作物の集積地である**帯広市**は，食品加工業が発達している。

④ **競争が激化する酪農**…南東部の**根釧台地**では，牧草地で乳牛の飼育を行い，牛乳，チーズ，バターなどに加工する酪農がさかん。1970年代，国の政策によって**大規模な酪農村**がつくられたが，現在は外国産乳製品との競争の激化で，酪農農家の経営はきびしくなっている。

(2) さかんな水産業

▶「とる漁業」の衰退

かつては，オホーツク海やベーリング海で，さけやます，すけとうだらなどをとる**北洋漁業**がさかんだった。1970年代以降，200海里の**排他的経済水域**（24，140ページ）が設定され，さらに**母川国主義**が主張されるようになったことで，北洋船団の遠洋漁業による北洋漁業の漁獲量は減少した。

▶「育てる漁業」への転換

それでも，北海道の漁獲量は全国一（2019年）。近海での さけ，かに，ほっけ，さんまなどの漁獲量が多い。1980年代以降は，**さけ，ますの栽培漁業**や**ほたて，かき，こんぶの養殖業**など，「育てる漁業」に力を入れている。

(3) 資源を生かした工業

▶食品加工業

農作物・水産物が豊富なことから，各地で**食品加工業**が発達している。**札幌市**では，**ビール醸造**やてんさい（さとうだいこん），乳製品を原料にした**菓子類**の生産がさかん。漁港がある**根室市**や**釧路市**では，水産加工業が発達している。

▶製紙・パルプ工業

森林資源が豊富なことから，**苫小牧市**を中心に**製紙・パルプ工業**がおこった。**室蘭市**は，鉄鋼業が発達している。

▲十勝平野の大規模な畑作

十勝平野は，畜産や酪農もさかんだよ。

くわしく

母川国主義
さけやますなどは，産卵のために生まれた川（母川）にもどる性質がある。**母川国主義**とは，こうしたさけやますが公海を回遊していても，母川の国に漁獲の**優先権がある**という考え方。1990年代，国連の**海洋法条約**に規定された。

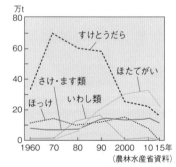
▲北海道の漁獲量の推移

④ 自然を生かした観光業

▶ 寒冷な気候を生かした観光

札幌市で2月に開かれる「さっぽろ雪まつり」やニセコのスキー場，オホーツク海沿岸の**流氷ツアー**など，寒冷な気候と積雪を利用して，多くの観光客を集めている。

▶ 環境保全と両立させる観光

① **観光花畑と動物園**…観光客に開放している花畑・農園も多く，とくに**富良野のラベンダー畑**が人気。**旭山動物園**（旭川市）は，動物の自然のままの姿を見せる「行動展示」が人気で，国内外から多くの観光客を集めている。

② **エコツーリズム**…体験学習型の**エコツーリズム**もさかん。世界自然遺産に登録された**知床**やラムサール条約に登録された**釧路湿原**で，**エコツアー**が開催されている。

③ **ユネスコ世界ジオパーク**…有珠山のふもとの**洞爺湖温泉**は，ユネスコの**世界ジオパーク**に認定されており，火山活動や環境への影響を学ぶツアーが行われている。

注目！

オーストラリア人に人気の理由

　冬，ニセコや富良野のスキー場は，**オーストラリア人観光客**であふれている。南半球のオーストラリアは，日本とは**季節が逆**なので，良質のパウダースノーを求めてくる人が多い。また，シンガポールなど，**東南アジアからの観光客も**増えている。熱帯の東南アジアの人々にとって，**雪はめずらしい**からである。

◎旭山動物園「あざらし館」

テストに出る！ ┃ **つまりこういうこと**

● **蝦夷地から北海道へ**…蝦夷地で**アイヌの人々**が狩猟・漁労生活➡江戸時代，松前藩が交易➡明治時代，北海道と改称。**開拓使**が設置され，**屯田兵**が開拓➡小樽と炭鉱町が繁栄➡観光業が成長。

● **雄大な自然**…中央に石狩山地や日高山脈。**有珠山**，十勝岳などの火山や，**洞爺湖**，摩周湖などの**カルデラ湖**が点在。**石狩平野**，**十勝平野**，**根釧台地**，**釧路平野**など，平地が広がる。

● **冷帯（亜寒帯）の気候**…寒冷で雨が少ない。日本海側➡とくに雪が多い。太平洋側➡夏に濃霧が発生。オホーツク海沿岸➡冬に流氷。

● **自然との共生**…寒さと積雪対策➡二重扉，二重窓の建物。**ロードヒーティング**で道路の雪をとかす。**利雪**の動きも拡大。火山対策➡**ハザードマップ**による防災訓練。

● **大規模な農業**…広い農地で**大型機械**を使用。稲作➡**泥炭地を客土**で農地に変えた**石狩平野**。畑作➡広大な**十勝平野**。**てんさい，じゃがいも，小麦，だいず**は，生産量全国一。酪農➡**根釧台地**が中心。

● **水産業**…かつて北洋漁業➡近海で，かに，ほっけなどを漁獲。さけの**栽培漁業**やほたて，かき，こんぶの**養殖**など，「育てる漁業」へ。

● **観光業**…自然を生かし，体験学習型の**エコツーリズム**がさかん。

◎地獄谷の噴煙（登別市）

1 **関東地方・東北地方の自然** 》p.196～198, 206～208

右の地図を見て，次の問いに答えなさい。

(1) 地図中の**a**の緯線とほぼ同緯度にある都市を，次の**ア～エ**から1つ選びなさい。 〔 　　〕

ア　デリー　　　　イ　ロンドン
ウ　マドリード　　エ　キャンベラ

(2) 地図中の**b**の山脈，**c～e**の川の名称をそれぞれ書け。

b〔　　　　　　〕 c〔　　　　　　　〕
d〔　　　　　　〕 e〔　　　　　　　〕

(3) 地図中の**X**に発達している海岸地形を何というか，書きなさい。

〔　　　　　　　　〕

(4) 地図中の ● で示した平野について，次の問いに答えよ。

① この平野の名称を書きなさい。 〔　　　　　　　〕

② この平野には，火山噴出物が積もった台地が広がっている。この火山噴出物を何というか，書きなさい。

〔　　　　　　　〕

(5) 地図中の**Y**と**Z**の海流が交わるところを何というか，書きなさい。

〔　　　　　　　〕

(6) 次の**A～D**の雨温図は，地図中の**あ～え**のいずれかの都市のものである。雨温図と都市の正しい組み合わせを，あとの**ア～カ**から1つ選びなさい。 〔　　　〕

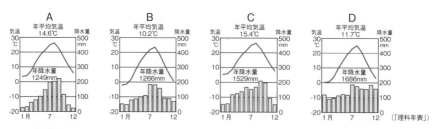

（「理科年表」）

ア　A:い, B:う, C:あ, D:え　　イ　A:い, B:え, C:う, D:あ
ウ　A:う, B:い, C:あ, D:え　　エ　A:う, B:い, C:え, D:あ
オ　A:え, B:い, C:う, D:あ　　カ　A:え, B:あ, C:う, D:い

2 関東地方の工業と人口 >>p.200〜202

関東地方について，次の問いに答えなさい。

(1) 関東地方には，①京浜工業地帯，②京葉工業地域，③北関東工業地域が形成されている。それぞれの工業地帯・地域の特徴を次のア〜エから１つずつ選びなさい。

①〔　　　　〕 ②〔　　　　〕 ③〔　　　　〕

ア　高速道路周辺の工業団地に，電気機械や自動車などの機械工場が集まっている。

イ　豊富な電力資源をもとに，アルミニウムを中心とした金属工業が発達している。

ウ　沿岸部は重工業が中心で，内陸部に出版・印刷業や情報通信産業が発達している。

エ　鉄鋼・化学など重工業が中心で，大規模な石油化学コンビナートが形成されている。

応用 (2) 次のグラフは，埼玉県，千葉県，東京都，神奈川県の昼間人口と夜間人口の差（昼間人口−夜間人口）を表している。また，表は，それらの都県における事業所数，大学・短期大学数，住宅地の１m²当たりの平均地価を表している。グラフから考えられる人々の移動の特徴を，表からわかることに触れて書きなさい。〔栃木・改〕

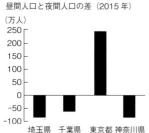

昼間人口と夜間人口の差（2015年）

	事業所数 (2016年)	大学・ 短期大学数 (2018年)	住宅地の 1 m²当たりの 平均地価 (2019年)
埼玉県	250834	40	11.4 万円
千葉県	196579	35	7.5
東京都	685615	175	37.4
神奈川県	307269	44	18.0

（「県勢」により作成）

3 東北地方の気候と農業 >>p.206〜208

東北地方の夏の気象災害についてまとめた次の文章を読んで，あとの問いに答えなさい。

〔埼玉・改〕

> 　東北地方の太平洋側では，夏になると寒流の（　a　）の影響を受け，（　b　）とよばれる冷たく湿った北東風が吹くことがあります。（　b　）がもたらす冷気と霧，また日照不足で，農作物が十分に育たず，収穫量が減る（　c　）がおこることがあります。この対策として，短期間で成長し早く収穫できる品種の作付けなどが行われています。

(1) （　a　）〜（　c　）にあてはまる語をそれぞれ書きなさい。

a〔　　　　　　〕 b〔　　　　　　〕 c〔　　　　　　〕

(2) 東北地方の6県のうち，太平洋に面していない県を2つ書きなさい。

〔　　　　　　〕県　〔　　　　　　〕県

4　東北地方の伝統行事・伝統工業　>>p.208〜211

東北地方について，次の問いに答えなさい。

(1)　東北地方では，旧暦の七夕のころ，各地で大規模な夏祭り
が行われる。右の写真の祭りを何というか，次のア〜エから
1つ選びなさい。

〔　　　　〕

ア　秋田竿燈まつり　　イ　山形花笠まつり
ウ　青森ねぶた祭　　　エ　仙台七夕まつり

応用 (2)　東北地方の各地では，伝統工業がさかんである。その理由
の1つを，「農閑期」という語を使って書きなさい。

〔　　　　　　　　　　　　　　　　　　　　　　　　　　　　　　　　〕

5　北海道地方の社会と産業　>>p.214〜220

北海道地方について，次の問いに答えなさい。

(1)　明治時代，政府が開拓使という役所をおき，北海道の開拓が本格的に始まった。その際，
開拓とロシアに対する北方の防備にあたった人々を何というか，書きなさい。〔島根・改〕

〔　　　　　　　　　　　　〕

(2)　北海道の道庁所在地は，札幌市である。
札幌市の中心部の街路のようすを表したモ
デル図を，右のア〜エから1つ選びなさい。
〔島根・改〕　　　　　　　　〔　　　　〕

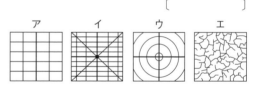

(3)　北海道の農業について，右の地図を見て，次の問いに答えなさい。

① 　地図中のaの平野では稲作，bの台地では酪農がそれぞ
れさかんである。それぞれの名称を書きなさい。

a〔　　　　　　〕平野　b〔　　　　　　　　〕台地

応用 ② 　地図中の十勝平野は，畑作がさかんである。右の図は，
十勝平野のある農家の畑の土地利用のようすを示してい
る。このような農作の方法を何というか，漢字2字で書き
なさい。また，このような農作が行われている理由を書き
なさい。〔長野・改〕

[方法]〔　　　　　〕

[理由]

〔　　　　　　　　　　

1年目		2年目		3年目		4年目	
豆	う	てんさい	豆	小麦	てんさい	う	小麦
てんさい	小麦	小麦	う	う	豆	豆	てんさい

地域のあり方

● 地域の課題を見つける手がかり

　地理を学ぶことは，私たちが住む地域の課題を知り，その解決策を考えることにつながる。これまでの学習をふり返り，どのような課題があるのか，さまざまな視点で見ていこう。**地球規模の課題**や**日本各地の課題**を復習しながら，**みなさんの地域の課題**を考えるとよい。

■地球規模の課題

　国際連合は，2015年の国連サミットで，「持続可能な開発目標（SDGs）」を採択した。貧困の撲滅，質の高い教育の確保，男女の平等，資源の保全など，国際社会が**2030年までの達成をめざす17の目標**が掲げられている（163ページ）。

   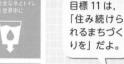

目標11は，「住み続けられるまちづくりを」だよ。

■日本の7地方の課題

　「7地方の課題」をまとめた次の表を参考に，みなさんの地域の課題を考えてみよう。

九州地方	台風による暴風雨対策。火山灰との共存（鹿児島）。沖縄県に残る米軍基地問題。
中国・四国地方	過疎化の進行による地域の衰退。「核なき世界」に向けたアピール（広島）。
近畿地方	観光客の増加と歴史的景観の保存（京都）。琵琶湖の水質改善の取り組み。
中部地方	伝統産業の後継者不足・技術の継承。外国人労働者との共生（浜松）。
関東地方	東京一極集中の解消。過密による都市問題。震災対策（避難所確保や帰宅難民）。
東北地方	伝統行事・文化の継承。東日本大震災からの復興。三陸沿岸の津波対策。
北海道地方	積雪対策と利雪の試み。アイヌ文化の保護・継承。観光産業と地域の振興。

都道府県を統計で確認

(人口，人口密度，面積は2018年，産業別人口割合，農業産出額，製造品出荷額は2017年，都道府県名と異なる県庁所在地は青字，各項目とも上位5位を赤色，下位5位を青色で表示)

	県庁所在地	人口(万人)	人口密度(人／km²)	面積(百万km²)	産業別人口割合(%)	農業産出額(億円)	製造品出荷額(億円)
全国	—	12644	339	3780	第2次産業 第3次産業	93787	3220703
北海道	札幌市	529	68	834	第1次産業	12762	62126
青森県	青森市	126	131	96		3103	19361
岩手県	盛岡市	124	81	153		2693	25432
宮城県	仙台市	232	318	73		1900	44953
秋田県	秋田市	98	84	116		1792	13898
山形県	山形市	109	117	93		2441	29215
福島県	福島市	186	135	138		2071	51571
茨城県	水戸市	288	472	61		4967	123377
栃木県	宇都宮市	195	304	64		2828	92793
群馬県	前橋市	195	307	64		2550	90985
埼玉県	さいたま市	733	1930	38		1980	137066
千葉県	千葉市	626	1213	52		4700	121895
東京都	東京	1382	6300	22		274	79116
神奈川県	横浜市	918	3798	24		839	180845
新潟県	新潟市	225	179	126		2488	49200
富山県	富山市	105	247	42		661	38912
石川県	金沢市	114	273	42		548	30649
福井県	福井市	77	185	42		473	21394
山梨県	甲府市	82	183	45		940	25564
長野県	長野市	206	152	136		2475	62316
岐阜県	岐阜市	200	188	106		1173	57062
静岡県	静岡市	366	471	78		2263	169119
愛知県	名古屋市	754	1457	52		3232	472303
三重県	津市	179	310	58		1122	105552
滋賀県	大津市	141	352	40		647	78229
京都府	京都市	259	562	46		737	58219
大阪府	大阪市	881	4626	19		357	173490
兵庫県	神戸市	549	653	84		1634	157988
奈良県	奈良市	134	363	37		430	21181
和歌山県	和歌山市	94	198	47		1225	26913
鳥取県	鳥取市	56	160	35		765	8102
島根県	松江市	68	101	67		613	11841
岡山県	岡山市	190	267	71		1505	76409
広島県	広島市	282	332	85		1237	102356
山口県	山口市	137	224	61		676	61307
徳島県	徳島市	74	178	41		1037	17935
香川県	高松市	96	513	19		835	26106
愛媛県	松山市	135	238	57		1259	42008
高知県	高知市	70	100	71		1193	5919
福岡県	福岡市	511	1024	50		2194	98040
佐賀県	佐賀市	82	336	24		1311	18790
長崎県	長崎市	134	325	41		1632	18478
熊本県	熊本市	176	237	74		3423	28574
大分県	大分市	114	180	63		1273	41094
宮崎県	宮崎市	108	140	77		3524	17102
鹿児島県	鹿児島市	161	176	92		5000	20990
沖縄県	那覇市	145	635	23		1005	4929

0　20　40　60　80　100%

入試対策編

難しければ，3年生の
受験期に取り組んでも
いいよ！

　これまでの学習の総仕上げとして，入試問題にチャレンジ
してみましょう。入試問題では，これまでの知識を活用して
問題に取り組む必要があります。

　「解き方のヒント」を参考にしながら問題を解き，自分に
足りないと感じた部分があれば，もういちどその分野を復習
しましょう。

入試対策問題 解答➡p.247〜249

1 世界の姿 >>p.9〜16

解答➡p.247

1 佳美さんの班は,「サーフィンと世界の海」というテーマで調査し,発表した。その発表文を読んで,あとの問いに答えなさい。〔宮崎〕

〔発表文1〕

佳美：地球の海洋と陸地の面積の割合は,海洋がおよそ（ ① ）割,陸地がおよそ（ ② ）割です。世界には海に面した国が数多くあり,サーフィンは代表的なマリンスポーツの一つとして,オリンピックの新たな正式種目に採用されたのだと思います。

友也：次に,海洋が最も大きく広がっている角度から地球を見た水半球を紹介します。右の**資料1**の**A**は,（ ③ ）大陸です。

資料1	水半球

〔発表文2〕

佳美：右の**資料2**は,緯線と経線が直角に交わった世界地図です。地図中の両矢印で示した赤道上の**B**と,その南の緯線上の**C**は,地図上では同じ長さです。しかし,実際の距離は（ ④ ）の方が長いことに気がつきました。このように,**資料2**のような地図では,（ ⑤ ）になるほど,緯線上の直線距離が実際より長く,面積も大きく表されることがわかりました。

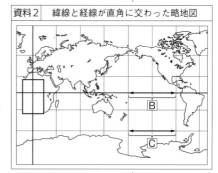

資料2	緯線と経線が直角に交わった略地図

(1) 〔発表文1〕の（ ① ）〜（ ③ ）にあてはまる数字と語の組み合わせを,次から1つ選びなさい。

　ア ①−9 ②−1 ③−南極
　イ ①−9 ②−1 ③−オーストラリア
　ウ ①−7 ②−3 ③−南極
　エ ①−7 ②−3 ③−オーストラリア

(2) 〔発表文2〕の（ ④ ）・（ ⑤ ）にあてはまる記号と語の組み合わせをを,次から1つ選びなさい。

　ア ④−**B** ⑤−高緯度　イ ④−**B** ⑤−低緯度
　ウ ④−**C** ⑤−高緯度　エ ④−**C** ⑤−低緯度

(3) **資料2**の中の「アフリカ州」について,描かれていない枠内の略地図を,「赤道」と「本初子午線」の交点の位置に注意して,解答欄に描きなさい。

解き方のヒント

●入試では

さまざまな種類の地図が出題される。面積が正しい地図,角が正しい地図など。まず,地図の特徴をおさえること。

考え方

(1) 資料1は水半球の地図なので,海洋が広く表されている。実際の地球上の海洋と陸地の面積割合を答えること。

考え方

(2) 緯線のなかで最も長いのは赤道である。

考え方

(3) 西アフリカでは,赤道は沖合を通過していることに注意する。

2 あすかさんは，世界地図について調べた。次の**地図1**，**地図2**を見て，あとの問いに答えなさい。〔佐賀・改〕

地図1　中心の東京からの距離と
　　　　方位が正しい地図

地図2　緯線と経線が直角に交わった地図

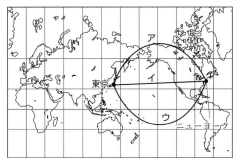

(1) 地図1のXの大陸名を書きなさい。

(2) 地図1の東京から真東に向かう直線を引きなさい。ただし，直線は地図の外周を表す円まで引くこと。

(3) 地図1には，東京からニューヨークまでの最短コースを示した直線が引かれている。このコースを地図2に示したものとして最も適当なものを，地図2のア～ウから1つ選びなさい。

2　日本の姿 　　　>>p.19～26

解答 ➡ p.247

1 次の問いに答えなさい。

(1) 日本を7地方に区分したとき，関東地方と接する東北地方の県が1県ある。その県名を書きなさい。〔和歌山〕

(2) 右の地図中の東経134度の経線が通過する県のうち，県名と県庁所在地名が異なる県の，県庁所在地名を漢字で書きなさい。〔千葉〕

(3) 次の文中の（　a　）・（　b　）にあてはまる島の正しい組み合わせとあとのア～エから1つ選びなさい。〔千葉・改〕
　　「日本最北端の島は（　a　）で，北方領土の一部である。日本の最西端の島は（　b　）である。」

ア　a：択捉島　b：与那国島　　イ　a：国後島　b：与那国島
ウ　a：択捉島　b：沖ノ鳥島　　エ　a：国後島　b：沖ノ鳥島

(4) 日本時間の1月6日午後1時に，日本に住む久子さんはサンフランシスコに留学した修二さんに電話をした。この時のサンフランシスコの日付と時間帯の組み合わせを次から1つ選び，記号で答えなさい。ただし，サンフランシスコの標準時は西経120度を基準とする。〔長崎〕

ア　1月5日の朝　　　イ　1月7日の朝
ウ　1月5日の夜　　　エ　1月7日の夜

解き方のヒント

●**入試では**
中心からの距離と方位が正しい地図（正距方位図法）は頻出。上が北を示すことをおさえておく。

考え方
(1) 正距方位図法では，大陸の形や面積は正しく表されない。ニューヨークがある北アメリカ大陸とつながっていることから考える。

考え方
(2) 8方位の方位記号を重ねて考えればよい。

解き方のヒント

東経134度
の経線

●**入試では**
時差を求める問題は，頻出。日本は東経135度の経線を標準時にしていることをおさえておく。

考え方
(4) 経度15度の差で，1時間の時差が生じる。

入試対策編　入試対策問題

2 次の問いに答えなさい。〔沖縄〕

(1) 日本の国土は，およそ東経120度～東経155度，北緯20度～北緯50度に位置する。国土が日本の経度，緯度の範囲といずれとも重ならない国を次から1つ選び，記号で答えなさい。

ア　イラン　　　イ　オーストラリア
ウ　ブラジル　　エ　アメリカ合衆国

(2) 10月10日午前8時に東京（標準時子午線東経135度）を出発した飛行機が12時間かけてロンドン（経度0度）に到着した。ロンドンに到着した時刻は，現地時間で何日の何時になるか。午前か午後を明らかにして答えなさい。

━━ 解き方のヒント ━━

考え方

(1) 日本から見て，地球の裏側（対蹠点）に近い国を選ぶ。

考え方

(2) ロンドンには，経度0度の標準時子午線が通っている。

3 次の文章を読んで，あとの問いに答えなさい。〔北海道〕

> 北方領土はa日本固有の領土であり，日本政府はロシア連邦政府に返還を求めて，平和的な手段による解決に向けて努力している。領土とともに領域を構成する領海は，領土の海岸線（沿岸）から（　b　）海里であり，領海と排他的経済水域をあわせた範囲は，海岸線（沿岸）から（　c　）海里までである。

━━ 解き方のヒント ━━

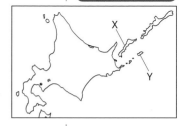

(1) 下線部aについて，地図中のX，Yにあてはまる島の名をそれぞれ答えなさい。

(2) （　b　）・（　c　）にあてはまる数字をそれぞれ答えなさい。

(3) 右のグラフは，ある国々の領土面積と領海および排他的経済水域の面積を表したものである。グラフ中の●a～dの印は，アメリカ，インドネシア，日本，ブラジルのいずれかを示している。a～dと国名の正しい組み合わせを次から1つ選び，記号で答えなさい。〔高知・改〕

ア　a：インドネシア　b：日本　c：アメリカ
　　d：ブラジル
イ　a：インドネシア　b：日本　c：ブラジル
　　d：アメリカ
ウ　a：日本　b：ブラジル　c：インドネシア
　　d：アメリカ
エ　a：日本　b：ブラジル　c：アメリカ
　　d：インドネシア
オ　a：日本　b：インドネシア　c：ブラジル
　　d：アメリカ

考え方

(1) 北方四島のうち，最も北にあるのは択捉島。小さな島々が連なるのは，歯舞群島。XとYは，この2つ以外の島である。

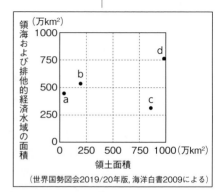

（世界国勢図会2019/20年版，海洋白書2009による）

3 世界各地の人々の生活と環境 >>p.29〜40

解答 ➡ p.247

>>p.29〜40

解答 ➡ p.247

1 次のⅠの文章は，右の地図中のA〜Dのいずれかの都市のようすについてまとめたものである。Ⅱのグラフは，A〜Dのいずれかの都市の，年平均気温と年降水量および各月の平均気温と降水量を示したものである。Ⅰの文章で述べている都市を，略地図中のA〜Dから1つ選び，記号で答えなさい。また，その都市のグラフをⅡのア〜エから1つ選び，記号で答えなさい。〔東京〕

〔Ⅰ〕

　サンベルト北限付近に位置し，冬季は温暖で湿潤だが，夏季は乾燥し，寒流の影響で高温にならず，1年を通して過ごしやすい。周辺には1885年に大学が設立され，1950年代から半導体の生産が始まり，情報分野で世界的な企業が成長し，現在も世界各国から研究者が集まっている。

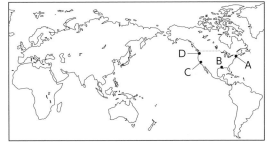

〔Ⅱ〕

ア　年平均気温11.5℃　年降水量966.6mm
イ　年平均気温20.9℃　年降水量1270.1mm
ウ　年平均気温15.8℃　年降水量401.8mm
エ　年平均気温10.9℃　年降水量1116.5mm

気温
降水量

（気象庁のホームページなどより作成）

2 右の地図を見ると，ロンドンと札幌では，ロンドンのほうが高緯度にあることがわかる。また，グラフからは，ロンドンのほうが冬の気温が高いことがわかる。ロンドンの冬の気温が札幌より高い理由を説明した次の文中の（　A　）・（　B　）にあてはまる語句の組み合わせとして正しいものを，あとのア〜エから1つ選び，記号で答えなさい。〔佐賀〕

　「ロンドンは，（　A　）である北大西洋海流と，その上空を吹く（　B　）の影響を受けているから。」

ア　A−寒流　B−偏西風
イ　A−寒流　B−季節風
ウ　A−暖流　B−偏西風
エ　A−暖流　B−季節風

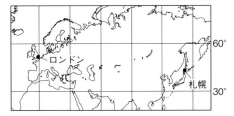

ロンドンと札幌の各月の平均気温
——ロンドン
-----札幌

入試対策編

入試対策問題

231

3 世界のくらしについて，次の問いに答えなさい。[愛媛・改]

(1) 右の**資料1**は，アンデス山脈の山中の，標高とおもな土地利用を模式的に表したものであり，資料1中のP，Qは，それぞれ，リャマやアルパカの放牧，とうもろこしの栽培のいずれかにあたる。また，**資料2**は，**資料1**中の地点Rと地点Sの，月別の平均気温を模式的に表したものであり，**資料2**中のⅠ，Ⅱは，それぞれ地点R，地点Sのいずれかの，月別の平均気温にあたる。リャマやアルパカの放牧にあたる記号と，地点Rの月別の平均気温にあたる記号の組み合わせとして適当なものを，次から1つ選び，記号で答えなさい。

ア　PとⅠ　　イ　PとⅡ　　ウ　QとⅠ　　エ　QとⅡ

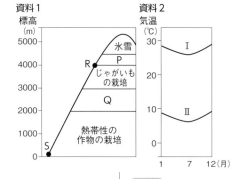

資料1
標高(m)

資料2
気温(℃)

(2) 次の表は，世界に見られる，伝統的な住居についてまとめたものである。表中の（　）にあてはまる言葉を答えなさい。ただし，「降水量」「樹木」の2つの語を用いて書くこと。

地域	おもな材料	共通点
熱帯雨林が広がる地域	木や葉	地域の気候に合わせて，手に入りやすい材料を使用している。
<div align="center">Y</div> 地域	日干しれんが	

4 アジアの宗教について，次の問いに答えなさい。

(1) 西アジアの宗教について，次の問いに答えなさい。[静岡]

① 7世紀に西アジアでおこり，現在は西アジアを中心に，広い地域で信仰されている宗教がある。この宗教には，信者が聖地に向かって1日5回の礼拝を行うなどといった特徴がある。この宗教は何とよばれるか。その名称を書きなさい。

② 前問①の宗教には，この宗教の教えやきまりに適合していることを意味する「ハラール」という言葉がある。右の図は，「ハラール」にあたる食品などにつけられているマークの1つである。この宗教の信者にとって，図のようなマークが食品につけられている利点を，この宗教のきまりとあわせて，簡単に書きなさい。

(2) 右の写真は，南アジアに信者が多い，ある宗教の信者がガンジス川で沐浴しているようすを写したものである。この宗教は何とよばれるか。その名称を答えなさい。[高知・改]

4 世界の諸地域　>>p.43～93

解答 ➡ p.248

解答 ➡ p.248

●入試では
地図と統計資料を使った問題は頻出。

1 涼さんは，夏休みに家族と東南アジアへ旅行に出かけ，さまざまなことを調べた。右の地図は，涼さんが訪れた都市を記した東南アジア周辺の略地図の一部である。これを見て，次の問いに答えなさい。〔京都・改〕

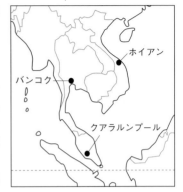

(1) 地図中の点線 (-----) は，緯度0度の緯線を示している。この緯線が通過する国を次から1つ選び，記号で答えなさい。

　ア イタリア　　**イ** インド
　ウ エジプト　　**エ** ブラジル

(2) 地図中のクアラルンプールは，マレーシアの首都である。涼さんは，マレーシアがイギリスから独立した国であることを知った。**資料Ⅰ・Ⅱ**は，イギリスから独立した国のうち，マレーシア，オーストラリア，サウジアラビア，ガーナの4か国について，さまざまな視点から比較するために涼さんが作成したものである。

① 右の**資料Ⅰ**は，2019年における4か国の人口と人口密度を示したものであり，A～Dはそれぞれ，4か国のいずれかである。このうち，マレーシアにあたるものはどれか。涼さんが**資料Ⅰ**について書いた次の文を参考にして，A～Dから1つ選び，記号で答えなさい。

　　「**資料Ⅰ**からは，4か国それぞれの国の面積を求めて比較することもでき，国の面積が大きな順に，オーストラリア，サウジアラビア，マレーシア，ガーナとなることが読み取れる。」

資料Ⅰ

	人口 （千人）	人口密度 （人 /km²）
A	30418	127.3
B	25203	3.3
C	31950	96.8
D	34269	15.5

「データブック オブ・ザ・ワールド 2020」より作成

考え方
(2)②「原油」「カカオ豆」など，特徴的な輸出品に注目し，消去法で選んでもよい。

② 次の**資料Ⅱ**は，4か国の輸出額の上位5品目と，それぞれの輸出総額に対する割合を示したものであり，P～Sはそれぞれ，4か国のいずれかである。このうち，マレーシアにあたるものはどれか，P～Sから1つ選び，記号で答えなさい。

資料Ⅱ

	1位		2位		3位		4位		5位	
P	機械類	42.2%	石油製品	17.3%	液化天然ガス	4.0%	原油	3.8%	精密機械	3.6%
Q	原油	65.6%	石油製品	11.4%	プラスチック	6.8%	有機化合物	3.7%	機械類	1.3%
R	金	35.6%	原油	30.4%	カカオ豆	14.3%	野菜・果実	3.7%	ココアペースト	2.3%
S	鉄鉱石	21.1%	石炭	18.8%	液化天然ガス	8.5%	金	5.9%	肉類	3.9%

サウジアラビアは 2016 年，オーストラリアは 2017 年，その他は 2018 年　　（「世界国勢図会 2020/21」より作成）

(3) 涼さんは，地図中で記した都市があるすべての国が，1967年に創設された東南アジア諸国連合に加盟していることを知った。この東南アジア諸国連合の略称を**アルファベット大文字5字**で書きなさい。

考え方
(3)アジア太平洋経済協力会議（APEC）と混同しないこと。

233

2 ヨーロッパ州について，次の問いに答えなさい。

(1) ヨーロッパ州のスカンディナビア半島西部の海岸線は，複雑な海岸線になっている。その海岸線の形成過程を説明した次の文中の（　）にあてはまる語句を**漢字2文字**で答えよ。〔沖縄・改〕

「（　）によって侵食された谷に，海水が浸入することで形成された。」

(2) ヨーロッパ州の北西部や東部で行われてきた，小麦やライ麦といった穀物栽培と豚や牛を中心とした家畜の飼育を組み合わせた農業を何というか。この農業の種類を答えなさい。〔富山〕

(3) ヨーロッパ州の地域連合体であるヨーロッパ連合（EU）は，発足以来，経済的・政治的な統合が進み，加盟国を増やしてきた。こうしたなかで，近年，ドイツやフランスの企業が東ヨーロッパ諸国に工場を移転する動きが見られる。その理由を，右の資料を参考にして説明しなさい。〔富山〕

EU諸国の1か月当たりの最低賃金

国名	最低賃金（ユーロ）
オランダ	1552
ベルギー	1532
ドイツ	1498
フランス	1480
ポーランド	453
クロアチア	433
チェコ	407
ルーマニア	275

「EUROSTAT2017年」より作成

3 アメリカ合衆国について，次の問いに答えなさい。〔熊本〕

(1) アメリカ合衆国は，移民を受け入れ，多民族からなる社会を形成している。次のア～ウは，州ごとの人口構成について，州人口のうちアフリカ系が15％以上を占める州，ヒスパニックが15％以上を占める州，アジア系が5％以上を占める州のいずれかを■で示したものである。アフリカ系が15％以上を占める州とヒスパニックが15％以上を占める州を示したものとして適当なものを，ア～ウからそれぞれ1つずつ選び，記号で答えなさい。

ア  イ  ウ

ア，イ，ウは，アラスカ州とハワイ州を除いている。

「データブック オブ・ザ・ワールド2018」による）

(2) アメリカ合衆国では，①各地の地形や気候に合わせた農産物を集中的に栽培しており，②（ア　アパラチア　イ　ロッキー　ウ　アンデス）山脈の東側に広がるグレートプレーンズやプレーリーでは，牧畜や小麦，とうもろこしなどの栽培が行われている。下線部①のことを何というか，**漢字4字**で答えなさい。また，②の（　）のア～ウから適当なものを1つ選び，記号で答えなさい。

4 はやとさんは，アフリカ州と南アメリカ州について調べた。そのことに関する先生との会話を読んで，あとの問いに答えなさい。〔佐賀〕

はやと：アフリカ州には，英語やフランス語などヨーロッパ州の言語が公用語の一つとして用いられている国が多いということがわかりました。これはなぜですか。

先　生：それは（　a　）からです。右の地図で示したように，アフリカ州には直線的な国境線が見られるのも同じ理由です。

はやと：南アメリカ州でも，スペイン語やポルトガル語などヨーロッパ州の言語が公用語となっている国が多いですね。

先　生：そうですね。多くの人々との間で混血が進んでいるのも南アメリカ州の大きな特徴です。先住民とヨーロッパ系の人々との混血の人々を何というか覚えていますか。

はやと：（　b　）です。

先　生：そのとおりです。現在，南アメリカ州はさまざまな文化が混ざり合う地域となっています。

(1) 会話文の（　a　）にあてはまる内容を，歴史的背景に着目して，簡潔に書きなさい。

(2) 会話文の（　b　）にあてはまる語句を書きなさい。

5 次の各文は，オーストラリアの多文化社会の歩みについてまとめたものである。右のグラフを参考にして，年代の古い順番にア〜エを並べかえなさい。〔富山〕

ア　移民の総数は増加したが，ヨーロッパ州出身の割合が初めて減少し，約7割となった。

イ　中国や日本などとの結びつきが強まり，アジア州出身の移民が100万人をこえた。

ウ　ヨーロッパ州以外の出身の移民は65％をこえ，多文化に配慮した取り組みが進められた。

エ　イギリスの移民によって開拓されたので，移民の9割近くがヨーロッパ州出身であった。

解き方のヒント

●入試では
アフリカ州の直線的な国境の「歴史的背景」を問う問題は頻出。きちんと文章で表現できるようにしておこう。

アフリカ州の直線的な国境線の例

考え方
(1) 先住民のインディオと答えないこと。問うているのは，そのインディオとヨーロッパ系白人の混血である。

解き方のヒント

考え方
現在は，多文化社会。

オーストラリアに暮らす移民の総数と出身州別割合の推移

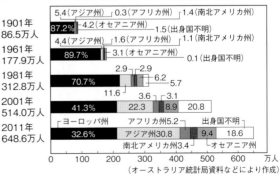

（オーストラリア統計局資料などにより作成）

入試対策編
入試対策問題

5 地域調査の手法 >>p.97～106

解答 ➡ p.248

解答 ➡ p.248

1 次は，中学生のAさんが資料を参考に自宅周辺の防災についてまとめたレポートである。Aさんのレポートを完成させよ。ただし，（ ① ）は，←で示した経路㋐か経路㋑のいずれかを選び，記号で答えなさい。（ ② ）は，Aさんがそのように判断した理由として考えられることを，地図から読み取って書きなさい。〔鹿児島〕

※ Aさんの家から経路㋐，経路㋑を通って避難する際には，障害物や交通遮断などはないものとして考えること。
地図中の---線は，浸水予想地域の境界線を示す。

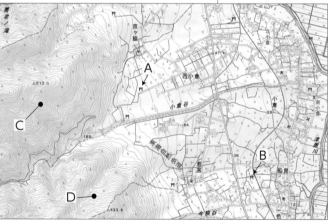

（国土地理院の資料などから作成）

〔レポート〕この資料の中には，洪水のときに浸水する可能性がある地域が示されており，これによると，私の家も浸水予想地域にふくまれています。大雨などにより洪水のおそれがあり避難場所に避難しなければならなくなったときの経路としては，この資料で考えると（ ① ）を選ぶべきです。それは，（ ② ）からです。

解き方のヒント

考え方
洪水を避けるためには，どこを通ればよいのかを考える。

2 右の地形図を見て，次の問いに答えなさい。〔北海道〕

(1) 地形図では，川が山間部から平地に出たところに土砂が積もってできた地形が見られる。このような地形を何というか，答えなさい。

(2) 地形図にある⌒は何を表しているか，答えなさい。

(3) 2万5千分の1の地形図上の3cmは，実際の距離では何mになるか，答えなさい。

(4) 次の文中の①｜｜にあてはまる語を**ア～ウ**から1つ選び，記号で答えなさい。また，（ ② ）にあてはまる図をあとの**カ～ケ**から1つ選び，記号で答えなさい。
「Aの神社とBの神社の標高差はおおよそ①｜**ア** 50m **イ** 80m **ウ** 100m｜である。また，地形図上のCからDの方向の断面を表している図は，（ ② ）である。」

（国土地理院2万5千分の1地形図による。）

解き方のヒント

●入試では
方位，地図記号（土地利用），縮尺，等高線（標高）に関する問題がよく出される。

236

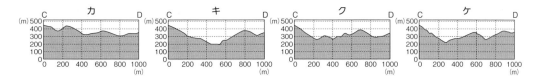

3 次のⅠ，Ⅱは，1988年と1998年の2万5千分の1地形図の一部である。
Ⅲの文章は，地図中にⅩで示した庄内空港が建設された地域について，
ⅠとⅡの地形図を比較して述べたものである。Ⅲの文章中の（　①　）～
（　④　）にあてはまる語句をあとのア，イから1つずつ選び，記号で答
えなさい。なお，Ⅱの地形図上において，Ｙ－Ｚ間の長さは8cmである。

[東京・改]

解き方のヒント

●**入試では**
地形図の新旧比較もよく
出題される。旧から新へ
の変化に注目する。

Ⅰ（1988年）

入試対策編

入試対策問題

Ⅱ（1998年）

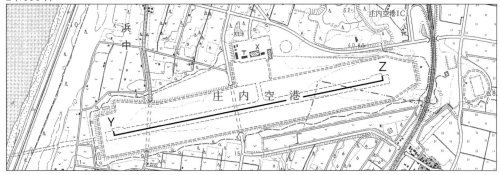

Ⅲ　この庄内空港は，おもに標高が約10mから約（　①　）mにかけて広が
る（　②　）を造成して建設された。ジェット機の就航が可能となるよう
に約（　③　）mの長さの滑走路が整備され，海岸沿いの針葉樹林は
（　④　）から吹く風によって運ばれる砂の被害を防ぐ役割をはたしている。

① ア　40　　イ　80　　　　　　② ア　果樹園・畑　　イ　水田
③ ア　1500　イ　2000　　　　④ ア　南東　　イ　北西

考え方

③縮尺は2万5千分の1
で，地図上の滑走路の
長さは8cmであるこ
とから考える。

6 日本の地域的特色と地域区分 >>p.109～152

解答 ➡p.248

>>p.109～152

解答 ➡p.248

解き方のヒント

●入試では
世界の川と比べた日本の川の特徴は、よく出題される。また、促成栽培と出荷時期の関係をグラフから読み取らせる問題も頻出。

1 日本の自然について、次の問いに答えなさい。

(1) 次の資料は、日本と世界のおもな川の、河口からの距離と標高を示した模式図である。日本の川には、世界のおもな川と比べて、どのような特徴があるか。資料から読み取って答えなさい。〔三重〕

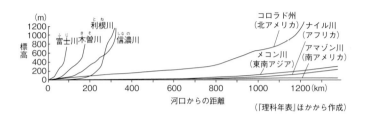

(『理科年表』ほかから作成)

考え方
(1) 川の長さの特徴をおさえる。傾きから、流れの速さにも注目する。

(2) 右の地図に示した秋田県、三重県、広島県、宮崎県について、次のグラフは、それぞれの県庁所在地における月別平均降水量を示したものである。グラフ**B・C**と県庁所在地名の正しい組み合わせを、あとの**ア～カ**から1つ選び、記号で答えなさい。〔三重〕

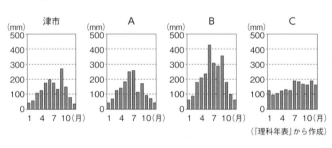

(『理科年表』から作成)

考え方
(3) ピーマンは夏の野菜だが、宮崎県では秋から春にかけて、市場に多く出荷している。

ア　B－秋田市　C－広島市　　　イ　B－秋田市　C－宮崎市

ウ　B－広島市　C－秋田市　　　エ　B－広島市　C－宮崎市

オ　B－宮崎市　C－秋田市　　　カ　B－宮崎市　C－広島市

(3) 地図中の宮崎県では、ピーマンの促成栽培がさかんであり、東京や大阪などの大都市圏に出荷している。右のグラフは、2018年の東京の中央卸売市場における、宮崎県、関東地方、その他の道府県の「ピーマンの月別入荷量」と「ピーマン1kg当たりの平均価格」を示している。宮崎県が促成栽培を行っている利点を、グラフから読み取れる入荷量と価格に関連づけて、簡単に答えなさい。〔静岡・改〕

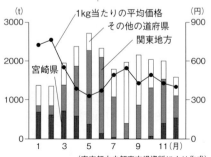

(東京都中央卸売市場資料により作成)

2 右のグラフを見て，次の問いに答えなさい。〔愛媛・改〕

(1) **グラフⅠ**は，2018年における，わが国の7地方の「人口」と「人口密度」を表したものである。グラフの**ア〜エ**は，それぞれ東北地方，関東地方，中部地方，近畿地方のいずれかにあたる。中部地方にあたるものを，**ア〜エ**から1つ選び，記号で答えなさい。

(2) **グラフⅡ**は，2017年度におけるわが国の「国内の貨物輸送における輸送量の割合」と「エネルギー消費量の輸送機関別の割合」をそれぞれ表したものである。また，会話文は，健太さんと先生が**グラフⅡ**を見ながら，「モーダルシフト」について話をしたときのものである。会話文中の（　①　）・（　②　）にそれぞれ適当な言葉を書き入れて，文を完成させなさい。ただし，①には，「船と鉄道」「同じ輸送量」「エネルギー消費量」の3つの語句を，②には「二酸化炭素」の語句をそれぞれふくめて答えること。

> 先　　生：国土交通省では，貨物輸送について，トラックなどの自動車の利用から，船と鉄道の利用へと転換をはかる「モーダルシフト」を推進しています。グラフから，国土交通省が期待していることは何かわかりますか。
>
> 健太さん：自動車に比べて，（　①　）ので，（　②　）ということです。
>
> 先　　生：そのとおりです。

(3) **グラフⅢ**は，2010年と2017年における「わが国の発電量の内訳」を表したものであり，グラフ中の**X〜Z**は，それぞれ火力，水力，原子力のいずれかにあたる。**X〜Z**にあたる発電の種類の正しい組み合わせを次から1つ選び，記号で答えなさい。

ア ｜ X 水力　　Y 火力　　Z 原子力｜
イ ｜ X 水力　　Y 原子力　Z 火力｜
ウ ｜ X 火力　　Y 水力　　Z 原子力｜
エ ｜ X 火力　　Y 原子力　Z 水力｜

解き方のヒント

考え方

(2) 地球環境問題（地球温暖化対策）と密接にからんでいる。

グラフⅠ

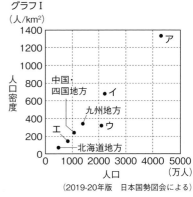

（2019-20年版　日本国勢図会による）

グラフⅡ

(注) 輸送量は，輸送貨物の重量（トン）に，輸送距離（km）をかけて算出したものである。エネルギー消費量は，輸送したときに消費したエネルギーを熱量（キロカロリー）に換算したものである。

（2019年版　EDMC／エネルギー・経済統計要覧による）

グラフⅢ

2010年	X 8.1%	Y 65.2	Z 25.8　その他 0.9
2017年	X 8.9%	Y 85.5	Z 3.1　その他 2.4

（2020-21年版　世界国勢図会ほかによる）

考え方

(3) この間，東日本大震災によって，福島第一原発事故がおこったことから考える。

3 日本の農業と工業について，次の問いに答えなさい。

(1) 各地の農業の特徴を説明した次の各文の（　　）にあてはまる語句の正しい組み合わせを，あとのア〜エから1つ選び，記号で答えなさい。〔沖縄〕

① 宮崎県や高知県では，温暖な気候を利用して（　　）が行われており，きゅうり，ピーマンの生産がさかんである。

② 茨城県や千葉県では，人口の多い大消費地の近くという利点を生かして（　　）が行われており，野菜の生産がさかんである。

③ 愛知県や沖縄県では，夜間に電灯の光をあてて生長を調整する（　　）が行われており，菊の生産がさかんである。

- ア ①—近郊農業　②—促成栽培　③—抑制栽培
- イ ①—促成栽培　②—近郊農業　③—抑制栽培
- ウ ①—促成栽培　②—抑制栽培　③—近郊農業
- エ ①—抑制栽培　②—近郊農業　③—促成栽培

(2) 右の資料は，1986年から2004年の日本企業による自動車の国内生産台数と海外生産台数を表している。次の文は，資料に見られる生産の変化が，国内の産業に与える影響についてまとめたものである。文中の（　a　）・（　b　）にあてはまる語の正しい組み合わせをあとのア〜エから1つ選び，記号で答えなさい。〔山形〕

《国内の製造業などが海外へ生産拠点を移転させることによって，国内の雇用が（　a　）し，製造業などの生産能力が弱まることは，「産業の（　b　）」とよばれ，国内の産業に与える影響が大きい。》

- ア a 増加，b 空洞化
- イ a 増加，b 流動化
- ウ a 減少，b 流動化
- エ a 減少，b 空洞化

資料　　　　　　　（単位　十万台）

年	国内生産台数	海外生産台数
1986	123	11
1989	130	23
1992	125	38
1995	102	56
1998	100	54
2001	98	67
2004	105	98

（『数字でみる日本の100年』から作成）

4 防災について説明した次の文章中の（　①　）〜（　③　）にあてはまる語句をあとのア，イから1つずつ選び，記号で答えなさい。〔兵庫〕

「日本では，2011年に発生した（　①　）の後，防災対策がより進められた。右の印は地震にともなう（　②　）対策の標識の1つである。近い将来に発生が予測されている四国，紀伊半島から東海地方の沖合にある（　③　）の巨大地震では，大規模な(②)の被害が考えられており，身近な地域の自然環境の特徴などを知ることが重要である。」

- ① ア 関東地震（関東大震災）
  - イ 東北地方太平洋沖地震（東日本大震災）
- ② ア 火災　イ 津波
- ③ ア 南海トラフ　イ 日本海溝

解き方のヒント

●入試では
工業は，貿易とからめた問題もよく出される。

考え方
(1)③電灯の光をあてることで，花の生長をおさえている。

注目！
海外生産は，欧米諸国との貿易摩擦を解消することが大きな目的だったが，国内産業の衰退を招いたのである。

解き方のヒント

●入試では
自然災害の対策，とくに地震やそれにともなって発生する津波の対策に関する出題が多い。

注目！
南海トラフは，東海地方から四国地方にかけての太平洋沖の海底に連なるくぼ地。プレートのはざまにあたり，巨大地震の震源域として警戒されている。

7 日本の諸地域　≫p.155～221

解答 ➡ p.249

1 九州地方について，次の問いに答えなさい。〔富山・改〕

(1) 右の地図中の▲は，九州地方のおもな火山である。これらに関する
説明として適切なものを次から**2つ**選び，記号を書きなさい

ア a周辺では以前よりダムの建設がさかんで，水力発電としては日
本最大の八丁原発電所がある。

イ bは世界最大級のカルデラをもつ火山で，カルデラ内部には水田
や市街地が広がっている。

ウ cは近年でも活発に噴火をくり返す火山で，噴火の際の火砕流
で大きな被害が出ている。

エ d周辺の九州南部はシラスとよばれる火山灰が堆積した台地と
なっており，水もちのよい土地で稲作がさかんである。

(2) 次のグラフは沖縄県と，人
口規模が沖縄県とほぼ同じ
滋賀県，青森県の産業別の就
業者割合を示している。沖縄
県，青森県のグラフはどれか。
右の**ア～ウ**から1つずつ選
び，記号で答えなさい。

ア 第1次産業 12.0%／第2次産業 20.8%／第3次産業 67.2%

イ 第1次産業 2.5%／第2次産業 32.2%／第3次産業 65.3%

ウ 第1次産業 4.0%／第2次産業 15.4%／第3次産業 80.7%

（「データでみる県勢2020」より作成）

(3) 右の写真は，沖縄県に見られる伝統的な家
である。家を石垣で囲ったり，屋根のかわらを
しっくいでかためたり，1階建てにしたりして，
家のつくり方をくふうしている。その理由をこ
の地域の気候に関連づけて説明しなさい。

(2) 沖縄県は観光業がさか
んなこと，青森県は果
樹栽培がさかんなこと
などから判断する。

2 次の文章は，わかばさんが瀬戸内地方の交通についてまとめたレポート
の一部である。文章中の（　　）にあてはまる適当な言葉を，「**移動時間**」
「**活発**」の2つの語を用いて，**20字以内**で書きなさい（読点をふくむ）。

〔千葉〕

●入試では
本州四国連絡橋の開通に
よる，周辺地域の変化は
よく問われる。

　この地域では，1988年に瀬戸大橋が完成したことで，児島・坂出
ルートが開通し，本州と四国が初めて陸上交通で結ばれました。その結
果，本州と四国の間はフェリーから鉄道や自動車へと主たる移動手段が
変化したことで，（　　　　）になりました。一方で，フェリーの航路
が廃止されたり，便数が減ったりしています。

3 佐賀県に住む中学生のこうじさんとゆうこさんは，夏休みにそれぞれ東北地方と近畿地方を旅行した。これについて，次の問いに答えなさい。〔佐賀〕

解き方のヒント

(1) こうじさんは，東北地方の産業について調べた。

① こうじさんは，1990年～2000年東北地方の稲（いね）の収穫（しゅうかく）量を示した**資料1**を見て，1993年に収穫量がとくに減っていることに関心をもち，その理由を調べた。こうじさんの〔説明文1〕の（　a　）・（　b　）にあてはまる正しい語句の組み合わせを，あとの**ア～エ**から1つ選び，記号で答えなさい。

資料1

(千t)
（東北農政局ホームページより作成）

〔説明文1〕　東北地方の（　a　）では，やませが吹（ふ）くとくもりの日が続き，日照時間が不足して気温が（　b　）なり，作物の生育が悪くなることがある。1993年はこの被害がとくに大きく，稲の収穫量は減少した。

ア　a－太平洋側　b－高く　　**イ**　a－太平洋側　b－低く
ウ　a－日本海側　b－高く　　**エ**　a－日本海側　b－低く

考え方

(1)① やませは，初夏にしばしば吹（ふ）いた湿った北東風である。

② こうじさんは，東北地方のおもな漁港の年間水揚げ量（2015年）を示した**資料2**から，三陸（さんりく）海岸には日本有数の漁港があり，その沖（おき）（沖合い）は豊かな漁場となっていることを知った。この理由について述べた〔説明文2〕の（　　）にあてはまる語句を書きなさい。

〔説明文2〕　三陸海岸の沖（沖合い）には，寒流の親潮（おやしお）（千島（ちしま）海流）と暖流の黒潮（くろしお）（日本海流）が出会う（　　）とよばれる場所があり，多くの魚が集まるから。

(2) ゆうこさんは，近畿地方の産業と自然災害について調べた。

① 近畿地方の産業について述べた次のX，Yの文の正誤の組み合わせを，あとの**ア～エ**から1つ選び，記号で答えなさい。

X　大阪（おおさか）は，江戸（えど）時代には「将軍（しょうぐん）のおひざもと」とよばれ，日本の商業の中心として発展した。
Y　阪神（はんしん）工業地帯は数多くの自動車関連工場が集まり，日本最大の工業出荷額をほこっている。

ア　X－正，Y－正　　**イ**　X－正，Y－誤
ウ　X－誤，Y－正　　**エ**　X－誤，Y－誤

② ゆうこさんは，京都（きょうと）市を訪れた際，外観が佐賀県でよく見るものとは異なるコンビニエンスストアがあることに気づいた。このことについて述べた〔説明文3〕の（　　）にあてはまる内容を簡潔に書きなさい。

〔説明文3〕　京都市では歴史的な（　　）ことを目的として，建物の高さやデザインなどに規制を設けるなどの取り組みを行っている。

資料2

八戸（はちのへ）　11.1万t
宮古（みやこ）　3.0万t
大船渡（おおふなと）　4.2万t
気仙沼（けせんぬま）　7.6万t
女川（おながわ）　3.9万t
石巻（いしのまき）　10.1万t

（『日本国勢図会　2018/19年版』より作成）

考え方

(2)① X－江戸時代に将軍がいたのは，どの都市か。Y－自動車工業がさかんな工業地帯は，どこか。

注目！

歴史との融合問題にも注意しよう。江戸時代，諸藩（はんしん）の蔵屋敷（くらやしき）が集まる大阪は，「天下の台所」とよばれた。

4 次の問いに答えなさい。〔鹿児島〕

(1) 2017年の乳用牛の飼育頭数上位8位までの都道府県のうち，関東地方が4県を占めている。その理由を説明した次の文中の（　　）にあてはまる内容を，「時間」という語を使って答えなさい。

> この4県には，生産した生乳を，（　　　　）ことができるという，共通する特色があるから。

(2) 右の資料は，さいたま市，大阪市，福岡市の昼夜間人口比率を示したものである。さいたま市に該当するものをア，イから選びなさい。また，そのように判断した理由を，「通勤や通学」という語を使って答えなさい。

都市名	大阪市	ア	イ
昼夜間人口比率（％）	131.7	110.8	93.0

※昼夜間人口比率＝昼間人口／夜間（常在）人口×100

統計年次は2015年
（総務省統計局資料から作成）

● 解き方のヒント

●入試では
大都市圏の昼夜間人口に関する問題は頻出。都心と郊外のちがいをおさえておくこと。

5 右の地図を見て，次の問いに答えなさい。〔長崎〕

(1) 次の文は，地図の ● で示した5県のいずれかについて説明したものである。この県の県庁所在地名を漢字で答えなさい。

> 「大手自動車会社の本社を中心として組立工場や部品工場が集まり，世界有数の自動車生産地域となっている。また，南部では夜間に照明をあてることで出荷時期を調整した電照菊の栽培が有名である。」

(2) 地図の稚内，札幌，室蘭などの地名は，北海道とその周辺地域で生活を営んできた先住民族独自の言語に由来するといわれている。この先住民族を何というか，答えなさい。

(3) 右の表のP～Sは，47都道府県の平均値を100としたとき，地図の ● で示した5県の次のア～エの4項目の数値を，大きい順に並べたものである。このうちQにあてはまる項目を，次のア～エから1つ選び，記号で答えなさい。

ア　果実産出額　　イ　畜産産出額
ウ　人口密度　　　エ　65歳以上人口の割合

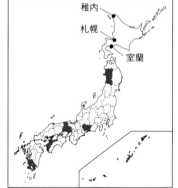

● 解き方のヒント

考え方
(1) 「世界有数の自動車生産地域」と「電照菊の栽培」から考える。

考え方
(3) 鹿児島県でさかんな産業は何かを考えよう。

	1位	2位	3位	4位	5位
P	秋田 127.1	愛媛 115.0	鹿児島 110.3	兵庫 101.8	愛知 89.0
Q	鹿児島 439.5	愛知 130.0	兵庫 100.9	秋田 54.1	愛媛 41.6
R	愛媛 313.6	愛知 116.9	鹿児島 53.1	秋田 40.7	兵庫 19.2
S	愛知 426.4	兵庫 193.1	愛媛 71.2	鹿児島 52.4	秋田 25.5

（注）データは2016年のものである。

（『データでみる県勢2019』などから作成）

入試対策編

入試対策問題

定期試験対策問題 解答

第1章 世界の姿

定期試験対策問題① p.17〜18

1 (1) 太平洋
  (2) ①ユーラシア (大陸)
  　②ヨーロッパ (州)，アジア (州)
  (3) ウ，エ
2 (1) ①ロシア連邦　②インド
  (2) ①ウ，ク　　②ア，エ
  (3) 主権
  (4) ①リオグランデ川　②ピレネー山脈
  　③五大湖
3 (1) 本初子午線　(2) エ
  (3) 北東　　(4) ア
4 ウ

第2章 日本の姿

定期試験対策問題② p.27〜28

1 (1) ①明石　　②自転
  (2) ①7 (時間)　②ウ，オ
2 (1) X 南鳥島　　Y 与那国島
  (2) (北緯) 40 (度)
  (3) a ロシア連邦　b 韓国
  (4) 例水産資源や鉱産資源をとる権利
  　〔海洋調査をする権利〕
3 (1) イ
  (2) 例広大な排他的経済水域を失うという問題。
4 (1) ⓐ宮城 (県) 仙台 (市)
  　ⓑ栃木 (県) 宇都宮 (市)
  　ⓒ島根 (県) 松江 (市)
  　ⓓ愛媛 (県) 松山 (市)
  (2) エ　　　　(3) フォッサマグナ
  (4) ウ

第3章 世界各地の人々の生活と環境

定期試験対策問題③ p.41〜42

1 (1) a ウ　　b ア　　c エ
  (2) d イ　　e エ　　f ア
  (3) アンデス (山脈)

2 (1) オアシス　　　(2) エ
3 (1) ウ
  (2) ①イ　　②エ
  (3) ア
4 (1) 例宗教を尊重しなければならない
  　〔文化に合わせる必要がある〕

第4章 世界の諸地域

定期試験対策問題④ p.71〜73

1 (1) イ
  (2) ⓐイ　　ⓑエ　　ⓒア
  (3) ⑥アルプス (山脈)　　⑩ヒマラヤ (山脈)
  　⑤ナイル (川)　　　⑥ガンジス (川)
  　⑩メコン (川)
  (4) サヘル
2 (1) ウ　　(2) オ　　(3) ア
3 (1) 経済特区〔経済特別区〕
  (2) エ
4 (1) ウ
  (2) ①例暖流の北大西洋海流の上空を通って，偏西風が吹きこんでくるから。
  　②ヨーロッパ連合〔EU〕
5 (1) 例民族の分布と関係なく，境界線が引かれたから。
  (2) ①エ　　　　②モノカルチャー (経済)
  　③例国際価格の変動が大きいため，国家財政が安定しなくなる。

1 (1) ⓐウ　　ⓑア　　ⓒエ　　ⓓイ
(2) ⓐロッキー（山脈）　　ⓘアパラチア（山脈）
ⓤアンデス（山脈）　　ⓔミシシッピ（川）
ⓞリオグランデ（川）　　ⓚアマゾン（川）
(3) Aグレートプレーンズ
Bプレーリー　　　Cパンパ
(4) ハリケーン

2 aウ　　bエ　　cア

3 (1) ①a 例気温が低く，降水量が多い地域で行われ
ている。
b 例気温の高低に関係なく，降水量が少ない
地域で行われている。
②適地適作
(2) aエ　　bイ　　cア　　dカ
(3) シェールガス

4 (1) エ
(2) 焼畑農業
(3) 例ブラジルは鉱産資源や工業製品など輸出品
目が多様であるのに対して，ベネズエラは輸出
のほとんどを原油や石油製品が占めている。
〔ブラジルは鉱産資源や工業製品など多角化が
進んでいるが，ベネズエラは原油が大半を占
めるモノカルチャー経済になっている。〕

5 (1) aアボリジニ　　　bマオリ
(2) cイ　　　　　dア

1 (1) aア　　bエ　　cイ　　cウ
(2) 著作（権）　　(3) イ

2 (1) 扇状地
(2) 果樹園に利用されている。
(3) 例水もちが悪いから。〔水が地中にしみこみや
すいから。〕

3 (1) ア　　(2) （約）750（m）

4 (1) 例針葉樹が伐採され工場が建った。／市街地
が拡大した。／小・中学校が増えた。／有料
道路（高速道路）ができた。／桑畑が果樹園に
変わった。

(2)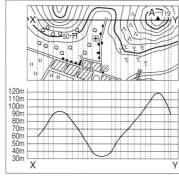

1 (1) aエ　　　bウ
(2) ア，ウ

2 (1) ⓐ石狩（平野）　　ⓘ奥羽（山脈）
ⓤ北上（川）　　ⓔ関東（平野）
ⓞ信濃（川）　　ⓚ濃尾（平野）
ⓜ紀伊（山地）　　ⓒ中国（山地）
ⓕ吉野（川）　　ⓒ筑紫（平野）
(2) リアス海岸　　(3) 日本アルプス
(4) カルデラ
(5) 例日本の川は短く，流れが急で，流域面積が
せまい。

3 (1) a対馬海流　　b親潮〔千島海流〕
c黒潮〔日本海流〕
(2) 例北西の季節風が湿った空気を運んできて，
大量の雪を降らせるから。
(3) ウ　　　　(4) ハザードマップ

4 (1) ①エ　　　②イ
(2) イ　　　(3) 過密

1 (1) ウ

(2) ①再生可能 (エネルギー)

②例風が吹かないと発電できない。〔天候に左右される。〕／騒音を出す。

2 (1) ア (2) 促成栽培〔早作り〕

(3) 養殖 (業)

3 (1) 太平洋ベルト

(2) ①中京 (工業地帯)，エ

②瀬戸内 (工業地域)，カ

(3) ア・オ

(4) ①例多くの工場が海外に移転し，現地生産を始めたこと。

②例工場の閉鎖・縮小によって，雇用が失われ，国内の産業が低迷すること。

4 (1) イ

(2) aコンテナ bタンカー

第7章 日本の諸地域

1 (1) X，対馬海流

(2) 阿蘇山，カルデラ

(3) ⓐエ ⓑイ ⓒア ⓓウ

(4) ケ

(5) A鳥取 (砂丘) Bみかん

C自動車 D促成 (栽培)

2 (1) 香川 (県) 高松 (市)，愛媛 (県) 松山 (市)

(2) 瀬戸大橋が開通

3 (1) ①イ ②ウ

(2) イ，ウ

(3) 例電線を地下に埋めた。(10字)

4 (1) 日本アルプス

(2) 東海 (工業地域)

(3) ①輪中

②例洪水の被害を防ぐため。

(4) ウ (5) エ

1 (1) ウ

(2) b奥羽山脈 c最上川

d北上川 e利根川

(3) リアス海岸

(4) ①関東平野 ②関東ローム

(5) 潮目 (潮境) (6) エ

2 (1) ①ウ ②エ ③ア

(2) 例東京都よりも地価の安い周辺の県に住む多くの人々が，都内の事業所や大学などに通勤・通学していると考えられる。

3 (1) a千島海流〔親潮〕 bやませ

c冷害

(2) 秋田 (県)，山形 (県)

4 (1) ウ

(2) 例雪が多い冬の農閑期の収入を得るため。

5 (1) 屯田兵 (2) ア

(3) ①a石狩 (平野) b根釧 (台地)

②〔方法〕輪作 〔理由〕作物をつくる畑の力を維持するため。〔連作障害を防ぐため。〕

入試対策問題 解答

1 世界の姿 〈p.228～229〉

1 (1) ウ　　　(2) ア

(3)

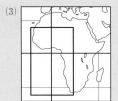

2 (1) 南アメリカ大陸

(2)

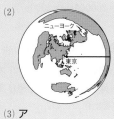

(3) ア

〈解説〉

1 (2) 資料2は,「緯線と経線が直角に交わった世界地図」なので,メルカトル図法の地図。二点間の角は正しいが,面積は正しくない。面積は高緯度ほど広く表される。

2 (2) 地図1は,「中心からの距離と方位が正しい地図」なので,正距方位図法の地図。方位は上が北,右が東なので,中心から右に向かって直線を引けばよい。

(3) 地図2の直線は,ユーラシア大陸をかすめて,北アメリカ大陸の北部を通っている。

2 日本の姿 〈p.229～230〉

1 (1) 福島県　　　(2) 高松市

(3) ア　　　(4) ウ

2 (1) ウ　　　(2) 10日午前11時

3 (1) X 国後島　　　Y 色丹島

(2) b 12　　　c 200

(3) オ

〈解説〉

1 (2) 通過しているのは,鳥取県,岡山県,香川県,徳島県。

(4) サンフランシスコと日本の経度差は,「135度＋120度＝255度」。経度15度で1時間の時差が生じるので,時差は「255度÷15度＝17 (時間)」。日本のほうが時刻は先に進むので,1月6日午後1時から17時間もどせばサンフランシスコの日時となる。

2 (1) ブラジルは,日本から見て,地球の裏側にあたる。

(2) ロンドンとの時差は9時間。東京が10月10日午前8時のとき,ロンドンは10月9日午後23時である。12時間をかけてロンドンに到着したのだから,これに12時間を加えた10月10日午前11時がロンドンの時刻となる。

3 (3) 領土面積の広い順に並べると,アメリカ,ブラジル,インドネシア,日本。

3 世界各地の人々の生活と環境 〈p.231～232〉

1 〔都市〕C　　　〔グラフ〕ウ

2 ウ

3 (1) イ

(2) 例降水量が少なく,樹木が育ちにくい (地域)

4 (1) ①イスラム教〔イスラーム〕

②例豚肉を食べないなど,食事に対する細かいきまりがあるので,信者は安心して食べることができる。

(2) ヒンドゥー教

〈解説〉

1 アメリカ合衆国の西岸,サンフランシスコ郊外のシリコンバレーで,地中海性気候にふくまれる。

2 Aは,暖流の北大西洋海流。その上空を吹くBは,偏西風。

3 (1) リャマやアルパカの放牧は,農作ができない寒冷な高地で行われている。

4 (1) イスラム教には,お酒 (アルコール) を飲んではいけないというタブーもある。

(2) 写真はヒンドゥー教徒が「聖なる川」ガンジス川で沐浴をしているようす。

4 世界の諸地域 p.233～235

1 (1) エ (2) ①C ②P
   (3) ASEAN
2 (1) 氷河（ひょうが） (2) 混合農業
   (3) 例西ヨーロッパ諸国（しょこく）と比べて，東ヨーロッパ諸国の労働者の賃金が安いから。
3 (1)〔アフリカ系〕ウ 〔ヒスパニック〕イ
   (2) ①適地適作（てきちてきさく） ②イ
4 (1) 例かつてヨーロッパ諸国に植民地支配されていたから。
   (2) メスチソ〔メスチーソ〕
5 エ→ア→イ→ウ

〈解説〉
1 (1) 緯度（いど）0度の線とは，赤道のこと。赤道が通る国は，南アメリカ州のブラジル。
   (2) Pはマレーシア，Qはサウジアラビア，Rはガーナ，Sはオーストラリア。
2 (1) 氷河にけずられてできたフィヨルドのこと。
   (3) ドイツやフランスと比べて，東ヨーロッパのポーランド，クロアチア，チェコ，ルーマニアは最低賃金が低い。
3 (1) ヒスパニックはメキシコとの国境に近い南部に多い。アフリカ系はかつて奴隷（どれい）制度の下，綿花農園で働かされたという歴史があるため，綿花栽培（さいばい）がさかんな南東部に多い。

5 地域調査の手法 p.236～237

1 ①い
   ②例いのほうが，河川の近くを通らずに避難（ひなん）することができ，浸水（しんすい）予想区域の外にすぐ出られる
2 (1) 扇状地（せんじょうち） (2) 果樹（園）（かじゅ）
   (3) 750m (4) ①ウ ②キ
3 ①ア ②ア ③イ ④イ

〈解説〉
1 河川の近くを避け，早く浸水予想区域に出られる経路を選ぶ。
2 (2) 広葉樹林（Ｑ）と混同しないこと。
   (3) 実際（きょう）の距離は，「地図上の長さ×縮尺の分母」で求められる。この地形図の縮尺は2万5千分の1なので，以下の計算となる。
   「3cm×25000=75000cm=750m」
3 ① 等高線に注目する。
   ③ 地図上の長さが8cmで，2万5千分の1地形図なので，以下の計算となる。
   「8cm×25000=200000cm=2000m」

6 日本の地域的特色と地域区分 p.238～240

1 (1) 例短くて，流れが急である。 (2) オ
   (3) 例他の地域の入荷量が少なく，価格が高い時期にピーマンを出荷できる。
2 (1) ウ
   (2) ①例船と鉄道は同じ輸送量に対するエネルギー消費量が少ない
   ②例二酸化炭素（はいしゅつ）の排出量を削減することができる
   (3) ア
3 (1) イ (2) エ
4 ①イ ②イ ③ア

〈解説〉
1 (1) 日本の川は世界の川と比べ，傾斜（けいしゃ）が急なので，流れが速くなる。
   (3) 促成（そくせい）栽培は，ビニールハウスや温室を使って，作物の生育を早め，他の産地より早い時期に出荷する栽培方法である。
2 (1) 人口が多い地方は，関東，近畿（きんき），中部，東北の順。近畿と中部の差は小さいが，面積が広い中部のほうが人口密度は低い。したがって，アが関東，イが近畿，ウが中部，エが東北。
   (2) 地球温暖化の原因の1つとされる二酸化炭素の排出量を削減するのがねらい。
3 (1) ③ 電照（でんしょう）栽培は，花の生育を遅（おく）らせ，時期をず

らして出荷する栽培方法(抑制栽培)。

(2) 貿易摩擦を解消するため，自動車や電気機械の企業は工場を欧米諸国に移し，現地で生産を始めた。

4 ① アの関東地震(関東大震災)は，1923年におこった巨大地震。

③ 南海トラフで地震が発生すると，西日本の太平洋沿岸では，震度7の激しいゆれがおこる可能性が指摘されている。

7 日本の諸地域 p.241～243

1 (1) イ，ウ

(2) 〔沖縄県〕ウ　〔青森県〕ア

(3) 例台風の通り道にあたるので，暴風雨の被害から家屋を守るため。

2 例移動時間が短縮され，人やモノの動きが活発

3 (1) ①イ　②潮目〔潮境〕

(2) ①エ　②例景観を保護する

4 (1) 例大消費地に短時間で出荷する

(2) イ／例さいたま市は，昼間は通勤や通学で東京へ移動する人が多いので，昼夜間人口比率が低くなるから。

5 (1) 名古屋市　(2) アイヌ　(3) イ

〈解説〉

1 (1) アは，「水力発電」ではなく，「地熱発電」が正しい。エは，「水もちのよい」ではなく，「水もちの悪い」が正しく稲作には向かない。

2 フェリーより，鉄道や船のほうが速く移動できる。

3 (1) ② 三陸海岸は出入りの激しいリアス海岸が続いており，養殖もさかんである。

(2) ② 奈良市や鎌倉市などでも，同じ取り組み(条例の制定など)が行われている。「町並みを保全する」などでもよい。

4 (2) イだけが，昼夜間人口比率が低くなっている(昼間の人口が少ない)ことから，東京都の郊外のさいたま市であることがわかる。

5 (3) Pは65歳以上人口の割合，Qは畜産産出額，Rは果実産出額，Sは人口密度。

地理さくいん

252

255

●写真提供
旭川市
朝日新聞社
Adobe Stock
NNP
大迫編集事務所
株式会社アマナ
共同通信社
京都市道路環境整備課
熊野那智大社
時事通信フォト
JAPACK
伝統工芸 青山スクエア
長崎県観光連盟
PIXTA
フォトライブラリー
ユニフォトプレス
123RF

＊ p.158, p.193：写真掲載については長崎
大司教区の許可をいただいています。

初版
第 1 刷　2002 年 4 月 1 日　発行
新指導要領準拠版
第 1 刷　2021 年 3 月 1 日　発行

●カバー・本文デザイン
アーク・ビジュアル・ワークス（落合あや子）

編　者　数研出版編集部
発行者　星野 泰也

編集協力　大迫編集事務所
　　　　　株式会社群企画

ISBN978-4-410-15094-4

チャート式®シリーズ　中学地理

発行所　数研出版株式会社

〒 101-0052　東京都千代田区神田小川町 2 丁目 3 番地 3
〔振替〕00140-4-118431
〒 604-0861　京都市中京区烏丸通竹屋町上る大倉町 205 番地
〔電話〕代表（075）231-0161
ホームページ　https://www.chart.co.jp
印刷　創栄図書印刷株式会社